臧嵘先生

“中国教材研究文库”

第二辑总目

中国教材研究文库

臧嵘论教材

臧　嵘　著
李　卿　张振海　编

中国教育出版传媒集团
人民教育出版社
·北京·

图书在版编目（CIP）数据

臧嵘论教材 / 臧嵘著；李卿，张振海编. —北京 ：人民教育出版社，2022.11
（中国教材研究文库）
ISBN 978-7-107-36279-8

Ⅰ. ①臧… Ⅱ. ①臧… ②李… ③张… Ⅲ. ①教材－研究 Ⅳ. ①G423.3

中国版本图书馆 CIP 数据核字（2022）第 205013 号

臧嵘论教材

出版发行 人民教育出版社
（北京市海淀区中关村南大街 17 号院 1 号楼　邮编：100081）
网　　址 http://www.pep.com.cn
经　　销 全国新华书店
印　　刷 山东临沂新华印刷物流集团有限责任公司
版　　次 2022 年 11 月第 1 版
印　　次 2022 年 12 月第 1 次印刷
开　　本 787 毫米 ×1 092 毫米　1/16
印　　张 21.25
插　　页 1
字　　数 242 千字
印　　数 0 001 ~1 500 册
定　　价 68.00 元

“中国教材研究文库”总序

郭戈

古人说得好：“以铜为镜，可以正衣冠；以史为镜，可以知兴替；以人为镜，可以明得失。”对于教材工作而言，以史为镜、以人为镜也是至关重要的。我国古代常用的教材主要是“三百千千”“四书五经”。新式教材起步于清末，活跃于民初，先学日本，后仿美国。1897 年上海南洋公学外院效法外国，编了国文、算术、历史、舆地、格致等课本，这便是打破老传统，把各门知识较有系统地编为学科教材的开始。随后出现的各种课本和教育著作大都是模拟日本或直接译自日本。清末以来，特别是民国建立后，教材自由编写，实行审定制，民间掀起了一股编撰出版教科书的热潮，一批出版机构如商务印书馆、文明书局、中华书局等，与一批出版家、教育家，为此做出了奠基性、开创性的重要贡献。

五四新文化运动以降，教育理念和课程教材发生了新变革，特别是全国教育会联合会在主要借鉴美国教育的基础上而研制的新学制以及课程标准纲要，影响巨大。一时间，欧美新教育思潮、实用主义教育思想引入中国，教材也从过去主要效仿日本一变而为仿效美国。当时，许多教材在内容编写上都强调以儿童生活经验为中心，甚至一些中学理科教学更直接采用美国的课本。新中国成立之前，民国政府虽然曾几次颁布课程标准，教材的内容和形式却基本上没有大的改观，只不过是更多地借鉴和学习美国的经验罢了。并且，清末及民国历届政府都有统一教科书的意愿和行动，但由于旧中国持续不断的内忧外患和政府的腐败无能，加上课本编写质量不佳等原因，所谓“国定教科书”或“统一教科书”最终都以失败而告终。

新中国的成立开创了中华民族历史的新纪元，也掀开了我国教材事业发展的新篇章。新中国成立伊始的教材，文科主要借鉴了解放区的经验，理科主要选取了国统区的本子，还有一部分选取了编译的苏联教材。接着，便在全面学习苏联教育经验的基础上开始了教材自编或重编的历程，并逐步走出了一条具有中国特色的以统为主、统分结合的教材道路。总的来说，与旧中国相比，新中国成立 70 多年来，全国中小学实施的是统一的教学大纲或课程标准，使用的基本上是由国家统一供应、教育部组织编写、人民教育出版社编辑出版的通用教材或统编教材，并做到了所有地方、每所学校、全部学生都使用上了这样的教材。为此，中央确立了集中统一教材制度的大政方针，制定了统一的教学大纲或课程标准，组建了专门的教材编写和审查机构，配备了强有力、专业化的编审人员，还建立了保证“课前到书，人手一册”的教材出版发行渠道和机制。当前，党中央、国务院高度重视教材工作，把教材建设作为一项战略工程、基础工程，成立了国家教材委员会，教育部组建了教材局，并先后颁布了一系列有关规章制度，在义务教育和高中阶段全面实施政治、语文、历史三科教材统编、统审、统用政策，标志着我国教材建设进入了新时代。

“江山代有才人出，各领风骚数百年。”社会发展史也是个体发展史。历史由人民创造，又有杰出历史人物的巨大作用。讲述历史离不开历史人物，回顾教育不能回避教育家，同样，总结和借鉴教材的历史经验，也不能回避曾经为教材事业创造出重大业绩的历史人物。在我国新式教材 100 多年的发展过程中，不仅编辑出版了不计其数、数以万计的各个学科、多种形式的教材，而且也涌现出了一大批教材编辑家、出版家、研究者，他们都为我国的教材建设事业做出了奠基性、开创性的重要贡献。归纳起来，这些大家在清末及民国时期主要有：张元济、陆费逵、范源廉、蒋维乔、马君武、戴克敦、沈恩孚、高梦旦、王云五、舒新城、徐特立、李廉方、庄俞、沈颐、张相、杜亚泉、吕思勉、陈宝泉、范祥善、金兆梓、周建人、黎锦熙、顾树森、俞子夷、吴研因、叶圣陶、丰子恺、朱经农、朱文叔、刘薰宇、宋云彬、丁晓先（韦息予）、赵欲仁、艾伟、沈百英、吕伯攸、陆殿扬、陈鹤琴、辛安亭等。在新中国成立后的主要代表是：叶圣陶、周建人、胡绳、辛安亭、戴伯韬、朱文叔、刘薰宇、金灿然、吉少甫、朱智贤、陈元晖、叶立群、张志公、吴伯箫、张毕来、蒋仲仁、袁微子、刘国正、张中行、邱汉生、苏寿桐、陈尔寿、方宗熙、雷树人、梁英豪、张玺恩、张孝达、王占春、陈侠、熊承涤等。他们都是对一定历史时期的教材建设，特别是一些学科教材领域做出过重要贡献并产生了广泛影响的人物，并大都在编辑出版教材的过程中发表过论述教材的著述，提出了关于教材问题的看法和认识，内容涉及教材的政策管理、编写审查、出版发行、使用教学或教材本体等诸多领域，其中一些人还形成了较为系统和全面的思想观点。这些思想观点成为我国教材建设和教材学术研究史上的一笔笔宝贵的财富。有鉴于此，在人民教育出版社成立70周年之际，我们启动了“中国教材研究文库”这个大型丛书项目，旨在通过挖掘、收集、辑录、整理百年以来教材领域众多大家的研究成果，分期分批出版，比较系统地展示中国近现代以来教材研究的主要成果，从一个侧面呈现中国近现代以来教材发展的基本脉络，为新时代教材建设和研究事业提供参考和借鉴。这套大型丛书的编辑出版也是我们缅怀和纪念老一辈教材大家的最好方式。

改革开放以来，国内出版了不少教育名家的著作、文集甚至全集，其中涉及一些教材编辑家、出版家的论著，这是我们选编工作的基础。对有的教材大家已出版的文集，我们进行了重新编排、补充和校核，以体现新的特色。对于尚未有文集出版的一些教材大家，其教材文集的收集、整理、选编任务则比较繁重。好在现代信息技术很发达，网络文献查阅很方便，我们将传统方法与现代手段相结合，大大提高了工作效率。本文库入选的人物全都是我国百年以来教材建设，特别是教材研究开发和编辑出版事业的主要参与者、贡献者、引领者。本文库秉持按人设卷、一人一卷的原则，但对于教材史上的一些重要人物，我们也不排斥两人或多人合为一册的情况。我们对每卷文集的篇目都大致进行了分类，并基本按照时间先后顺序或一定专题加以排列，但鉴于作者的经历和作品情况的差异，也为了突出某些重要作品，以满足读者现实需要，每卷目录的编排方式也各具特色。无论哪种编排方式，对每篇文章的出处和时间我们都尽量说明清楚，必要时增加注释。读者阅读之后可以感受到，这些教材文集见证和记录了中国近现代课程教材的成长史、演进史，也是教材大家们辛勤耕耘、笔耕不辍的学术思想的集中体现。可以说，每一卷的文字都曾经为教材建设史的推进铺下过坚实的一砖一瓦，也都曾经拨动过教材人的心弦。我们希望，通过重温教材大家精到的论断、深邃的思考、严密的逻辑、优美的文字，以及字里行间蕴含的学术风范、治学之道和人格魅力，可以为后来者提供学习和传承的典范。

“中国教材研究文库”包括三辑，每辑 12 卷。“众人拾柴火焰高。”热诚欢迎国内教育学者特别是课程教材研究者积极参与到这套文库的编辑出版中来。

“闻道有先后，术业有专攻。”教材建设是个专业，也是门学问，教材工作有其自身的特点和规律。当前，教材问题越来越受到重视，从事教材研究开发和编辑出版工作的人也越来越多，如果说有所谓捷径可循的话，那恐怕就是直接阅读和学习以往这些教材大家的有关论著了。了解教材历史，知晓教材大家，汲取和借鉴以往的智慧和经验，继承和发扬他们的思想和观点，可以使我们明理启智、审时度势、推陈出新，对于做好当下教材改革发展工作、提升教材科学化水平大有裨益，对于教材研究和学术创新更是必不可少。

“中国教材研究文库”作为中国近现代教材成长史、演进史的记录和见证，实为百年中国教材研究的缩影和写照，具有较高的文献史料价值，能为教材建设者和教育学者的编辑出版工作和研究工作提供较为完整的基础性材料。我们相信，本文库的出版对于推动教材事业建设、促进教材理论的创新发展会有一份积极的贡献。我们也希望在新时代，教材事业蒸蒸日上、人才辈出，创作出更多扎根中国大地、师生喜爱的各科教材，不断提升教材研究水平，加快构建中国特色、世界一流的教材建设体系和教材理论体系。

本文库由我忝任总主编。教育学界、课程教材界的专家学者以及社会各界人士对本文库给予了热情关注，我社黄强社长以及有关领导、员工和离退休老同志提出了宝贵意见和建议；丛书责任编辑和各分卷编者及责任编辑也付出了辛勤劳动。谨在此一并致谢！

限于水平，本文库的编辑出版工作或有不妥不足甚至错误之处，敬请读者不吝指正！

2020 年 9 月 10 日

本卷前言

臧嵘，1935年生，江苏扬州人，我国著名历史学家、历史教育学家、出版家。

臧嵘于1953年从江苏省立扬州中学毕业，考入北京大学历史系。大学期间，他曾与王宏志等人一起编写北京大学学生运动史、北京市学生运动史相关著述，并为《北京晚报》等报纸写作历史知识性文章。1961年毕业后，他在河北师范大学和唐山二十一中从事教学工作长达17年。

1978年，臧嵘调入人民教育出版社，编写中小学历史教科书，先后任编辑、副编审、编审，曾任历史编辑室副主任、《中小学教材教学》编委、中国教育学会历史教学专业委员会学术顾问。他与王宏志共同担任九年义务教育初中教科书《中国历史》第一、二册（1989—1990年）的主编，为这套划时代的历史教材作出了重要贡献。1993年，臧嵘被评为国家级有突出贡献的专家，享受国务院政府特殊津贴。1995年退休。

臧嵘在历史编辑室工作期间，接触了上迄清末、下至改革开放时期的100多种历史教材。这使他认识到，历史教材是一门系统的、不断发展的学问。因此，他结合在教材编写生涯中的经验心得，围绕教材编写的相关领域，如历史编辑与科研的关系、历史编辑与教育实践的关系、教学大纲的演变、教材的编写与选择、同时期教材的比较研究等，潜心进行大量的思考与研究，形成了一套历史教材学体系。臧嵘的这一努力是具有开创性的，值得后辈继续开拓。

臧嵘曾自叙："如果把一个人的一生比作春夏秋冬四季，这20年（1978—1997年）是我的秋的丰收季节。"他已出版的20余部作品中，大部分是在这一时期创作完成，有《东汉光武帝刘秀大传》、《隋唐五代史论》、《历史教材纵横谈》、《编外史谈》、《中国历史趣谈》、《中国神话传说故事》（英文、法文、阿拉伯文版）、《史海泛舟谈古》、《中国古代驿站与邮传》、《艺人与歌伎》、《天子脚下无品官——中国宦官史话》、《中外文明的交融之路》（与周瑞祥合著）、《历史从殿堂走向民间》等。其中既有皇皇40余万言的鸿篇巨著《东汉光武帝刘秀大传》，又有短小精悍的历史小品文集《史海泛舟谈古》。在史苑中，臧嵘称得上是一位龙虫并雕的能手。

为了总结臧嵘对党的教育出版事业作出的重大贡献，我们专门收集了他关于历史教材研究方面的文章，选编成《臧嵘论教材》一书。人民教育出版社曾于1999年出版《历史教材纵横谈》，汇集了他在历史教材和史学研究方面的丰硕成果，这为我们此次选编工作打下了良好的基础。《臧嵘论教材》中大部分篇目选自该文集，同时我们还增补了若干篇他发表在《课程·教材·教法》等期刊上的文章，以期全面呈现臧嵘对历史教材和教育的系统思考。入选本书的所有篇目，按主题划分为"历史教材和教学大纲沿革史研究”“历史教材学十四论”“历史教材比较研究”三编。考虑到作者个人的语言风格、表达习惯，及其作品发表的时代语境，我们在保持文章原貌基本不变的前提下，对部分文字表述作了适当处理，如调整全书体例，包括标题、句段、标点等；对原文中一些表述进行规范；对原文中的史料、史实进一步核准等。

本书由李卿、张振海选编。选编工作得到了社内外有关领导和专家的关心和支持，责任编辑时佳希作了大量工作。臧嵘亲自审阅了书稿。谨在此一并致谢。

编者

2022 年 10 月

目　录

上　编

历史教材和教学大纲沿革史研究

我国近百年历史教材简史*

我国近代意义上的历史教科书，由来已久，有百把年的历史，下面我们作一简单介绍：

一、清末民初的历史教科书

根据一些前辈编辑的回忆，我国最早自编的一套教科书，是 1897 年的《蒙学课本》，编者为刚刚成立的南洋公学外院的师范生陈樊治等。一年后，即 1898 年戊戌变法当年，又出现了俞复、丁宝书、吴稚晖等人所编的《蒙学读本》，其中第七编，内容包括《史记》《汉书》等书中的史学名篇。这套课本后来由文明书局印刷，于 1902 年问世，盛行一时，三年内即再版十余次，一时独占小学教育市场。以后，到 1903 年，商务印书馆开始承印各种教科书，并聘请著名学者蔡元培出任编译所所长，主持教科书编写事宜。蔡元培曾亲手拟定了国文、历史、地理三科

* 载《历史教育学新论》，广东教育出版社 1993 年版。

的编辑体例，可惜此书未及编成。①

1902 年，清政府迫于形势，决定改革封建学制，采用新的近代学制，颁布了钦定蒙学堂、小学堂和中学堂三个“章程”，在中、小学学堂中都开设了“史学”课。对编写课本，也作了明确规定：“凡各科课本，须用官设编译局编纂经学务大臣奏定之本。其有自编课本者，须呈经学务大臣审定，始准通用。”这样，有一批官编或自编的教科书问世。其中历史教科书有上海文明书局 1903 年出版的丁宝书编的《蒙学中国历史教科书》、商务印书馆 1904 年出版的姚祖义编的《高等小学中国历史教科书》。中学历史教科书中曾先后采用过日本的《支那史教科书》和《西洋史》，作为临时使用的中国历史和世界历史课本。现在我们所能看到的我国学者自编的质量较好的中学历史教科书，是 1905 年由上海商务印书馆承印的夏曾佑所编《最新中学教科书中国历史》。

夏曾佑是戊戌变法时期著名的维新派史学家，他和梁启超、谭嗣同曾被称为“讲学最契之友”。他用进步的进化论观点写出了我国近代第一部真正称得上是教科书的中国历史，这是他对我国近代教育发展的莫大贡献。目前，我国史学界和历史教学界对夏曾佑的史学成就给以越来越大的关注。白寿彝主编的 12 卷本《中国通史》认为他所创的“章节体”写史体裁“是一个很大的进步”。有的学者认为夏曾佑的史书编写，“是通史编撰上第一次成功的采用，从此这种‘章节体’一直被沿用，至今流行不衰”，是一次史学上的创举，是“历史编撰中生命力的显

① 陈学恂主编：《中国近代教育史教学参考资料》上册，人民教育出版社 1993 年版，第 647—650 页。

示”。[①] 我们认为，还有一点更为重要而学者们没有指出的是，夏曾佑的这种“章节体”影响我国历史教科书的编写几十年，半个多世纪以来沿袭不衰。直到最近几年，随着改革开放，我们从国外和海外引进些新型的课本，我国历史教科书的体例才有更大的改变。

清朝末年还有另一本应该提到的历史教科书，这便是名为“普通中学教科书”的《中国通史》。该书出版于1903年，作者自称“横阳翼天氏”。该书的编纂由我国留学日本东京的一群青年知识分子组成的“东新译社”所组织。他们本来还想编写一整套教科书，其目的在于宣传革命思想：“本社同人痛国家之脔割，愤种族之犬羊，忾然创办东新译社，就我国之性质上习惯上编辑中学校各种教科书，熔铸他人之材料，而发挥自己之理想，以激动爱国精神，孕育种族主义，为坚确不拔之宗旨。”这个横阳翼天氏，据专家考证即当时在日本留学生中很活跃的激进派曾鲲化，他还写有《中国铁路现势通论》等多种爱国著作。[②] 这一本革命性很强的历史教科书，虽然没能在当时的国内学校中使用，但它以气势磅礴的文字，政治性极强的风格，在清末摇摇欲坠的帝制统治时期，真有振聋发聩的作用。那书中活泼的标题和格局，对后人编写供青年人阅读的教科书，也有很大的启发作用。

武昌起义的枪声，摧毁了清朝统治。1912年5月，教育部通电全国“凡教科书中不合共和宗旨者，逐一改正之”。[③] 随之有各种共和观

---

① 《史学理论丛书》编辑部编：《八十年代的西方史学》，中国社会科学出版社1990年版，第150页。

② 俞旦初：《二十世纪初年中国反帝爱国史学初考》，《辛亥革命史丛刊》第七辑，中华书局1987年版，第42—60页。

③ 陈学恂主编：《中国近代教育史教学参考资料》中册，人民教育出版社1993年版，第421页。

点之历史教科书出现，其中以商务印书馆印行的《共和国新教科书》最为流行。根据当时编书人的回忆，“这是民国成立后我馆第一套教科书，也是我馆第一套最完全的教科书”，不仅内容和观点新颖，而且文字浅显，插图丰富，极为有利于教学。① 这套教科书中的《共和国教科书本国史》是由赵玉森编辑的。该课本更加具备现代教科书的雏形，不仅在编排上政体、军制、学术、教育、宗教、民族方方面面都有叙述，而且配备了大量历史地图和文物、人物图像，还配合课文绘制了历代兴亡表、帝系表、大事年表等。因为有利于教和学，这套历史教科书在当时备受欢迎，1913 年初版，到 1916 年出到了 6 版，至 1921 年，更再版到 39 次之多。另一本当时影响较大的是陈庆年编写的《中国历史教科书》。这本历史教科书写于 1910 年，本来“势不敢畅揭专制之幕”，辛亥革命以后，对清朝黑暗君主专制，“对内对外之是非得丧”，皆“罗列指陈”，其目的是“俾知君主政体之不宜再见于中华”。这本书有些章节写得生动精彩，比如大力颂扬了洪秀全领导的太平天国运动，说他打下南京城后，“城破，驻防兵之横暴民人者，多见戮。阖城士女，无老少尽欢呼。秀全于是颇得民心”。书中对民族问题的处理，对宗教、文化史之重视，都有独到之处。这套教科书也受到各校师生欢迎，到 1921 年再版到 15 次。

二、白话文历史教科书之发展

民国初年，新文化运动兴起，“普及国语”也即白话文运动是其中

① 陈学恂主编：《中国近代教育史教学参考资料》中册，人民教育出版社 1993 年版，第 424 页。

一项极为重要的内容，而普及白话文的首要对象是中小学学生。所以，当时文化界名流周作人、胡适、钱玄同等提出了《国语统一进行方法的议案》，明确指出“统一国语应当从国民学校和高等小学入手”。1920年，由商务印书馆和中华书局带头，出版了一批小学和师范的各科教科书。[①] 而适合中学应用的第一部白话文中国历史教科书，为著名史学家吕思勉所著《自修适用白话本国史》，该书由商务印书馆出版。这本书，功力很深，但文字浅白，而且史观进步，用科学观点考证和解释我国上古神话的一些记载。20世纪20年代，陆续有许多白话文历史教科书出现，如金兆梓的《新中华本国史》、顾颉刚等编的《初中本国史》等。这一时期的历史教科书从编写格式上比以前有较大进步。比如，出现了大小字的体例：大字为课本正文，小字用于注释补充。顾颉刚编的教科书就是这种体例。另外，在文字编写上讲究生动，文笔流畅。1923年初有一本《现代初中教科书本国史》，从标题到内容，都十分生动。如用“洪水的传说”“君位世袭和神权政治”“诸侯兼并和当时的社会”等主题来叙述夏商西周春秋战国的历史。在讲到印刷术发明时这样写道：“但我们在这沉沉的黑暗里，却同时找到一星火种。这一星之火，逐渐扩大开来，竟大放光明，普照世界。那火种是什么？便是印刷术的推行。”

1922年，我国进行了一次规模较大的教育改革，中学改为三三制，即初中三年、高中三年，各年级均设历史课。从此开始有了高中的中国历史和世界历史教科书。后来影响最大的有吕思勉编的《新学制高级中

---

① 陈学恂主编：《中国近代教育史教学参考资料》中册，人民教育出版社1993年版，第439—442页。

学教科书本国史》和陈衡哲编的《新学制高级中学教科书西洋史》，皆由商务印书馆出版。另外，1925 年我国曾出现胡适等人拟定的一套《课程标准纲要》，该纲要曾规定初中历史为中外历史合编，所以曾一度流行傅运森等编的《新学制历史教科书》。该书共分九编，将中外史前史、经济史、宗教史、政治史、思想史、战争史混合编辑，编辑大意自云："本书打破朝代的国界的旧习，专从人类文化上演述变迁的情形。"这套历史书在当时也有过较大影响，从 1922 年由商务印书馆出版后，到 1929 年印到 102 次。

三、抗日战争时期的历史教科书

1931 年，日本帝国主义占领了我国东三省，此后，日本军国主义分子不断扩大侵略，妄图把我国完全变为它的殖民地。这一时期，我国的中小学历史教科书，带有鲜明的抗日情绪和反帝思想，许多课本宣传强烈的爱国主义精神。1932 年由新亚书局出版的何祖泽的《初中本国史》，在"编辑旨趣"里谈到"使学者得激发民族的精神"，该书对"九一八"以后我国人民的抗日斗争作了重点叙述，专列了"暴日的侵占东北"和"暴日的蹂躏上海"两个目。1934 年大东书局出版的梁园东编的《新生活初中教科书本国史》，附有两张甚有参考价值的图表，一张为《清代丧失土地统计表》，另一张为《各国掠我土地面积比较表》。这两张表，可以帮助学生激发爱国热情，并增强对帝国主义侵略者的仇恨。1937 年中华书局出版的姚绍华编的《修正课程标准适用初中本国历史》，更为充分地表达了当时人民的抗日要求。该书第四册《最近的中日交涉》一节指出："现在中日交涉，已不单是东北四省问题，也不仅是华北五省问题，简直是整个中华民族的存亡问题了。"1937年卢沟桥事变后，我国抗日斗争进入新阶段，许多学校停办。为了适应新的情况，抗战初期出现了一批临时性的历史课本，这批课本大都综合叙述历史，列表较多，使学的人一目了然，有利于短期培训。此外，1937年以后还在坚持上课的学校的历史课本，则反帝抗日情绪比之前更强，如出版于1939年的蔡丏因的《初中新本国史》的近世史部分，指出清末时候"正是我民族国家生死存亡的一个重要关头，就是到了现在，还脱不了这样的局面哩"。为了激发广大青少年的爱国热情，积极投入抗战事业，当时史学界还专为中学生编了一套"初中学生文库本"，计有《中国近百年史》《中国丧地史》《国耻史纲要》等，由中华书局出版，其宣传广告称："在列强铁蹄下挣扎着的人们，不要忘掉血肉交织的史实。"

20世纪30年代的历史教科书，从体例上说，日臻完善，越来越有利于教学，插图越来越多地利用考古成就。如前述蔡丏因本，就采用了爪哇猿人头骨、中国猿人头骨、新石器时代遗物、殷墟出土的青铜器等。另一本由北新书局1935年出版的杨人楩编的《初中本国史》，则采用了大量文物和古迹照片，如曲阜孔庙、廓尔喀战役纪念碑、京师图书馆四库全书之一部分等的照片。值得注意的是，这一时期的世界史教科书也大量使用插图，1931年开明书店出版的陈登元等编的《开明世界史教本》，全书213页，竟有79幅插图，包括有关埃及木乃伊、腓尼基人军舰、荷马、凯撒、罗马街道、米开朗基罗的画、路易十四、彼得大帝、拿破仑、马志尼、俾斯麦等的图片。在当时能搜集这么全是难能可贵的。20 世纪 30 年代的历史教科书，还注意图表的作用，1934 年出版的罗元鲲编《高中本国史》，仅两汉史一段，即设计了《七国首领表》《前汉地方区划表》《王莽时之四夷表》《光武统一表》《东汉党祸表》等 12 种，这些表起了帮助学生复习和综合知识的作用。在习题方面，这一时期的教科书也形式多样，有的教科书每一编后皆有总复习，包括问答、填表、填图、整理、填充、解释、改正等多种题型，可以训练学生的多种能力。

四、人民解放战争时期的历史教科书

1945 年抗日战争取得伟大胜利，但是由于国民党统治集团蓄意挑起反人民的内战，从 1946 年至 1949 年我国又经历了三年人民解放战争。人民解放战争时期，国民党集团所统治的区域一般称为“国统区”，人民当家做主的由共产党领导的地区称为“解放区”。在这一时期，由于是两种制度，我国便有两种教育、两种教科书。历史教科书也相应分为两种。

国统区基本上仍沿用抗日战争时期所用的教科书，一般有三个本子。一是 20 世纪 40 年代初由国民党政府教育部编审的教科书，因最早是由“国定中小学教科书七家联合供应处”共同印刷发行的，故称为“七联本”，后由正中书局接印，又称“正中本”。这一教科书主编单位为“国立编译馆”，具体负责编辑和校订的有当时著名史学家聂家裕、方豪、金兆梓、邓广铭、郑鹤声、顾颉刚等。这套教科书初中一共六册，前五册为中国史，最后一册为世界史。特点是条理性强，有利于中学的教学。比如在讲到秦统一的原因时，一共列了“有休养生息的机会”“有优越的地理环境”“有统一的政令”“有一贯的国策”“有新的社会经济政策”五条，眉目清楚，方便教师的讲授，也有利于学生的学习。再比如讲王安石变法，把变法原因、内容、失败原因也分析得有条有理。二是中华书局的教科书，最早写于 1937 年，编者为姚绍华，解放战争时期略加增删修订，名为《中华本国历史》。中华书局版历史教科书的特点是对文化史特别重视，“编例”中说“凡足表现一时代民族文化的特征而影响于后代的，莫不扼要叙述”，因此在各编里皆专辟一章至数章叙述文化演变情况。三是开明书店的《本国史》，作者为周予同。这一教科书的长处是特别重视考古、文物对丰富史料的作用，书中采用了比较多的文物图，如关于甲骨文、秦琅邪刻石、汉倭奴国王印等的图片。本教科书的另一特点是重视历史阶段的小结，在课本所分的五个历史时期的最末，都有“本期结论”，全书最后还有专门的一编“综论”，总论历史和人类生活的关系、中华民族的前途、中国文化的演进、我国国际地位等。国统区在解放战争时期流行的高中历史教科书则有陈登原、余逊、杨东莼、罗香林编写的本国史，何炳松、陈衡哲等编写的外国史等。

解放战争时期，解放区的教育事业蓬勃发展。抗日战争后期，陕甘宁边区政府就拟定了中等学校的新课程规定，规定中学一、二年级皆有每周三课时的史地课。当时在解放区通行的历史教科书，有范文澜的《中国通史简编》、吕振羽的《简明中国通史》、华岗的《中国民族解放运动史》等。除此之外，还有专门为中小学生编写的史地教科书，如东北书店印行的叶蠖生《初中一年暂用课本历史》、陕甘宁边区教育厅审定的《高小史地》、中原临时人民政府教育部审定的《高级小学适用课本历史》等。这些教科书，一变旧有的观点，用马克思主义的历史唯物主义立场，解释和叙述历史现象。教学目的规定："在使学生了解中华民族的来由及其光荣的史绩，使学生学习模范历史人物的精神，接受革命的历史教训，以养成学生爱护民族的观念，和高尚的品德与革命的人生观。"这些课本鲜明地歌颂和表彰历史上的农民起义英雄，如叙述李自成"是一个很好的农民领袖，他自己很刻苦，不好酒色，把没收官僚地主的财物，分给穷人"。还应当指出的是，解放区的历史教科书对历史上起过重要作用的历史人物的评价也是全面公正的，例如对孔子，评价他"很爱自己的国家民族，提倡'杀身成仁''舍生取义'的气节"。作者认为，后代封建统治阶级"把孔丘思想中的好的东西抛弃，只留下他那些麻醉人民便利封建统治的东西"。

五、旧中国中学历史教科书的几点分析

纵述了清末以来四十多年我国的中学历史教科书，我们可以得到几点结论。

（一）历届政府都十分重视历史教育和历史教科书在培育和熏陶青少年思想方面的作用。自清末以来各届政府不仅将编审教科书大权掌握在手里，而且具体规定编书内容。如清末光绪二十九年（1903 年）《奏定中学堂章程》里就规定各科教科书均应由学务大臣奏定审定，袁世凯在《特定教育纲要》中也明文规定："中小学教科书于一定期限内编定颁发，国定制与审定制并行。"北洋政府时期，中学教材由教育部规定

课程标准和教授要旨，各校教师按照标准可以选择教材。教科书可以由私人编写，但必须经教育部审查。国民党政府在抗日时期制定了所谓的《战时各级教育实施方案纲要》后，也编辑了一套“国定教科书”，即由政府规定教科书的内容，各校必须统一使用。我们现在看到的，新中国成立前数百种中小学历史教科书，有很多都明文写上教育部“审定”或“国定”等字样，有些课本还在编辑大意中明确写出是按当时教育部所发教学“规定目标”所编写。如《余氏高中本国史》即在书首明确写上国民党教育部“高级中学本国史课程规定目标”：“(1) 叙述我国民族之拓展与历代文化政治社会之变迁，以说明本国现状之由来；(2) 注重近代外交失败之经过及政治经济诸问题之起源；(3) 过去之政治经济诸问题，应特别注重。”

当然，历届政府之所以如此严格规定和牢牢控制编写体例和内容，是为了更好地钳制人民的思想，其政治目的是很明显的。我们今天的教育，与新中国成立前目的完全不同。但是，作为我们这样一个十几亿人口的大国，对课本作比较统一的规定，制定一份全国通行的教学大纲，以大纲为准则来编写教科书，恐怕仍是十分必要的。

通过对上述历史教科书的纵述，我们还可以发现我国历史教育的一个很好的传统，即中学的历史教科书编写一直十分受史学界的重视，有许多当时著名的史学家还直接参加教科书的编写。我国第一本本国人撰写的中学历史教科书的作者夏曾佑，就是当时社会上很有名望的文史专家。以后在辛亥革命时代写历史教科书的有章嵚，20 世纪 20 年代编写历史教科书的有吕思勉、顾颉刚、金兆梓，30 年代编写历史教科书的有余逊、杨人楩、周予同、陈登原，40 年代编写历史教科书的有杨东莼、姚绍华、范文澜、吕振羽、华岗等，都是新中国成立前就享有盛名的史学专家，他们把自己在史学研究中的新成果注进历史教科书，使我国的历史教科书不断完善。

（二）通过对清末民国中学历史教科书的纵述，我们可以更好地看清历史与政治的关系。历届政府总是力图使历史教育为当时政治服务，清末《奏定中学堂章程》中明确规定历史教学必须“先讲中国史，当专举历代帝王之大事，陈述本朝列圣之善政德泽，暨中国百年以内的大事；次则讲古今忠良贤哲之事迹”。

纵观旧中国的历史教科书，我们也不得不承认，不管是清末还是民初，也不管是中华书局还是商务印书馆，几乎所有作者都有自己的政治立场和阶级观点。事实上，历史是脱离不了政治的，不过有些作者在自己的著作中表现明显一些，而另一些作者则隐晦一些罢了。例如，我们前面说到的横阳翼天氏的《中国历史》，观点就很鲜明，其写书目的很明确，“痛国家之脔割，愤种族之犬羊”，为了“激动爱国精神，孕育种族主义”。抗日前夕一些历史课本的爱国情绪也是很明显的，就是为了激发青年学生的抗日情感。这些都是很鲜明的政治倾向。有的著作表面上好像不涉及政治，四平八稳，但当作者辱骂诬蔑历史上的农民起义为“匪乱”的时候，美化蒋介石的统治时，他的政治观点也就表露无遗了。事实上有许多作者在所写的历史教科书中，明确表现出了政治倾向，赵玉森1912年在补订陈庆年的《中国历史教科书》时说，过去陈在写教科书时因为清王朝还没有被推翻，所以不敢“畅揭专制之幕”，他修订这本书时，就要将“数千年专制积秽，一旦粪除”，还要将“对内对外之是非得丧，罗列指陈，俾知君主政体之不宜再见于中华”。他鲜明指出："历史为全国国魂。"1905 年出版的秦瑞玠《高等小学西洋历史教科书》，作者在结论中明确指出："至近今诸国勃兴而富强顿进，遂达文明之极点，考其由来，大抵在合群开智，相师善变，务进取，贵自立，君民同体，破除拘制"，因此学历史是为了"知彼知己，弃短取长，迹其变通兴盛之由，以致异日富强之效，不得不于历史乎有取焉。"这些都是在历史教科书中鲜明表示自己的政治立场的。

（三）纵观清末民国时期的历史教科书，还可以得出一个结论：我们今天的历史教科书，是逐步发展和完善起来的，实际上是经过无数前人辛勤劳动的成果。我国历史教科书的发展，经过了草创、逐步充实、完善等阶段。草创时期的教科书，带有封建时代史学的许多痕迹，体例也很拘板；经过 20 世纪二三十年代逐步在内容上充实起来，在编排格局上也逐步完善；文体由文言改成白话体；体例上除课文外，逐渐有小字注释、练习题、年表，还插绘大量历史文物古迹图片、历史地图。20 世纪 40 年代的历史教科书，就臻于成熟了。新中国成立后我国历史教科书有了质的飞跃。这个发展不是凭空的，我们应该尊重前人的劳动，还应当善于吸取前人的丰富经验，把今天的历史教科书编得更好。

无论是体例的编排技巧，还是内容的某些观点的形成方面，我们现在的教科书也和前人的研究分不开。大约在辛亥革命后，我国的历史教科书中就开始对某些农民起义重作评价，肯定了秦末农民起义、元末农民起义和太平天国运动。20 世纪 20 年代后，对商鞅变法、王安石变法、康梁变法等也都有了较公平较合乎实际的评价。另外，对秦始皇、武则天、苻坚、成吉思汗、康熙帝等人有不少见解都很值得今人参考。我觉得不可对新中国成立前的历史教科书过于菲薄，而应当对新中国成立前一些历史教科书的作者的辛勤劳动实事求是地予以肯定，即便有些作者的历史观点存在问题，但是也应看到，随着时代的变迁，他们也是在不断变化的。这里仅举金兆梓对苏联看法一例。金兆梓1924年编的《新中学教科书初级世界史》曾错误地认为：“苏俄不过有一共产之名，实际则行其国家资本主义而已”，还说当时苏联对外政策是“利用弱小民族，使之入彼牢笼……实一变相帝国主义也。”到1930年版的《新中华外国史》，金氏就改写成：“遂施行其素所信仰之共产主义，废除私人商业，废除工资制度……无代价征收农民食余之粮而分配于工与兵，无代价征收工业制造品而分配于兵与农”，“乃以其民族自决之主义，援助亚洲弱小民族，使从事于独立运动。”到1948年，金兆梓的《修正课程标准适用新编高中外国史》更改为：“在内忧外患的严重局面下，苏维埃政府为争自身生存……实行所谓‘军事共产主义’……结果，红军因此政策之实行而有充分之供给，扑灭内乱，抵抗外患，均著成效。”扶助弱小民族一段改为：“以‘号召弱小民族反抗帝国主义’及‘促成各国无产阶级革命’为目的，战争蜂起之各国革命及民族解放运动，大都与苏联存在直接间接之关系。”从金兆梓这些看法的不断转变，我们可以看到其他作者的一斑。

六、新中国的历史教科书

新中国教科书的编写走向正规，实际上是1953年以后。1953年，毛泽东主席指示：“必须抽调大批干部编写教材。”从1954年开始，中央教育部责成人民教育出版社准备制定中小学历史教学大纲、编写历史教科书和历史教学参考书。直至今日，人民教育出版社始终承担着我国通用历史教科书的编辑出版工作。

截至20世纪90年代初，新中国的正规历史教科书，一般来说共有四套。第一套是由人民教育出版社编出的教科书，在1956年编成。在编辑过程中，人民教育出版社编辑们根据当时具体情况，草拟了《中学历史教科书编写工作中的几个原则问题》，基本上反映了编者们对体例的设想、编辑的原则和对史学重大问题的看法。比如，文中提到了编写方法为“线索法”，头绪集中，重点突出，叙述具体生动，分量匀称，语言规范化，图文适当配合。又提到了中外历史的关联问题，教学与教材的分工问题，如何反映历史科学新成果问题，等等。至于一些重大观点，教材明确采用马克思主义的历史唯物主义观。文中鲜明提出阶级社会中的阶级斗争的作用，提到人民群众的伟大历史作用，还有中国是一个多民族国家等。由于当时规定在小学、初中、高中都开历史课，所以这套历史课本册数很多，小学五、六年级4册，初中一、二、三年级6册，高中一、二、三年级6册，共计16册教科书。

中华人民共和国的第二套历史教科书是根据1962年大纲编出的1963年秋的课本。这套教科书是在摒弃了1958—1959年史学界“左”的思想影响后编成的，根据著名史学家范文澜、翦伯赞、吴晗等的意见，重新正确地恢复了教科书中的马克思主义观点。当时，人民教育出版社历史编辑室还和其他一些单位一起，草拟了《关于历史教材中涉及我国同邻国关系问题的情况和今后处理的初步意见》，对边界、民族、历史疆域等重大原则问题提出了具体处理意见。可惜的是，这套教材只在北京、天津等部分学校试教，1964年起，又受到“左”的思潮的影响而被否定了。以后便是自 1966 年开始的十年动乱，历史教学无从谈起，当然更谈不到历史教科书的编写了。

第三套由人民教育出版社出版的历史教科书是从 1978 年起陆续编成的。1978 年 3 月，由当时全国中小学教材编写工作会议写出一份《中学历史大纲和教材中几个原则性问题如何处理的初步意见》，作为这次教材编写的准则。其中包括：对“四人帮”宣扬的所谓“儒法斗争”错误史学观的否定，把封建社会安排为五个阶段叙述的建议，对农民战争的正确评价和其他，等等。主要是对十年动乱中被严重歪曲和破坏了的正确的马克思主义历史教材体系正本清源。

第四套教科书即各地根据九年义务教育历史教学大纲编写的历史课本。这些课本各有特色，本书中的“历史教材学十四论”对此有一定介绍。

通过对上述教科书沿革的介绍，我们可以看出以下几点。

第一，历史教科书是和当时的政治形势、时代特点紧密结合在一起的。各个时期的历史教科书无不带有自己的时代烙印。时代在发展，历史教科书的面貌肯定要改观，内容要更新，这是一个必然的规律。

第二，历史教科书的结构和体系以及编写技巧，自清末以来的演变，是逐步发展和完善的，经过了几代人的辛苦劳动。我国历史教科书，经过了草创、充实和完善、变革等几个阶段。草创时期的课本，带有封建史学的痕迹，体例比较拘板。经过 20 世纪二三十年代的发展，内容充实起来，编排格局逐步完善，文体改变，到 40 年代，形式上就完全成熟了。新中国的历史教科书，观点一新。到最近几年，由于世界和我国经济文化的发展，我国历史教科书正经历着一个变革的新时代。

第三，由于科学在不断发展，史学和相关的许多人文科学也在不断发展，观念在不断更新，因此历史教科书中对一些事件和人物的叙述，也有必要不断修正。这就需要编辑人员不断提高业务水平，吸收新成果，写出更符合时代要求的教科书来。

清末民初的历史教材*

我国是一个历史悠久的国家，历史典籍十分丰富。我国向来又有搜集、保存、整理史料的优良传统，很自然，我们的古人对历史的教育也非常重视。在汉代规定的学校课程“五经”中，《春秋》是其中不可缺少的一门；而《春秋》，便是经孔子笔削的一部我国奴隶社会的历史教科书。在2000多年的封建社会中，我国的历史教育不断发展。南北朝时，刘宋元嘉二十年（443年），政府立了四个国立学馆，其中就包括史学一馆，由当时著名学者何承天主司其事。到宋朝，理学家们都很重视历史教育，朱熹曾要求他的学生做到“制度之无不考，古今之无不知”。按元初理学家程端礼的《程氏家塾读书分年日程》规定，大凡学生到15岁，便应该起读《史学章句或问》。宋元以后，我国出现了不少历史启蒙教材，如王令的《十七史蒙求》，胡寅的《叙古千文》，陈栎的《历代蒙求》，萧良有的《龙文鞭影》，等等。这些历史课本，有的是历

* 20世纪60年代初，人民教育出版社历史编辑室一些同志，曾整理一篇《六十年来我国中学历史教学情况的比较》，本文和以下诸文吸收了他们的某些成果，载《中学历史教材和教法》第一集，人民教育出版社1985年版。

史大略，有的是历史典故和故事，多用四言，参为对偶，联以音韵，以便记诵。兹举《龙文鞭影》为例，其下卷有这样几句："轼攻正叔，浚沮李纲。降金刘豫，顺虏邦昌。"① 讲了四段历史：第一句讲苏轼攻击程颐（正叔）的道学气；第二句讲北宋末李纲被张浚、黄潜善等陷害排挤；第三句说南宋初刘豫叛国降金；第四句说张邦昌卖国求荣。《龙文鞭影》后来成为明清以来童蒙必读本，又称《训蒙四字经》，由杨古度注释。这个注释，有点近似现在的教学参考书一类，供教师讲解用。另外，相传为宋人王应麟写的《三字经》，也包括历史的内容。明末清初吴乘权的《纲鉴易知录》，亦为清朝的一部历史教科书。

但是，我国古代这些历史启蒙读本，还不能算严格意义的历史教科书。严格意义的历史教科书，始于清末戊戌变法以后。

光绪二十八年（1902 年）颁布的《钦定蒙学堂章程》《钦定小学堂章程》和《钦定中学堂章程》，都明文规定，把史学作为课程门目。按照这些章程规定，当时"凡各科课本，须用官设编译局编纂，经学务大臣奏定之本。其有自编课本者，须呈经学务大臣审定，始准通用"。我们现在看到我国学者自编的中学历史教科书，是 1905 年出版的夏曾佑编本。该书由上海商务印书馆承印，分三册，自上古写到隋末。在这以前，则借用日本人编写的中国历史课本。例如 1903 年由日本东京富山房编辑的一套称为《支那史教科书》的，就曾被临时采用过。桑原骘藏的《东洋史》译成中文后，甚至"盛行殆遍于东南诸省"。中国人学中国历史，竟然用日本人编的课本，这说明近代中国的封建王朝落后和无

① 《正续龙文鞭影》，光绪庚寅版下卷，第 26 页。

能到什么程度！

夏曾佑的历史教科书，其体例，商务印书馆曾介绍说："以十三经二十四史为主，而纬以群籍，其体裁则兼用编年纪事两体。其宗旨则在发明今日社会之本源，故于宗教政治学术风俗古今递变之所以然，志之独详。"[①] 严格地说，作为中学教材是不太合适的。实际上从 20 世纪 30 年代起，夏曾佑这本书就改名为《中国古代史》，已经作为"大学丛书"来使用了。但不管怎样，夏氏此书仍是我国中学历史教材史上一次有益的尝试。它初创了中学历史教科书的格式：参考东西洋资产阶级史学体系，把我国历史分为上古、中古、近古时期；在内容上，初步打破旧的封建史学体系，不是帝王将相的家谱或王朝的系年，而是兼及政治、经济、文化、外交等各个方面；另外，还在课本"凡例"中提出应附以沿革图、年表、历史插图等。在我国历史教材的草创时期，这些都是富有建设性意义的。

与夏曾佑《最新中学教科书中国历史》同时，还有署名为丁宝书的《蒙学中国历史教科书》（文明书局 1903 年版）和姚祖义编《高等小学中国历史教科书》（商务印书馆 1904 年版）。这两套小学课本一直写到当时的最近代，蒙学本最后一节为《俄德英法之借地》，年表一直到 1899 年，即成书前四年。高小本最后一课为《两宫回銮》，一直写到义和团运动后的 1901 年，即成书前三年。从这两套课本的编辑大意和课文内容看，作者观点也比较倾向维新改良。蒙学本说："是编以进文化改良社会为主"，"以卫种族长国威为主"，要求课本能达到"识古并合

① 吴曾祺：《中国历史读本》（下），商务印书馆 1910 年版，封底。

之由，以起近今丧亡之痛，长学识，雪国耻”的目的。① 但这两本书都明显站在封建统治者的立场，对古代近代史上的农民起义大肆污蔑，这是作者的阶级属性所决定的。

这时使人耳目一新的是一本由东新译社编纂的署为“普通中学教科书”的《中国通史》。是书出版于1903年，作者自称为“横阳翼天氏”。东新译社由日本东京的一群中国留学生组成，他们本来计划出版文、理、工、商、农等各科课本，其目的为：“本社同人痛国家之脔割，愤种族之犬羊，忾然创办东新译社，就我国之性质上习惯上编辑中学校各种教科书，熔铸他人之材料，而发挥自己之理想，以激动爱国精神，孕育种族主义，为坚确不拔之宗旨。”②《中国历史》为其中第一本。从课本观点看，作者是留日学生中的革命派，是坚决的反帝制主义者。《中国历史》上卷共七章，全书文字气势磅礴，标题活泼，整个格局不呆板，政治鼓动性很强。最富生气的是作者在各章节后的“国史氏曰”史评，在摇摇欲坠的帝制统治末期，真可谓有振聋发聩的作用。例如在叙完商汤革命后，作者评论说：“所谓贤君贤主者何？牺牲自身，以为国民求幸福者也。所谓暴虐无道者何？牺牲其国民，以恣己之所欲者也。故今日西洋各国，谓其国王曰公奴隶，而自称主人翁。王者之为国民作牺牲，公理上应有之务也。”此外论法制，论革新变法，论民风，论学术思想，亦都有独到见解。其自由革命之精神，发自字里行间，呼之欲出。使人读来痛快之极，有山雨欲来的感觉。当然，因为作者的资产阶

---

① 丁宝书：《蒙学中国历史教科书》，文明书局1903年版，编辑大意。

② 横阳翼天氏：《东新译社开办之原因及其特质》，《中国历史》（上），东新译社1903年版，书后附页。

级立场，在书中也必然地会混杂一些错误观点，如大汉族主义、英雄史观等，像“中国者，汉人种之中国也”之类，即是不可取的。

早期的世界历史课本，大部分都用日本现成课本翻译过来，或汇集各国世界史综合译成。如 1906 年江苏师范学校采用的历史讲义，即直接从日本辻安弥的《西洋史》翻译。另一部由商务印书馆编译所 1905 年编译的“最新中学教科书”《西洋历史》，也是“编汇辑英美日本各种西史融合而成”。另外，作新译书局译过一本《万国历史》，可能也由日文本译出。

清末时期还出现过几本历史教学法的书。现在见到的最早一本是上海龙门师范学校当作讲义用的《历史教授法》，1906 年由上海开明印刷部出版，作者夏清贻。夏清贻是清末民初著名文人，曾被聘为集成图书公司的编辑长。夏氏这本教学法基本上是采用外国历史教学中的一些材料编成的，比如引用了捷克教育家夸美纽斯的言论，美国教育家彭司的教学经验，以及德国教育家莱因的五段教学法、威格脱的三段教学法等。书中还叙述了教案的写法、教具的使用，以及教课的具体形式等，对我国尚处在开创期的历史教学有很大的参考价值。

辛亥革命“只把一个皇帝赶跑，中国仍旧在帝国主义和封建主义的压迫之下”，中国革命的根本问题没有解决。在历史教材的编写上，从现在能看到的几种辛亥革命后的版本来看，观点和体例也没有太大的变化。最典型的如 1913 年文明书局出版的章嵚的《中华历史教科书》。章嵚自 1904 年就教历史，富于历史教学和研究经验，在编写这部教科书的同时，还编了一部内容较深的《中华通史》。章嵚的《中华历史教科书》观点平稳，在几个敏感问题上作者不表态，或只作客观的叙述。如对戊戌变法，章书说："有识者寖寖创改革之论，而新旧乃交讧，无是酿为妄动，牵动国际，祸且不支，改革论借是再行，而政见之争，党论之战，益相持不下矣。"① 对太平天国，既不再称"贼"，也不予肯定，而模棱以"内地兵祸""洪军之役"称之。对古代的历次农民起义，则仍袭旧史框框，概称为"盗贼"。该课本在体例上更接近于现代意义的教科书，政治史、经济制度史、民族史、社会史、文化史兼而顾之，尤其唐代文化史的章目几近整个唐史内容之半，这样重视的程度是先前所没有的。

辛亥革命时期另一本值得注意的历史教科书是陈庆年编的商务印书馆出版的《中国历史教科书》。这本书初写于1910年，因当时还在清朝统治之下，"势不敢畅揭专制之幕"，原书写至明崇祯年间，便"戛然遽止"。辛亥革命后，清王朝被推翻，该书得以增订，过去"讳莫如深"的有关明清之交和清整整一代的黑暗统治，"对内对外之是非得丧"皆"罗列指陈"，"俾知君主政体之不宜再见于中华"。因之这部上下两册的历史教科书比章嵚的课本稍有进步。该书有些章节写得比较精彩，如对洪秀全领导的太平天国运动，褒扬颇多，叙及洪打下南京："城破，驻防兵之横暴民人者，多见戮。阖城士女，无老少尽欢呼。秀全于是颇得民心。"说到洪秀全会见英国舰长西西波林的情况，称"秀全待遇极厚，既与历览各营，示以军容之盛，复言此军实为民人争自由，并及通商大局，与鸦片问题，语多中要，大为西西波林所骇服，称秀全为东方大革命家"。但作者对捻军、对义和团运动，则仍完全否定，说捻军"以戮

① 章嵚编著：《中华历史教科书》下册第四编，文明书局1913年版，第57页。

杀焚掠为目的”，义和团“皆民间无赖之徒”等，都沿袭旧史家的观点。陈庆年的这套教科书，从体例上说，章节安排比以前更为科学了。以唐史为例，章嵚的课本整整用了两章四节叙述“唐帝纪”，而陈氏教科书唐代部分完全打破帝王世系的框框，综合性地叙述“太宗高宗之治及唐之制度”“与日本之交通”“唐管辖属地法”“唐代东西互市”“诸外教之东渐与佛教隆盛”等。辽宋金元部分，十分重视少数民族的历史，正如赵玉森在增订序中所说，这本教科书目的之一是使“现时五大民族改建共和之桔槔有自”。这说明，辛亥革命在一定程度上解放了一部分知识分子的思想。由此，陈庆年这本书在当时是很有影响的，1915 年商务印书馆介绍该书说“久已风行一时”。到 1921 年，印到 15 次。

民国初年流行的另一套课本是赵玉森的《共和国教科书本国史》，1913 年初版，1916 年出到 6 版，也由商务印书馆印行。该本分上下二册，特点有二。第一，略古详今。从盘古开天辟地至明为上册，清朝历史为下册，对中华民国成立后几年的历史叙述尤详，举凡民国政体、军制、学术、教育、宗教、民族，皆有专述。第二，开始配进历史地图、文物图、人物画像等插图，如岐阳石鼓文、李斯书颂德碑等石刻拓图，殷周彝鼎、宋瓷等文物图，岳坟、明故宫等古迹图，各朝疆域、战争示意等地图。此外，还配合课文绘制历代兴亡表、帝系表、年表等。从观点来看，赵本与上述陈本基本相同，对太平天国同样是褒胜于贬，而对其他农民起义则抱否定态度。赵本教科书很长时期在中学通行，1921 年出版到 39 次之多。

赵玉森还随课本编辑了一套教学参考书，题名为《中学本国史参考书》。照作者自己的话说：“本书参证典籍，不下数十百种，所举事实务臻详备，而考订复极谨严，又取最近历史家之最新学说为之经纬于其间。”① 该书体例有点接近现在教学参考书的教材注释部分。

1913 年还由商务印书馆出版了一部傅运森编的《共和国教科书西洋史》，这可能是我国自编的第一套中学世界史课本②。该书将全部世界史分为上古、中古、近古、近世四个部分，上古自太古至罗马帝政末期，中古自日耳曼大迁徙至哥伦布发现新大陆，近古自宗教改革至拿破仑之亡，近世自维也纳会议至 19 世纪末。这个体例，后来我国世界史教科书一直沿用。

---

① 赵玉森：《中学本国史参考书》编辑大意，商务印书馆 1922 年版。

② 比此书较早的，还有文明书局 1905 年出版的署名秦瑞玠的《高等小学西洋历史教科书》，这可能为我国最早的小学世界史课本。

北洋政府时期的历史教材*

1919年的“五四”运动，犹如一声春雷，影响遍及我国整个思想界。新文化运动在历史教学界也开出了丰硕成果，出现了一批用白话文写的历史课本。其中由商务印书馆出版的吕思勉的《自修适用白话本国史》，是这些著作中的第一部。吕思勉在该书序例中说“本书全用白话”，为的是“取其与现在人的思想较为接近”。在史学观点上，吕著这套课本也有很多在当时来说是进步的观点。如作者认为“历史者，研究人类社会之沿革，而认识其变迁进化之因果关系者也”①。他认为宇宙间一切事物都在不断地动，不断地变迁。他这本书，对上古部分尤其有独创的见解，一反先前各家唯儒家的经典是准的盲从态度，而是大胆怀疑，经过自己细致考证，从而得出较为科学的结论。课本中对盘古的记述，对尧、舜、禹，对周公的评价，都作出自己独特的解释。这在当时应当说是一种思想解放。

吕思勉这本《自修适用白话本国史》功力很深，但文笔浅显，深入

---

* 载《中学历史教材和教法》第一集，人民教育出版社1986年版。

① 吕思勉：《自修适用白话本国史》(一)，商务印书馆1923年版，第1页。

浅出，使人耐看，很值得后人参考，对当时的史学研究和教学很有影响。这和他的经历是分不开的。他从 1905 年就开始从事历史教学工作，先后在常州府中学堂、南通国文专科学校，以及苏州、上海等地教书多年，教学经验丰富。同时他本人学力十分深厚，治学十分勤恳，每读书必写札记，分类排比，所以写的书很谨严。①

从吕著第一部白话历史课本以后，语体文历史教科书不断增加，如 1924 年商务印书馆出版的李泰棻的《新著中国近百年史》（中等学校用），1925 年中华书局出版的金兆梓的《新中学教科书初级本国历史》，1926 年商务印书馆出版的顾颉刚、王钟麒的《初中本国史》，1924 年出版的《新中学教科书初级世界史》，等等。甚至连辛亥革命前后用文言文编著的赵玉森的中国史课本也改用语体文出版，易名《新著本国史》，观点也有所修正，开始把秦末农民起义叫“平民革命的创局”，西汉末农民起义称为“第二次平民的大革命”，元末农民起义叫作“第三次平民的革命”，等等。②

金兆梓是新中国成立前知名学者，著有多种历史教科书，还出过一本文史专集《芚厂治学类稿》。《新中学教科书初级本国历史》从纵、横两个方面叙述：“纵的为：社会之进化，文化之发达，政治之变迁；横的为：疆土之发展，各民族之接触，文化之交换。”③ 金本对历史上的革新和部分农民起义持肯定态度。如称商汤放桀、武王伐纣为“贵族革命之创局”，康梁变法为“革新”，陈胜、吴广起义为“革命军”，太平

① 汤志钧：《现代史学家吕思勉》，《中国史研究动态》1980 年第 2 期。

② 赵玉森编：《新著本国史》第二编，商务印书馆 1922 年版，第 9、36、156 页。

③ 金兆梓等编：《新中学教科书初级本国历史》，中华书局 1924 年版，序言。

天国革命为“为人民争自由之革命军”，等等。作者对现代史上的“五四”运动、新文化运动也是赞扬的。① 但他当时这种进步历史观是不彻底的，如对另一些农民起义，像黄巢起义、李自成起义、白莲教起义等仍称为“乱”或“匪”。

顾颉刚、王钟麒合著的历史课本，20 世纪 20 年代流行的有两种，皆由胡适校订。1926 年的一本名为《初中本国史》，特点是开创了大小字的先例，大字叙历史概略，小字作注释补充。如课本中册第 11 页大字正文“元昊嗣，大肆野心，建号称帝”一行，小字注释是：“元昊少时，常劝他的父亲不要向宋称臣，其志已可概见。及袭位，便以宋明道年号犯他父讳，改称显道，那时真很露反情了。未两岁，遽发兵寇边，杀掠居民……遂称大夏皇帝，改元大庆。”这种大小字体例，至今港台一些历史课本仍相沿袭用。新中国成立后的历史课本，也参考了这种体例。另一本题为《现代初中教科书本国史》，1923 年初版，到 1927 年 7 月印到第 55 次，可见受读者的欢迎。这一课本有两个优点：(1) 条理清楚，内容简而不空，章节标题新颖醒目，如上古至秦，作者列了六个小标题，名为“社会的进化和建国的雏形”“洪水的传说”“君位世袭和神权政治”“封建制度和家族主义”“诸侯兼并和当时社会”“思想的激起和贵族的倾覆”。这里每条中心突出，井井有条。(2) 文笔流畅生动，接近口语。如讲我国印刷术的发明：“但我们在这沉沉的黑暗里，却同时找到一星火种。这一星之火，逐渐扩大开来，竟大放光明，普照世界。那火种是什么？便是印刷术的推行。”又如谈戊戌变法的原因：

① 金兆梓等编：《新中学教科书初级本国历史》，中华书局 1924 年版，第 10、44、58、79 页等。

"清朝自咸同以来，外交一回一回地失败，竟弄到上面所说的地步，这是何等的刺激！一般有心的人受到这样的刺激，自然会得兴奋起来，把当前的切身问题设法求得一个解决的。"[①] 这本书的不可取处是作者当时的观点因受到时代的局限，还是历史唯心主义的，尤其对历代农民起义的态度，甚至还不如辛亥革命后的一些作者，把太平天国说得一无是处，"那牵动十六省、绵延十五年的太平天国、却只落得'长毛'二字，官书称'发匪'——来传做恐怖的名词。"[②] 对黄巢、李自成等，也都一概名之曰"匪""贼"。

根据1922年北洋政府的学制改革，中学改为三三制，即初中三年、高中三年，各年级均设历史课。根据规定，初高中历史教科书分开编写，于是又开始有中国历史和世界历史的高中读本。当时采用的高中教科书有吕思勉的《新学制高级中学教科书本国史》和陈衡哲的《新学制高级中学教科书西洋史》，皆由商务印书馆出版。陈本世界史的特点是注重教学效果，写得浅明生动，插图多，内容和形式都有独到的地方。

1923年，根据北洋政府拟定的《初级中学历史课程纲要》，初中历史又一度定为将中外历史混合编写。应运而出的有傅运森编的，由当时"社会名流"王云五、胡适校订的《新学制历史教科书》。这套课本于1922年由商务印书馆出版，1929年6月印到102次。傅本编法与众不同，综合中外历史于一体，共分九编，分别叙述中外史前史、经济史、宗教史、政治史、思想史、战争史等各个方面。其编辑大意自云："本书打破朝代的国界的旧习，专从人类文化上演述变迁的情形。"另一本

① 顾颉刚、王钟麒：《现代初中教科书本国史》下册，商务印书馆1923年版，第74页。
② 顾颉刚、王钟麒：《现代初中教科书本国史》下册，商务印书馆1923年版，第57页。

体例比较独特的课本是陆光宇的《新撰初级中学教科书本国史》，由商务印书馆于1925年1月初版，1928年2月印到48次。陆本将课本分为总论和分论两部分，总论为“历代兴亡述略”，分上古（太古至战国）、中古（秦至唐）、近古（五代至明）、近世（清至民国）四部分，极简地叙述各朝历史大事。分论则纵论几个大主题：民族交融、学术进展、宗教沿革、风俗变迁、实业发达、法制兴废、近代外交等。优点是各部分专史叙述得较清楚，使人一目了然。作者在近代外交部分配有比较详细的历史地图，揭露俄、德、日、英等帝国主义侵占我国领土的罪行。

1927年我国还出版了另一套历史教学参考书《本国史参考书》，共六册，内容比较丰富，由王伯祥编辑。参考书体例和前文所述赵玉森所编参考书类似，分为大、小字两部分。如秦统一和中央政府确立一节，小字部分写有商鞅变法细节、秦48郡考证、正朔服色的解释等。这套参考书从内容到格式，对今天仍有参考价值。

20 世纪 30 年代到新中国成立前夕的历史教材*

全面抗战爆发前的历史教科书

全面抗战爆发前的历史教科书，不同版本不同类别的有数十种。一般都比 20 世纪 20 年代有所进步，大致上有下面几个特点。

第一，由于日本帝国主义不断侵吞我国领土，妄图变我国为它的殖民地，在这一时期我国的历史教科书中爱国主义意识和反日情绪相应地有所增强。例如 1930 年由世界书局出版的朱翊新、黄人济、陆并谦合编的《初中本国史》，在编辑大意里就引用孙中山的话说："我们要恢复民族的地位，便先要恢复民族的精神。"这套教科书对近代史上的卖国贼袁世凯、曹汝霖、段祺瑞等皆大张挞伐，揭露他们出卖祖国出卖民族的反动嘴脸。再如 1932 年由新亚书店出版的何祖泽编《初中本国史》，在"编辑旨趣"里也提到"使学者得激发民族的精神"。该书对"九一八"以后我国人民的抗日斗争作重点叙述，专列"暴日的侵占东北"

---

* 本文系编者重新整理，原文载《中学历史教材和教法》第一集，人民教育出版社 1985 年版；《课程·教材·教法》1995 年第 11 期。

“暴日的蹂躏上海”两个目。最后作者期望“上海纵然告一段落，东北早已落在虎口；怎样收复失地，保持主权，我全国上下，不可不有长期奋斗和准备重大牺牲的决心。”[①] 1934年由大东书局出版的梁园东所编《新生活初中教科书本国史》，附有两张甚有参考价值的图表，一张为《清代丧失土地统计表》，按年代顺序排列，并简叙失地原因、地区、面积。另一张为《各国掠我土地面积比较表》，共列了俄、英、日、法、葡五国。这两张表，可以帮助学生激发爱国热情，增强对帝国主义侵略者的仇恨。1937年中华书局出版的姚绍华编《修正课程标准适用初中本国历史》，更为充分地表达了当时人民的抗日要求，在该书第四册《最近的中日交涉》一节，指出：“现在中日交涉，已不单是东北四省问题，也不仅是华北五省问题，简直是整个中华民族的存亡问题了。”这一节课向学生的提问列有“何谓九一八事变？当时日人凭借什么为进兵的借口？我国在军事方面的对策怎样？”“何谓一·二八事变？怎样解决？”“现在中日交涉究竟到了怎样的阶段？”等，都很有启发性和鼓动性。[②] 另外，1939年世界书局出版的蔡丐因著《初中新本国史》也力图做到利用历史课启发学生的爱国激情。作者在“凡例”中称此课本“叙述历代受外族压迫的抗争情形特详，藉以激起其爱国信念，使努力于雪耻工作，以谋我民族的复兴”。在几本高中课本中，这方面的内容也是突出的，如1934年世界书局出版的余逊编《余氏高中本国史》，近世史部分11章，有6章涉及帝国主义对华侵略，现代部分7章中也有两章谈到列强对我国的压迫。当然，也有一些作者是站在国民党当局立场上

① 何祖泽编：《初中本国史》，新亚书店1932年版，第190页。

② 姚绍华编：《修正课程标准适用初中本国历史》第四册，中华书局1937年版，第85—86页。

为蒋介石的不抵抗政策开脱罪责的，如 1937 年 3 月大东书局出版的《新修正标准初中本国史》，在日本侵华问题上竟然说："中日外交的前途，一时实无改善的希望，不过国民政府现正集中全国的力量，以谋应付，从事于和平奋斗，如和平未至绝望时，决不轻启衅端。"[①] 有的教科书，为配合蒋介石反共反人民，大肆谩骂历史上的农民起义，甚至删去不讲，以反对人民起来革命。

第二，20 世纪 30 年代的历史教科书从体例上来讲，也逐渐臻于完善。比如在插图方面越来越多地利用考古新成就，如蔡丏因本采用关于爪哇猿人头骨，中国猿人头骨，新石器时代遗物，殷墟出土的青铜器、甲骨文，汉朝铜镜、霍去病墓等内容的插图。1935 年北新书局版的杨人楩《初中本国史》采用了大量文物和古迹的照片，如曲阜孔庙、北京天文台、廓尔喀战役纪念碑、京师图书馆四库全书之一部分等的照片。前述何祖泽《初中本国史》第一章中也特别强调，该教科书对考古文物，"在可能范围内，总须注意搜集，并加鉴别，以便考出正确的史实"。这一时期出版的世界史教科书，插图也都很丰富。如 1931 年开明书店出版的刘叔琴、陈登元《开明世界史教本》，课文仅 213 页，插图达 79 幅，内容包括埃及木乃伊、腓尼基人军舰、荷马像、凯撒像、罗马街道、米开朗基罗的画、伊丽莎白女王像、路易十四像、彼得大帝像、拿破仑像、马志尼像、俾斯麦像、奥太子被刺图等。有的教科书还注意把图表、习题等完整、条理化。如姚绍华本在每一册书后都附录一阶段历史的大事年表，表分四项内容：公元纪年、中国旧纪年、民国纪

---

① 蒋恭晟等编：《新修正标准初中本国史》第 4 册，大东书局 1937 年版，第 111 页。

年、重大事项。1934 年开明书店出版的罗元鲲《高中本国史》每章皆列多种表，如两汉史一段即有《七国首领表》《高祖时刘氏九国表》《前汉地方区划表》《王莽时之四夷表》《光武统一表》《东汉党祸表》等多至 12 张表，现代部分的几张表也很有资料价值。上述蔡丏因本在复习题的安排方面丰富多样，每一编后皆有总复习，包括问答、填表、填图、整理、填充、选择、解释、改正等多项，值得今人参考。

第三，20 世纪 30 年代，正是中国社会史问题的激烈论战时期，许多马克思主义的历史学家和经济学家，针对蒋介石御用文人和托派分子的各种反动社会史论，进行了有理有据的反击。这场论战，也必然要反映到当时的中学历史教科书中。有部分历史教科书在进步史学的影响下，比较注意经济生活在历史发展中的重大作用。如朱翊新等编《初中本国史》引用了孙中山的一句话“历史的重心是民生”，在教科书里专门安排了“古代的社会情形”、唐代对外贸易、元代社会情况分析等内容，还谈到了阶级产生的原因。1931 年发行的郑昶编《新中华初中语体本国史》讲到了家族和私有财产的出现。余逊的《余氏高中本国史》在现代史部分专列了一章现代经济史内容，题为《机械工业的渐兴与社会经济的状况》，谈到我国轮船航运的开始、近代铁路的兴建、航空邮电、纺织采矿和银行业等方面，很有参考价值。有些教科书还试图用唯物史观来解释历史现象，如何祖泽本提到应反对英雄史观，认为历史不能只注意“朝代的兴亡，和少数英雄的事业”，而应作一番政治、经济等多方面的综合研究。有的教科书对农民起义领袖评价很高，如朱翊新等编的《初中本国史》，认为洪秀全等“都是有为的青年”，陈胜、吴广是“革命军”，元末刘福通、陈友谅等起义为“革命的爆发”等。个别教科书对义和团运动的起因，也有较为公平的分析，如梁园东本分析道“各省教案，又指不胜数，每一案发，不论主犯从犯，都是处以极刑，又多事株连，因此倾家荡产，和冤枉而死的不计其数，其结果又焉能不积为排外运动”，说这就是义和团运动发生的主要原因。1933 年世界书局出版的陈登原《高中本国史》也有些很有启发性的见解，如他论十六国时期氐族著名政治家苻坚，“坚为蒲洪之孙，他的杀苻生而自立，非但是北方统一的先声，兼且是北方人民流离疾苦中的一颗救星”；他评王猛，“猛为坚（指苻坚）订立法度，施行政事。非但是坚的良佐，实亦五胡乱华以来，新民族能推行文治的先声。其有功于新民族之开化者甚大，不得以等闲忽之也”；他对武则天的评价，既有贬，也有褒，“她用酷吏而开告讦之风，又大杀李氏的宗室……但她能登庸贤才，能从容纳谏，所以不愧为女中杰出者”。这些评论，在今天仍有参考价值。有些教科书对当时一些敏感性的世界问题，也采用较实际的观点，如梁园东教科书对当时的苏联就有较正确的论述，在其第四册《最近外交局势的转变》一章中指出：“苏维埃社会主义共和国基于被压迫阶级所创设的国家，故一反帝国主义者侵略压迫之所为，于 1917 年革命告成后，即废除帝制时代与各国所订的一切条约，于是中国向来所受俄国条约一切束缚，一时尽行消除。”上述这一切，都说明到 20 世纪 30 年代，我国中学历史教科书随着当时政治形势的发展，也正起着相应的重要变化。

全面抗战爆发后的历史教科书

全面抗日战争爆发以后，由于国民党政府的不抵抗政策，我国大片国土沦丧，沦陷区许多学校停办，国统区在蒋介石政权统治下，中学教育也一片混乱。当时历史教科书，除了部分仍沿用以前编的教科书（如姚绍华、蔡丏因等1937年编的教科书），为适应新的情况，还出现了一批带有补习学校性质的临时历史教科书。例如朱翊新编《本国史纲》，就作为“中学活用课本”的一种，由世界书局出版。当时的世界书局负责人陆高谊在“编辑旨趣”中指出，编这套书的原因为“抗战以来，各地学校，停办甚多。为谋学生之出路计，于是补习学校、职业学校、短期中学等特种学校，皆应运而起。同时用书问题，亦随之而发生”。陆氏云，他们这套“中学活用课本”，特点为“提纲挈领，综合编制，庶使教者有事半功倍之妙”。朱氏《本国史纲》共分导言、历代兴亡史、政制改革史、社会变迁史、学术演进史、国际关系史六部分。值得参考的是其导言部分和每一节课文后的表列。其导言部分，概要地介绍了我国各种史料的类别、民族分布情况、历代疆域变迁和各种纪年法。表列部分如历代兵制比较、历代刑制比较等内容，都使人一目了然，教师讲起来很方便。

1939年由世界书局印行的蔡丏因《初中新本国史》第三册的近世史部分，抗日情绪比前两册更强。这本书正文的开篇，有作者专写的一段文字：“本期历史从清初到清末……为我国历史上变动最大的时期，也是我民族史中最失败的时期”，“中叶以后，西方帝国主义著著侵入，朝野上下，凭其一向的虚骄之气，深闭固拒，结果受了惨败……”“在白茫茫的微光之中，摸着路头，又是多渺茫、多惨淡的事啊!”作者最后说：“这正是我民族国家生死存亡的一个重要关头，就是到了现在，还脱不了这样的局面哩!”作者正是带着如此沉重的心情，写下这一册国家危亡史。这本书中的插图、地图是比较丰富的，如努尔哈赤、郑成功、史可法、康熙帝、乾隆帝、林则徐、洪秀全、曾国藩、李鸿章、左宗棠、戈登、曾纪泽、刘永福、谭嗣同、顾炎武、黄宗羲、袁枚、姚鼐、严复等人的像，清朝统一蒙回藏、经略西南、《尼布楚条约》、捻军起义、日俄战争等内容也都配有地图，都可给后人以借鉴。

为了激发广大青少年爱国热情，积极投入抗战事业，当时史学界还专为中学生编了一套“初中学生文库本”，计有《中国近百年史》《中国丧地史》《国耻史纲要》《现代中国》等，由中华书局出版。其出书广告中这样写道：“在列强铁蹄下挣扎着的人们，不要忘掉血肉交织的史实。”

20世纪40年代初，以重庆为陪都的国民党政府，为了加强思想统治，以国家名义编辑了一套所谓“国家教科书”，历史教科书署名为“教育部教科用书编辑委员会编”，而实际编者为蒋子奇、聂家裕、宋延庠、刘祖泽等人，由黎东方、郑鹤声校订。该书体例基本与抗战前一样，全部历史分为四段：远古—战国为上古；秦—五代为中古；宋—明为近古；清为近世。教科书观点也和抗战前教科书相同，认为黄巢起义、李自成起义为匪乱、为流寇；对孔子，则认为是“至圣先师”，“儒家的中正和平思想，与中华民族性最契合，所以儒家学说，蔚然成为二千多年来的立国精神，而孔子便成为万世瞻仰的至圣先师了”。但书中对历史上的“国耻”部分加强了，如“宋金的和战”用了两节，“倭寇始末”也用了两节，在课文中作者对宋高宗的对外屈服、对内压制的政策是加以批判的，“南方自和议以后，奸臣秦桧专权15年，忠臣良将被杀殆尽，高宗对外屈服，对内压制，结果不免再见战祸”。在《倭寇始末》一节中说，“在剿倭战役中，奋起抗战的民族英雄，到处都有，然而说到收拾一代之大祸，给倭寇以最后的致命打击，根绝其祸根的，要推俞大猷和戚继光二人”，“大猷继光是两位剿倭名将……在民族史上所占的地位一样”。

在沦陷区，敌伪也组织人马编辑了几套历史教科书。这些丧尽廉耻的作者们当然不会再去揭露历史上日本对中国的侵略和中国人民的抗战，而是一味地替日本军国主义涂脂抹粉。例如敌伪所谓“教育总署编审会”编辑的《初中本国史》（1—4）即避而不谈倭寇，叙甲午战争之因则曰：“及两国兵开到，东学党事已平，然因双方撤兵交涉未能圆满解决，两国便宣战。”至第四册关于“九一八”事变，作者们更丧心病狂地说是由于张学良进关后，“东北大政，既任群小之乖舛，复受党人之劫持，重重压迫，遂至诱发满洲事变，由独立而建国”。另一本敌伪时期由“教育部编审委员会”编的所谓“国定教科书”《初中本国史》，由上海华中印书局出版。该书一直写到汪精卫就任伪国民政府主席和太平洋战争爆发。这套课本无耻地为日寇开脱侵华罪行，竟胡说“七七事变”的造成，是由于“穷途末路的‘共匪’，得有转机，而渐趋融洽的中日外交，顿至恶化”，“西安事变中，秘密妥协国共合作，各地抗日案件益见纠纷”，“二十六年七月七日日本军在北京城外卢沟桥演习，有一士兵在城内忽然失踪，日军方面要进城搜查，经该地驻军团长吉星文拒绝，双方遂起冲突”。教科书除恶毒咒骂中国共产党和美化日本帝国主义外，还大肆吹捧汉奸头子汪精卫，鼓吹“大东亚新秩序”，厚颜无耻之极。

从 20 世纪 20 年代末起，到 20 世纪三四十年代，日本军国主义势力对中国步步进逼，中华民族处于生死存亡的关头。我国有良知的历史学家，纷纷“投笔请缨”，以笔作刀枪，投入旷世千古的战斗。史学家、文学家郭沫若为此写了许多有名的历史剧，史学家范文澜编写了题名为《大丈夫》的普及读物，歌颂我国历代著名的抗战英雄。负有历史重责的我国20世纪三四十年代的历史教科书，此时也面貌一新，具有鲜明的时代色彩。

20世纪三四十年代我国抗日战争时期的历史教科书，具有三个鲜明的特色。

第一，感情充沛。教科书从选材、内容到字里行间，到处充满着爱国激情和对日本军国主义的愤慨，使受教育者爱国之情油然而生。有一本1939年出版的《初中新本国史》，在一张卢沟桥抗战的插图旁注释道：“是二十六年（1937年）七月七日的深夜吧，日本军队就在这象征着伟大的古国的卢沟桥，突然以兵士失踪为名，占据了去了。又用大炮轰击宛平城。这样就引起了全民抗战：他是我国家争民族自由平等的起源吧！真的他将放射出历史上不朽的荣光！”此教科书以极大的热情歌颂了台儿庄战役：“台儿庄一役，却给予我民族以胜利的自信。此后虽极艰难，而国力的储积，必将更形巩固，民力的发挥，必将更加伟大。”还说：“有人比之欧战时的太伦堡之役，为抗战历史中最有荣誉之一页。”可贵的是，该书还客观公正地高度评价了当时在敌后英勇艰苦战斗的八路军和新四军，赞扬中国共产党的领袖毛泽东“是个天才的革命家，不但在政治上，军事上也是当行”，评价八路军的总司令朱德“善于利用战略和战术，是红军中一个高明的军事家”。在教科书中，还附有两位领导人的头像。该书大力讴歌在我国东北、华北、华东抗日战场勇敢杀敌的爱国英雄们，如介绍东北抗日将领马占山等，说他们虽“弹尽粮绝”，还坚持抗战，“抵抗强敌，屡挫其兵”，被敌人称为能战敢冲的“铁孩子”，等等。

第二，图文并茂。爱国战争促进了中华爱国文化的发展。由于出现众多的抗敌感人事迹，当时的爱国记者纷纷奔赴抗日前线，冒着枪林弹雨抢拍了许多激动人心的场面和英雄们英勇杀敌的形象，使历史教科书在编写伟大的抗日战争一段历史时，能够选取较多的实地照片。因此，这一时期的历史教科书一般都配有较多反映实战的宝贵插图。1937 年 8 月中华书局出版的《中华本国历史》第四册附有抗战图片十多幅，包括反映 20 年代末 30 年代初日军侵犯我国济南和蓄意制造“万宝山惨案”的《日军炮毁后济南顺城街附近图》《日警监督在万宝山强筑水坝图》，反映“九一八”事变的《日兵在沈阳城西门攻击城内图》，反映淞沪抗战的《淞沪战役我军抗日图》，反映长城抗战的《山海关图》，等等。前面提到的世界书局版教科书亦有插图多幅，第四册反映抗日战争的插图包括《全面抗战的烽火台——卢沟桥》《中日双方调查虹桥事件》《英勇的十九路军队》《二十九路军在喜峰口英勇抗日》等。

第三，这批抗日时期的历史教科书，时代感很强，史实差不多一直叙述到最近期，有的教科书时间下限一直到当年。比如，1939 年世界书局出版的《初中新本国史》，一直写到了 1938 年的台儿庄战役。1937 年版的《中华本国史》，其最后的《现代史大事年表》，一直排列到 1936 年 10 月，内容包含 1933 年的日侵热河事件、1935 年的冀东自治政府的粉墨登场等。上海新亚书店 1932 年出版的《初中本国史》，下限竟一直写到 1932 年初的“一·二八淞沪抗战”，写道：“二十八日……（日军）突然进占淞沪路天通庵车站，我淞沪戍军十九路军将士，因守土有责，出而抵抗……我军惟恃忠愤与热血，和大炮飞机相搏，开战以后，屡败敌军，使日人增兵十万，四易将帅，而不能取胜。国际视听，为之一变；民族意识，因而觉醒。”① 短短数语，将我军抗日的正义性质，抗战将士同仇敌忾的气概，以及这一战役的国内国际影响，都叙述得清清楚楚。可以想象到，当时的热血青年，读到此处，定会激发出无比的爱国激情。当时的历史教科书，能够把下限写到这样近，及时反映抗战信息和形势，也是时代的要求。那个时代，祖国危急，关系民族存亡，国际国内形势瞬息万变，不容有丝毫懈怠。反映在历史教科书里，自然是需要最近最新的战局事态。这些教科书，可以说是尽到了自己的责任，是无愧于时代的。

抗日时期的历史教科书，有一些观点是很有启发意义的，有一些思想，是很可宝贵的。对于今天的人们，仍有重要的教育意义。

第一，这些教科书明确指出，这场战争是由日本军国主义分子挑起的，他们负有不可逃脱的罪责。侵略中国，这是日本军阀蓄谋已久的阴谋。1941 年出版的中华书局版《高中本国史》（下）说：“日本自从日俄战后，早就本其大陆政策，以中国为牺牲，着着向大陆进展。”② 1939 年出版的世界书局版《初中新本国史》在第四册的《国难的紧迫》一节中指出：“日本自从公元 1905 年战胜俄国以来，亟欲实现其大陆政策……侵略东三省的野心，便一发而不可制了。”1932 年新亚版《初中本国史》（下）也明确分析：“日本自明治维新以来的传统政策，便是大

① 何祖泽编：《初中本国史》下册，新亚书店 1932 年版，第 189 页。

② 金兆梓编：《高中本国史》下册，中华书局 1941 年版，第 272 页。

陆政策。在济案发生前，其军阀早主张积极侵略满蒙，以确立征服中国、征服世界的基础。所以，日本军国主义分子发动对中国的战争，其性质是十分明显的，露骨的侵略，赤裸裸的称霸，从而达到征服中国和征服世界的野心。”各种教科书以大量事实揭露了日本军国主义分子在中国的军事和经济侵略罪行。从 1928 年起，就蓄意制造济南惨案，“5 月3 日，在济南省商埠，无故启衅，任意击毙我军民，惨杀我交涉员蔡公时等”。1931 年，进一步制造沈阳“九一八”事变：“是年九月十八日夜间一时许，更以南满铁路长春线柳条湖的一段铁路被炸为口实，用步枪机关枪大炮向我沈阳城外的北大营进攻，演成震撼全世界和平的空前事变。”日本侵略者在攻进南京后，灭绝人性地屠杀无辜群众达 30 万人以上。还以“特殊贸易”的名义，对中国大肆经济掠夺，仅 1936 年一年冀东一地，中国就损失 5000 万元，还在张家口、天津等地制造海洛因，公开贩毒，开设吸毒馆，毒害中国人民，“消灭中国民族意识”，其恶辣手段“就是在整部帝国主义的侵略史上也是仅见的”。①上述一些教科书中还以铁的事实揭露当年日本军国主义分子的种种阴谋手段，制造许多扩大武装侵略中国的借口，说明侵略者的“背弃国际信义”，阴险狡猾。

第二，上述教科书指出，中国人民奋起抵抗日本军国主义的侵略，是救国的正义之举。商务印书馆出版的《复兴高级中学教科书本国史》（上）指出：“中国对于日本的武力侵略如何应付，有二条路可走：一条为绝不抵抗自甘沦亡的死路；一条为全国一致抗战救亡图存的生路。”

① 吕思勉编著：《复兴高级中学教科书本国史》（下），商务印书馆 1948 年版，第 239 页。

世界书局版的《初中新本国史》说："吃了耳光赔笑脸，已经是多少年了啊！但是日本帝国主义者是不会满足的。卢沟桥事件发生，又在虹桥制造事实了，这就是成为沪战的动因。"为了救亡图存，中国人民唯有奋起抗战，才有生路。只有全民族一致觉醒，团结一心，"共起抗日"，才能取得胜利。《中华本国历史》是这样论断的："共起抗日。日军在北方虽占有平津、平汉、平绥各路线，但路线和重要城市之外，总无法占领。游击战术的实施，足以困日本之兵力。虽不时轰炸城市，毁灭建设，破坏文化机关，但人民抗战的声浪却愈演愈烈，都有了最后胜利的信念。"这些教科书正确地分析了中国人民抗日战争最终取得胜利的根本动力。

第三，上述教科书还表现了一种可贵的思想，即使在民族生死存亡的时刻，中国人民也始终把自己的命运和世界人民的命运紧紧联结在一起。中华民族从不忘记作为一个世界人口最多的国家应负的责任。1941 年版的金兆梓的《高中本国史》(下）中写道："我们不但能维持自己的生存，且能保持远东的和平，乃至全世界的和平，或者天下大同的理想，也将由此实现。这可说是我中华民族对于世界应该负担起来的使命。"蔡丐因的《初中新本国史》对青年作出如此慷慨激昂的号召："我们青年学生，就当尽一己的能力去做。尤其是在这千钧一发的关头，决不容你旁观、躲懒，必须提起精神，硬干、苦干、实干，以求此后的胜利……惟和平足以谋全人类全世界的幸福，公理所在，正义所在。我们黄帝神明之胄，决当联合全世界的同情者奋斗出一条路来。"为了加强这种思想教育，有的教科书还用提问的形式向学生提出："在远东问题中我国处于怎样的地位？其原因为何？现在中国应如何自救以救人？"

从这些几十年前的我国历史教科书中，可以看到中国人民博大的胸怀。

翻阅完抗战时期的一批历史教科书，有一些联想，也得到一些启示。

一是“前事不忘，后事之师”。我们一定不要让历史的悲剧重演。几十年前的那一场战争，使我国人民无辜受害者数有3000多万，日本人民也承受了巨大的创痛，朝鲜、越南等亚洲各国人民也都遭受很大灾难，这都是法西斯势力和军国主义势力发动侵略战争所造成的。各国教育工作者应当把这场灾难作为历史经验教训告诉给后代，警惕战争狂人复出。无数铁的事实已经证明了军国主义势力的十恶不赦，他们欠下了亚洲各国人民数不清的血债。但至今尚有一小部分人还想替他们开脱罪责，玩弄用“进入”代替“侵略”的伎俩，或用模糊的手法，把造成人类巨大灾难的原因，泛泛地说成是一般的“战争”，而不是因为侵略，企图把这场浩劫的罪责平摊给亚洲各国人民。这是绝不能允许的。各国教育工作者，尤其是历史教育工作者，应当把历史真相如实告诉人民，教育青少年一代，务求今后千秋万代不要再发生类似悲剧。

二是衷心希望亚洲各国历史教育工作者加强联系，增进相互间的了解。反法西斯战争和抗日战争的胜利，实际上是亚洲各国人民和世界各国人民并肩作战共同取得的，其中也包括日本的反战的志士。如今，亚洲各国人民之间已经建立起广泛的联系，我们历史教育工作者近年来频频接触，彼此增进了解，已在许多问题上取得共识。希望这一学术交流与合作得到扩大、增强，以期共同完成教育下一代的历史任务。

解放战争时期的历史课本

抗战胜利以后，我国各中学的初中历史课本基本上沿用三个本子。一是前述 20 世纪 40 年代初由国民政府教育部编审的课本，因最早是由“国定中小学教科书七家联合供应处”共同印刷发行的，故称“七联本”，后由正中书局接印，又可谓之“正中本”。“七联本”（1947 年）或“正中本”（1948 年）署主编者为“国立编译馆”，具体负责编辑者为聂家裕，校订者有当时著名史学家方豪、金兆梓、邓广铭、郑鹤声、黎东方、蓝文征、顾颉刚等人。1947 年版 1—6 册，前五册为中国史，最后一册为世界史。这套课本基本特点是比较平稳，一般没有什么标新立异的观点，正如作者在“编辑要旨”中所表明的：“本书立论，大体以传统之历史观念为依归。”该课本有些地方较之别种课本讲得清楚，条理性强，利于教，也利于学。比如该课本论秦统一的原因，列了“有休养生息的机会”“有优越的地理环境”“有统一的法令”“有一贯的政策”“有新的社会经济政策”五条，比别的本子只笼统地谈，眉目就清楚多了。王安石变法一节，条理也较为清晰，变法原因、内容、失败原因分析得都较透彻。现代史部分，七联本对抗战的过程叙述较细，淞沪会战、徐州会战（台儿庄战役）、武汉会战（保卫大武汉）等，皆专目叙述。课本回避了抗战胜利以后全国的形势，只写到 1945 年为止。

二是姚绍华在 1937 年写的由中华书局出版的《修正课程标准适用初中本国历史》，该书 1948 年继续使用，略加增删改名为《中华本国历史》，可称为“中华版”。这套历史课本的特点是对文化史部分特别重视。作者在“编例”中说：“凡足表现一时代民族文化的特征而影响于后代的，莫不扼要叙述。”因此在各编里皆专辟一章至数章文化演变情况。如上古史（太古至秦），即有《上古之文化与社会》《春秋战国之学术思想》两章，另加上周代《礼治和礼教》等小节。隋唐史一编共六章，竟有三章为文化史内容：《隋唐之政治与学术》《隋唐之社会与宗教》《中国文化之东被》。中华本的现代部分一直写到1946年底国民党“国大”的召开。作者对当时的政治斗争，用客观主义的语气评论道：“可惜此事未能和在野的中国共产党及中国民主同盟取得协调，致全国人民仍生活于内战纷争、水深火热之中。”

三是周予同的1948年开明书店版《本国史》，该书是在他1932年编的《开明本国史教本》的基础上重写的。他这两个本子都特别重视考古和文物对丰富史料的作用。作者在第一册就用了17幅考古、文物插图，诸如新石器时代陶器图、甲骨文图、殷铜器图、秦琅邪刻石图、汉倭奴国王印图等。课本采取注释随课文的写法，在每节后都有较详小注，注解内容包括人物介绍、重要史实说明、史实依据和考证等。课本共分上古史、中古史、近古史、近世史、现代史五期，每期末皆有一章述“本期结论”，概括这一段历史。课本最后还有一编“综论”部分，分论历史和人类的关系、中华民族的前途、中国文化的演进、我国的国际地位等。作者出自爱国的激情，在《中华民族的复兴运动》一节中大声疾呼：“我们的国家民族要想自救，要想脱离这危险的国际现势，只有努力于民族复兴运动，而我们贡献自己的力量于自己的国家民族，也只有努力于复兴运动，除此以外，决没有第二条路线。”①

解放战争时期通用的高中历史课本，除前述陈登原本、余逊本、罗元鲲本这时继续沿用外，通行的本子还有杨东莼《高中本国史》（北新书局 1946 年版）、罗香林《高级中学本国史》（正中书局 1945 年版）、何炳松《复兴高级中学教科书外国史》（商务印书馆 1947 年版）、陈衡哲《新学制高级中学教科书西洋史》（商务印书馆 1932 年版）等。所有这些课本今天看来都失之过深过繁，非一般中学生所能读懂。如陈登原在课本序例中共列了 44 种参考书，有《崔东壁遗书》、皮锡瑞《经学历史》、顾祖禹《读史方舆纪要》、黄伯禄《正教奉褒》、赵祖铭《文献迈古录》，恐怕今天文科大学生亦未必能读懂。罗香林本也有同样毛病，其编辑原则自云：“以原本史料为依归，其有不易获见原本史料者，则以高级副料为准。每章叙述完毕，略举重要参考书三数种附载其后，暗示学者以当探本穷源之意。”② 在叙完夏商周三代史后，参考书中列举了《史记·夏本纪》《尚书·禹贡》《古本竹书纪年》《殷商贞卜文字考》《丰镐考信录》等，对中学生的水准来说都是很困难的。上述几种高中课本中，以杨东莼的观点最进步，他在绪论中说：“历史是人类创造的，并且特殊人物在创造历史中有着指导的作用，但我们不要忘记社会上数量最多的常人在创造历史中也显出决定的作用，而人类创造历史，更必须合于社会发展的趋势，才有实现的可能。”③ 从技巧上看，这些本子都有值得参考的地方。如何炳松的《高中外国史》，重视对历史人物的

① 周予同：《本国史》第四册，开明书店 1948 年版，第 113—114 页。
② 罗香林编著：《高级中学本国史》，正中书局 1945 年版，编辑大意。
③ 杨东莼编：《高中本国史》，北新书局 1946 年版，第 3 页。

描写，注意刻画人物特性，容易引起读者兴趣。如作者这样刻画苏格拉底："他那丑恶的面貌和褴褛的衣服，在雅典街上早已无人不知。他欢喜全天徘徊于市场热闹的地方，随便和路上人谈话……他的谈话往往弄得听者满腹疑团，心绪大乱，因为他对于雅典人向来视为当然的事物大部分都加以怀疑。"① 陈衡哲的《高中西洋史》的特点是对复杂的历史概念、历史现象、历史规律等，除文字叙述外，善于用表表示，使学者读起来很方便。

抗日战争和解放战争期间，解放区也自己编写历史课本。按 1944 年陕甘宁边区政府教育厅拟定的中等学校新课程规定，中学前两年每周皆有三课时的史地，其内容第一学期教鸦片战争前中国史，第二学期教近百年中国史，第三学期、第四学期学中外地理。② 当时在解放区，历史课本除通用范文澜的《中国通史简编》、吕振羽的《简明中国通史》、华岗的《中国民族解放运动史》③ 等外，还有专为解放区青少年编写的中小学历史课本。可惜在战火纷飞的年代里，很多解放区课本都散失了，现在我们有幸能看到的仅有：陕甘宁边区教育厅审定、肃云编《高小史地》第一册（1946 年新华书店初版）；陕甘宁边区教育厅审定、张思俊编《高小史地》（1—4 册）一套（1948 年新华书店发行）；中原临时人民政府教育部审定《高级小学适用课本历史》（五年级上、下，六年级上、下）共四册（1949 年新华书店发行）；东北书店印行 1948 年初版

① 何炳松编著：《复兴高级中学教科书外国史》上册，商务印书馆 1947 年版，第 86—87 页。

② 教育科学研究所筹备处：《老解放区教育资料选编》，人民教育出版 1958 年版，第 22—23 页。

③ 吕振羽《简明中国通史》、华岗《中国民族解放运动史》曾分别作为东北解放区高中第一学年、第二学年历史课本用。

《初中临时教材历史》；东北书店印行叶蠖生《初中一年暂用课本历史》；等等。这些历史课本，用马克思主义的历史唯物主义观点，解释和叙述历史现象，其教学目的很鲜明："在使学生了解中华民族的来由及其光荣的史绩，使学生学习模范历史人物的精神，接受革命的历史教训，以养成学生爱护民族的观念，和高尚的品德与革命的人生观。"这些课本注重历史上劳动人民和他们反抗封建统治者的斗争，一反过去诬蔑和歪曲劳动人民和被压迫人民反抗斗争的观点。如前述张思俊课本叙述墨子："墨子是同情被压迫人民的。他的生活非常刻苦，又很注重实际行动。"写黄巾起义："起义发动以后，不上十天，全国响应，声势浩大。"写李自成："李自成是一个很好的农民领袖，他自己很刻苦，不好酒色，把没收官僚地主的财物，分给穷人。"① 课本还热情歌颂了近代史上人民的斗争以及中国共产党领导下的革命斗争。第四册是世界史部分，叙述了世界人民的反法西斯斗争及苏联革命后的经济建设。1949 年中原解放区历史课本本国史部分共有三册，封建社会为第一册，鸦片战争到"九一八"事变为第二册，"九一八"事变至解放战争为第三册，外国史为第四册。课本曾经通行于晋冀鲁豫边区及山东解放区，编辑说明指出："本书的编写，着重经济发展与革命运动。"作者还特别强调两点：第一，"本两性平等的原则，改编时对于女性事迹，广为搜罗增入，以免过去'历史为男性所独占'的偏枯现象。"第二，"谥法、庙号为中国特有的极端君权制下的产物……本书对这些帝王，一律直称其名。"这套课本写得生动活泼，有些观点很有启发性，例如对孔子的评价，虽说

① 张思俊编：《高小史地》第二册，新华书店 1946 年版，编者说明，第 19、32、76 页。

批判孔孟“提倡封建思想，维护封建秩序”，但也说孔子“很爱自己的国家民族，提倡‘杀身成仁’‘舍生取义’的气节”。作者认为，后来历代封建统治者“把孔丘思想中的好的东西抛弃，只留下他那些麻醉人民便利封建统治的东西”。课本完全打破王朝体系，赤眉起义和黄巾起义是在一节里写的，用较多的篇幅叙述了农民女英雄吕母。唐代历史部分，作者对武则天大加褒扬，认为“她有才能，会团结人，肯接受批评，也会处理政务”，“后世历史家，也因有轻视妇女的思想作祟，对武则天多方诬蔑，这是很不公平的”。太平天国历史中，作者列举了许多女将，如洪宣娇、傅善祥等。课本对现代史部分叙述得特别详细，西安事变、平型关大捷、百团大战、皖南事变等重要史实都用专节叙述。这样处理对当时树立青少年的革命人生观是十分必要的。东北政委会教育部审定、叶蠖生编的历史课本，把中国历史放在世界的大形势中分析，形成一种独特体例，在每段本国史章前都有关于“本期概况与同一时期的世界”的专节叙述，使学生对当时中国在世界上的地位有个更好的了解。该课本是从历史的全局来编排的，包括经济、政治、文化等各个方面，许多基本观点都与现在相近。课本附有较详的世界历史、中国历史大事年表，可资参考。

事者十之九，说古事者十之一”，欧美史也是“说近世事者十之九，说古事者十之一”。[1] 除此而外，那时尚没有来得及制定更为细致详备的课程标准和教学大纲。所以在清末时，我国的第一批历史教科书形形色色，并没有统一的规格。被学者们所称道的我国首创“章节体”历史教科书的夏曾佑，著书时自称“讲堂演述，中学较西学为难”，为什么呢？就因为西洋史有外国现成的范本而中国史则无章法可循，“西学有涂辙，而中学无涂辙也”。在这种既无“大纲”又无“标准”的情况下，夏曾佑能创出自备一格的章节体历史教科书，其功劳自然是巨大的。清朝末年的历史课本，可以说是五花八门，有的从日本将现成东洋史移植过来，还有的写成纯粹为清朝帝王将相树碑立传的《皇朝掌故读本》，这便是由于没有统一的编书标准和大纲。到民国初年，没有统一的课程标准和教学大纲的情况依旧。只有 1912 年和 1916 年当时教育部颁布的“教则”和“课程表”中，提到了教授历史的“要旨”，同时提到了历史课上的教具、设备等“宜用图画、标本、地图等物，使儿童想见当时之实况”。这就相当于后来所说的“形象性教学”。

第二阶段，国民政府时期的“课程标准”。我国第一套正式中小学各科“课程标准”，出现在 1929 年。这一套名为《中小学课程暂行标准》的教学文件，于 1929 年 8 月由国民政府的教育部颁行。在此以前，早就有一批教育家和文化界知名人士在筹备。1922 年开始，成立了一个全国教育联合会新学制课程标准起草委员会，委员会由胡适、黄炎培、经亨颐等五人组成，1925 年草成第一套课程标准纲要。各科都有

---

① 舒新城编：《中国近代教育史资料》中册，人民教育出版社 1981 年版，第 504 页。

起草的带头人，小学历史为朱经农和丁晓先，初中、高中历史各为常乃德和徐则陵。这一套于1923年初版、1925年再版的纲要，规定在初中阶段，历史教科书中外历史合编。纲要具体分三大部分：首先有教学目的，其次提出历史教学的“内容和方法”，最后部分为“毕业最低限度的标准”。“教学目的”最为详细，提出了四点：第一，“研究人类生活状况之变迁，以培养学生适应环境，制御天然的能力”；第二，“启发人类的同情心，以养成学生博爱、互助的精神”；第三，“追溯事物的原委，使学生了解现代各项问题的真相”；第四，“随时以研究历史的方法指导学生，以养成学生读史的兴趣和习惯”。“内容和方法”部分提出根据这一套课程标准纲要，初中历史应当“取混合主义，以全世界为纲，而于中国部分，特加详述”。“毕业最低限度的标准”部分，要求只有两项：“能知人类文化之演进状况”，“能知本国及重要各国政体变迁之概况”，如此而已。这一套纲要在1928年至1929年间得到了修正。1928年全国教育会议议决，重新成立一个“中小学课程标准起草委员会”，拟定《中小学课程暂行标准》。历史方面的起草和审查委员，初、高中有陈训慈、顾颉刚、何炳松、陈衡哲、雷海宗，都是我国知名的历史学家。这一套课程标准从1929年8月颁行，在全国使用。历史课程标准分小学、初中、高中三种，其中初中历史部分与1925年的纲要不同，首先指出初中历史课程“以中国史与外国史分别教授为原则……教材大纲即区为中国史外国史二部分”，即不再用中外历史合编法，而分别编写。下面分为六项内容：第一，目标，有研究中国民族之演进、叙述中国文化演进概况、各国历史概况、中外各时代文化之变迁等要求。第二，“时间支配”，即课时安排。初中历史共授三学年，一、二学年授中国史，每周 2 课时，第三学年授外国史，每周仍为 2 课时。第三，“教材大纲”，相当于现在教学大纲中的“教学内容要点”，知识点概约而简单，不像现在教学大纲的知识点规定得那么细。值得参考的是在其“教材大纲”中有个“绪论”部分，规定历史课前的绪论要讲清下面三个问题：历史与现代生活的关系；中国民族过去之光荣；中国疆土开辟之大势。这三点内容是要求编进教材的，使学生首先树立一个中国历史的宏观概念。另外，值得注意的，1929 年这份历史课程标准将历史讲授的下限，一直延到那个时期的“当代”，要求把历史写到 20 世纪 20 年代后期。在规定要写的教材要点中有“民国十五年（1926 年）来的内政外交”“最近中国经济社会状况”“最近中国的教育与学术”“中国史的回顾与新中国的使命”等内容。这份课程标准的第四、五、六项内容各为“教法要点”、“作业要项”和“毕业最低限度”。“教法要点”提出了讲授方法，教材外的补充材料，应用地图、图表和参观古迹等教学辅助活动。“毕业最低限度”要求对学完初中历史课的学生进行简单的评估，有三项要求：是否了解了中国的过去、略知中国之现在；是否略知列强侵华的经过，明了世界各国的变迁；是否略知主要各民族对人类文化的贡献。1929 年始制定的历史课程标准，后来几经修订，一直沿用到新中国成立前夕。目前能见到的有 1936 年版、1941 年版、1946 年版等。

第三阶段，新中国的历史教学大纲。1949 年 10 月 1 日，中华人民共和国成立，我国教育战线有了根本的变化。为了适应培养人才的需要，解放后由国家教育部主持，制定了内容和形式都和旧中国课程标准有极大不同的教学大纲。新中国先后制定了 1956 年、1963 年、1978 年、1986 年和 1988 年等几套中小学历史教学大纲；另外，在 1950 年，还暂时使用过由教育部组织拟定的一套小学历史课程标准。

1. 新中国把原来的课程标准改成教学大纲的形式

中华人民共和国的成立，标志着中国成为中国共产党领导的人民当家做主的国家，无论从政治制度和教育体系上都需要一次根本性的改革。旧的课程标准不仅不能适应新的国家制度，而且这种形式在知识点方面要求比较自由和分散，不利于当时加强政治思想工作，不适应以马克思列宁主义作为指导思想教育全民的需要。因此，以马克思主义思想为核心，制定一套从形式到内容都更严格要求的教学大纲，指导历史教材的编写和历史教学的进行，是适合当时国情的。事实证明，新中国成立初期和以后的几套历史教学大纲，对在我国中小学建立起一套科学的完整的历史教材和历史教学新体系，起了关键性的作用。

1950年8月由教育部颁布的《小学历史课程暂行标准》虽然是暂时性的，使用时间不长，但在思想性上，和旧中国的课程标准有了本质不同。“教育目标”明确提出了要求学生：初步认识历史发展的规律，懂得历史是劳动人民创造的与阶级斗争是推动历史前进的动力等马克思主义的历史唯物主义观点。在“教材纲要”中，大大加强了历代农民起义的内容和人民反帝斗争以及中国共产党领导下的人民革命斗争和世界无产阶级革命的内容。而在“教材编选要点”上，则要求新的教科书一定要体现人民是历史的主人、我国各民族团结平等原则等。

2. 1956年的中小学历史教学大纲，是我国各套历史教学大纲中最为详备的一套大纲

这套大纲共分为小学历史、初级中学中国历史、初级中学世界历史、高级中学中国历史（古代史部分）、高级中学中国历史（近代史部

分）和高级中学世界近代现代史六个教学大纲。这六个分别编写的教学大纲都各分为详细的“大纲说明”和“教学大纲”本身两大部分。1956年时，我国史学有很大发展，建立了更加明确的马克思主义的史学体系。因此在这套大纲里，马克思主义的史学观提得更为鲜明。大纲明确提出“使学生了解劳动人民是历史的创造者，是历史的主人，他们在社会发展的过程中起着决定的作用”。同时，根据我国是一个统一的多民族国家的特点，明确把“学生应当了解中国历史是各族人民的历史”写进大纲，对学生进行民族团结的国情教育。① 这一套大纲规定了在当时的初一、初二、初三、高一、高二、高三年级都开设历史课。初中一年级讲授中国古代史，初中二年级讲授中国近现代史，初中三年级讲授世界历史，高一年级讲授世界近现代史，高二年级讲中国古代史，高三年级讲中国近现代史。1956年的各年级历史教学大纲的特点是内容规定得比较细密，层次性强。比如同样是中国古代史的教学，初中和高中就有显著的区别。在《高级中学中国历史教学大纲》中明确指出：“初级中学的历史课程着重讲授历史上重要的事件和人物的具体知识”，使学生获得“初步”的对历史发展规律的认识，而高中中国历史课程，则“进一步系统地、全面地讲授我国的历史”，使学生更深刻认识到社会主义共产主义“是历史发展的必然趋势”，同时，加强了“经济史、政治史和文化史的分量”。具体到教学大纲的内容要点里，经济史部分较深的内容有屯田制、占田制、均田制、租调制、坞堡、“封山占水”，政治社会史方面有九品中正制、“清谈”、主户客户、“猛安谋克”、元朝的工匠待

① 1956年《初级中学中国历史教学大纲》。

遇等，文化史方面也有比较专门的西周礼乐制度、汉朝的“天人合一”、唐朝的《史通》和《通典》、明朝王阳明学说等内容，都比初中时的中国历史教学内容高一个层次。这一套大纲另一个特点是不仅对初、高中的历史课提出不同层次的要求，而且即使对每个年级的每一学期每一单元的教学，也都有很细的要求。比如，初二年级的中国近现代史，在大纲说明里对每一学期的每一单元的教学要求，都规定得很细。在讲到五四运动时，大纲说“教师必须让学生了解，‘五四’运动时期的爱国斗争和新文化运动的互相推动的关系”，在讲到中国共产党的成立时，又指出“在教学过程里，必须着重分析中国共产党成立的历史意义”等。1956 年历史教学大纲对中国历史和世界历史的下限要求为一直讲到 1956 年。当时，中国现代史内容包括我国社会主义改造运动，世界现代史的内容一直到当年的苏联共产党二十大。

3. 1963 年，我国教育部颁布了新中国的第二套历史教学大纲（草案）

这套大纲的特点是观点明确，编写简明。大纲改变了 1956 年的写法，把初中、高中内容合二为一，分为“教学目的和要求”“教学内容”“教学中应注意的几点”“各年级的教学要求和教学内容”四个部分。根据这套大纲，曾编写了一套历史教科书。后来因为“左”倾思想的冲击，这套大纲和教材都未能坚持下去，中途夭折。

4. 1978 年编写的新中国的第三套历史教学大纲

这套大纲是在打倒“四人帮”以后，在拨乱反正、清理“文化大革命”所造成的种种错误理论观点的情况下制定的。这套历史教学大纲具有正本清源的作用，重新在历史学科中阐明马克思列宁主义的基本史学观点。为了纠正十年动乱时期“四人帮”一伙所散布的若干“左”的思想，1978 年的大纲明确指出：历史教材和历史教学，一定要以马克思列宁主义、毛泽东思想为指导；要完整地、准确地领会和掌握无产阶级革命导师关于历史科学的理论；对历史作出正确的叙述和分析，做到革命性和科学性的统一；观点和材料的统一，一定要肃清形形色色的唯心主义历史观。新的历史教学大纲在 1978 年 2 月颁布，名为《全日制十年制学校中学历史教学大纲》，规定在初二、初三、高一三个学年讲授历史课，具体为初中二年级中国古代史，初中三年级中国近现代史，高中一年级世界历史。后来改为在初一、初二年级讲授中国历史，高中不变。这一大纲分为“教学目的和要求”“处理教材内容的若干原则”“世界历史教学内容”等六个部分。教学目的和要求中明确提出要向学生进行“社会发展规律教育”“革命传统教育”“爱国主义教育”和“国际主义教育”，要求通过历史教学，提高学生献身“四化”、为社会主义共产主义而奋斗的信心和决心。“处理教材内容的若干原则”，是几条基本的马克思主义的史学观点和中外历史教学内容关系的处理说明。明确提出“社会主义和共产主义制度终究要代替资本主义制度，这是一个不依人的意志为转移的客观规律……历史教材的讲述要有助于阐明这一客观规律”。此外，在这一部分，再次强调了“阶级斗争是阶级社会历史发展的直接动力”、“人民群众是历史的主人”、经济基础和上层建筑相互作用的辩证观点和强调我国从历史上就是一个多民族统一国家，中国历史是各族人民共同创造的历史等。这一大纲比较注意教学方法的研究，主张“注意启发学生积极思考，反对注入式”，还提出了教材的大小字写法等。这一大纲在 1978 年以后的几年，对肃清十年动乱期间在历史教学界的“左”的流毒、恢复正常的历史教学秩序，起了良好的指导作用。

5. 1986 年教学大纲的修订

1978 年的历史教学大纲是在“文化大革命”刚刚结束时候制定的，有许多原则性的问题尚未来得及仔细研究，尤其在学制和教学计划方面仍有不妥当的地方，因此随着教学计划的不断更动，历史教学大纲又几次修订，到 1986 年作了比较大幅度的修订，到这一年的 12 月，又颁布了新修订的《全日制中学历史教学大纲》。1990 年 4 月，经过再次修改，又出了《全日制中学历史教学大纲》的修订本。这一修订本，除了在总的原则方面进行了某些观点的修正（如在“处理教学内容的若干原则”中把“阶级斗争是阶级社会历史发展的直接动力”改为“阶级斗争是阶级社会历史发展的直接动力之一”等）外，还根据国家教委《关于现行普通高中教学计划的调整意见》，将高中课程分为必修课和选修课两部分。另外，根据中央加强国情教育的意见，除对初中和高中一年级世界史课程内容加以修正外，在高中又新增加了高中中国近代现代历史的教学内容，在高三年级还增加了中国古代历史的选修教学内容。这一新修订的历史教学大纲，在我国普通高中一直沿用到 1997 年。

6.《九年义务教育全日制初级中学历史教学大纲》

《九年义务教育全日制初级中学历史教学大纲》，其试行草案于 1988 年 11 月由国家教委颁发，1989 年形成“初审稿”，1991 年审定通过，1992 年在全国正式施行。这套大纲是在 1986 年第六届全国人民代表大会第四次会议通过《中华人民共和国义务教育法》以后，根据这部法律制定的。这一新的大纲鲜明地体现了我国当前的时代特点，明确提出历史教学的主要教育功能是“提高全民族的素质，增强民族自信心”，并指出“历史教学在社会主义精神文明建设和进行国情教育中占有重要地位”。这一大纲一个最大的特点是在“教学内容”部分，根据初中三个年级不同的阶段和中国古代史、中国近现代史和世界历史不同的教学内容，分别提出对“基础知识”“思想教育”和“能力培养”三项教学任务的不同要求。比如，初中一年级学习中国古代史过程中提出的“能力培养”中有一条“能解释重要的历史概念，回答一些浅显的思考题”。到初中二年级则要求在学习中国近现代史的基础上，进一步要求“能运用所学的中国近代、现代历史知识，在教师的引导下，去正确地观察和认识当前社会生活中的一些问题”。到初中三年级学习世界史的基础上，则提出更高层次的能力培养，如“比较类似的中外历史事件，找出它们之间的异同，并作出简单的结论”“联系当今世界和社会生活中遇到的某些重大问题，运用所学的世界历史知识，加深理解”等。根据这一套新的九年义务教育历史教学大纲，人民教育出版社、北京师范大学、四川省、广东省等编出几套历史教科书，经国家教委审定后，从 1993 年开始在全国不同地区使用。

7. 我国港台地区和世界一些国家和地区的历史课程纲要

上述是我国自近代以来关于历史课程标准和教学大纲的前后变化情况。我国港台地区和世界一些国家、地区这方面的情况更是形形色色，各不一样，有的使用课程标准，有的使用教学大纲；有的简明扼要，有的复杂具体。比如我国香港和台湾，就仍用课程标准。香港 1982 年的适合初中一至三年级使用的中国历史科的课程纲要，在课程内容方面，规定很简单，其甲部课程的中学一年级，就规定了“传说时代之中华民族”“商代——信史之开端”“周之封建”“秦之一统”等六大课题，再也没有细的知识点的要求，可由编写课本的人自行选材和编写，自由度很大。但香港的“历史课程纲要”对培养学生的学习能力和教师的教法特别重视。在纲要的第三部分专有“教学方法”一章，列出“故事讲述”“模拟游戏”“小组讨论”“单元设计”“资料研习”“参观访问”等六种教学方法，鼓励教师在教学上多下功夫。第五部分对学生的要求也专有一章讲“学生作业”，要求对学生加强“思考理解与分析能力的培养”，具体规定有“整理纲要”“地图习作”“绘图”“制作资料册”“列表”“模型制作”等培养能力的作业方法。香港的“历史课程纲要”明确提出课程分为甲乙二部，讲授纲要都列在其中。其纲要规定了甲部课程内容为“历代兴衰因果之概略”，讲授时间占全部课程的2/3，乙部讲中华民族之起源、交通、经济、文化、学术演变，包括考古材料和经济、文化史部分，要求讲授另外的1/3时间。在苏联，则长期使用历史教学大纲。苏联的大纲特点是对要教授的内容规定得很细。例如苏联1986年审定的《世界现代史教学大纲》（苏联十一年级使用），关于第二次世界大战以后的历史，其第一章《世界社会主义体系的形成与发展》，章目要求就十分细，当谈到东欧一些社会主义国家的经济建设时，大纲里甚至细到各国农业合作化中的“排挤富农”的具体政策，工业发展则具体罗列了波兰、保加利亚、阿尔巴尼亚等每一国的“工业调整”。苏联大纲的另一特点是每单元后都列有“总结课”，帮助教师在讲课时使阶段历史能有所归纳。苏联历史教学中还强调和别的学科间的横向联系。比如在大纲中提到了讲授世界现代史和世界经济、社会地理和社会学、文学课间的联系等。[①] 美国和英国都没有全国性的统一教学大纲，地方的灵活性很大。我们这里就不一一叙述了。

综上所述，把历史教学大纲称为中小学历史教育的“法律性”“纲领性”或“指导性”文件的道理就在于此。

二、历史教学大纲的内容

历史教学大纲，一般包括如下几个方面的内容。

第一，它规定历史教学的目标。清末，广大知识分子和学界人士有国家存亡的紧迫感，因此在《奏定中学堂章程》中便提出对历史教学的要求：使学生“省悟强弱兴亡之故，以振发国民之志气”。国民党统治时期的“课程标准”“目标”中除了强调在历史教学中大讲历史进化论，还特别指出要使学生了解“三民主义之历史根源”。[②] 苏联的历史教学大纲，则强调马列主义思想和社会主义思想，指出要在历史课上“用马列主义思想和我国人民的战斗与劳动的光荣传统，用苏维埃爱国主义和社会主义国际主义思想”教育青少年。美国虽没有全国统一的大纲，但在有关文件中也规定了历史课的宣传资本主义世界的“民主”“自由”传统。我国是以马克思主义思想为指导的社会主义国家，目前特别重要的是培养社会主义建设人才，因此在 1991 年审定的九年义务教育历史教学大纲中，明确提出了要通过历史教学“培养有理想、有道德、有文

---

① 白月桥译：《苏联中学历史教科书关于“二战”后世界史教学大纲》，《史学选译》1990 年总第 16 期。

② 1940 年《修正初级中学历史课程标准》。

化、有纪律的”一代新人。从培养目标和历史教学的目的和任务的角度说，各种各样的课程标准和教学大纲，是明显起着纲领和指导作用的。

第二，各类课程标准和教学大纲还在课时分配和教学内容上作了明确而具体的规定。虽然有的简要，有的繁细，但基本知识点都是有明确规定的。这就使历史教材的编写和历史教学的过程都有所依据。所有教材和教学都必须以大纲规定的教学内容为准绳，这也是使课程标准和教学大纲成为纲领性或指导性文件的一个重要原因。

第三，各类课程标准和教学大纲，都包括了关于历史教学方法的指导，有些国家和地区提得十分具体，有的给以泛泛的指导性的意见，但都指出了教学方法改革的方向。

第四，一些教学大纲和课程标准还对学生如何学习历史和开展历史课的课外活动提出具体参考性的意见。这使它不仅在教师如何教，而且在学生如何学的方面，也有重要的指导意义。

历史教学大纲和历史课程标准，无论从培养目标、教学日的、教学内容、教学方法等诸方面都有所指导，确实是关于历史教学的一个指导性的文件。

中　编

历史教材学十四论

应当引起重视的一门学问

——历史教材学一论*

一

现在，我们要大声疾呼，吁请历史学界重视一种最习见的历史著作——历史教材。我们认为它应该成为一种学术界所普遍重视的学问，史学界和教育界应对它进行足够的研究。

改革开放以来，历史学界已经为历史学研究的门类开拓了新路，使不少学科焕发青春，社会史、文化史、比较历史学，都呈现一种前所未见的繁荣景象。还有一些大家，在为通史的体例、格局新开堂奥，出现了新章法新体裁的大型《中国通史》①，或从另一路式写成《中华人民通史》②，使人耳目一新。

相比之下，学者们对历史教材的编写学就显得冷遇了。至今，我们

---

* 载《课程·教材·教法》1991 年第 7 期。

① 参阅白寿彝主编：《中国通史》第一卷，导论，上海人民出版社 1989 年版。

② 参阅张舜徽主编：《中华人民通史》，湖北人民出版社 1988—1989 年版。

还没有看到一部有关的系统研究的专著，无论对近百年来我国的数以百种计的历史教材，还是对新中国成立以来的历史教材，都少见专家们认真的热心的评价。可见，历史教材学亟待人们开垦。

认真说来，其根本原因在于：大家对教科书和教材学的重要意义认识不足。试问：世界上有哪一种历史著作有我国的历史教科书拥有这样广泛的读者呢？历史专业著作，假如仅仅局限于专家圈子的话，读者是极其有限的。

即使普及性的历史著作，其拥有的读者比起我国历史教科书的读者来，也是无法相比的。据 1989 年的统计，我国中学生总数为 4554 万，其中高中生 716.1 万，初中生 3837.9 万。初中每一年级的人数约为 1300 万，高中每一年级人数约为 239 万。这就是说，初中历史教科书和高中历史教科书各册的读者分别在 1000 万和 200 万以上。这个发行量和读者面，恐怕是世界上任何一种历史著作所没有的。根据近年的估计，我国有专职中学历史教师 27 万人。应当说，他们是历史教材最精细的读者与研究者，这也是一个很大的数字。

由于历史教科书有这样大的读者群，而且他们一读就是三年或五年，因此它们在青少年思想成长中的作用，在提高国民素质方面的贡献，便是不可估量的。不少有识之士都重视历史知识普及在弘扬民族文化中的作用。历史教科书作为一种不可忽视的历史著作，在当前，还有另一层尤为重要的意义。它在建设社会主义精神文明方面，在大力提高我国国民的文明素质方面，具有特别重要的作用。1987 年，邓小平同志曾提出，“用中国的历史教育青年”，“了解自己的历史很重要”。[1] 当代著名历史学家白寿彝说：“历史知识，在我们这个时代，是增长智慧、培养历史感、时代感、民族自豪感，提高对祖国前途和人类前途的认识及信心的重要武器。”[2] 现在的青少年，是将来祖国建设和社会主义事业的主力军，他们的道德品质、精神状态和文化修养状况，关系到我国能否成为矗立于世界之林的大国。美国著名的历史学家费正清，在他的《美国与中国》一书第四版中曾经这样预言：“旧日中国作为其他民族文化榜样的中心职能又在恢复了。”[3] 这个评价是相当高的。这个“民族文化榜样的中心职能”不是轻而易举就可得到的，它需要中华民族几代人在文明事业方面的辛勤努力，扎实工作，包括用我国优秀的历史文化传统哺育我们下一代和下几代青少年。

这方面，学校的历史教育，无疑是非常重要的。中共中央总书记江泽民，在看了《中国文物精华展》后，曾感慨万千地说：“总的感觉就是中华民族的古代文化是光辉灿烂的，中华民族的历史是悠久的，中华民族是有高度智慧的……我为身为中华民族的一员而更感光荣和骄傲。”[4] 如何把这个民族自尊、民族自信保持下去，而且转为民族自爱、民族自强，成为民族自豪的经久动力？江泽民就此题词：“学习历史，创造明天。”把“学习历史”放在“创造明天”的前提位置上。

学习历史的途径固然很多，但通过历史教科书的课堂教育，却是最

---

① 《邓小平论教育》，人民教育出版社 1990 年版，第 168 页。

② 白寿彝：《把历史知识交给更多的人》，《吴晗纪念文集》，北京出版社 1984 年版，第 1 页。

③ ［美］费正清著，张理京译：《美国与中国》，商务印书馆 1987 年版，第 352 页。

④ 《江泽民盛赞中国古代文明》，《中国文物报》1990 年 8 月 2 日。

为系统的、奠基性的，也可能成为有些人一辈子所接受的最重要的历史教育，对他们的成长具有根本性的影响。既然历史教育在促进人们精神文明的提高方面，有着如此重大作用，那么，如何编好一部成功的历史教科书，自然应成为一门值得认真研究的学问。

二

历史教材学，是一门广博的学问，需要分门别类研究的题目很多。

首先，历史教科书的体裁和体例。长久以来，编写者和研究者对此并未深加推究，有的学者则泛泛地把通行了长达数十年的教科书体裁，统称为“通史体”。是不是如此呢？我认为把通史体理解为编、章、节形式是片面的。据考证，西方首创通史体裁来编纂世界历史的，是一位名叫凯勒尔的历史学家，他在17世纪后期开始用古代、中世纪和近代三段分编体例编纂历史教科书。后来，德国哥丁根学派的著名史学家伽特勒，在各大学开设世界史课程，将上述世界史的三段法体例演成定则。[①] 从此，这种编写体例长期统治世界史学界。我国编、章、节的历史编写体例，开始于20世纪初，最早把西方这种编纂历史的章法传到中国来的，是当时著名维新派史学家夏曾佑。他在1902年至1904年写成的《最新中学教科书中国历史》，把中国历史分成“上古之世”“中古之世”“近古之世”，然后按编、章、节系统编辑中国历史。有的学者称这“是通史编撰上第一次成功的采用，从此这种‘章节体’一直被沿

① 张广智：《克丽奥之路——历史长河中的西方史学》，复旦大学出版社1989年版，第125页。

用，至今流行不衰”。从夏曾佑开始至今，我国的历史教科书有了很大变化，尤其近两三年，从形式到内容有了突变。其趋势：一是越来越大众化和生动化，文字由文言而白话，由纯文字演变为图文并茂；二是越来越符合教育学和心理学的原则和要求，教科书从形式到内容都力求在培养学生的智能上下功夫，考虑到了学生的可接受性。那么，当今的教材还能一概称为“通史体”吗？给它一种什么样的称呼呢？这一变化过程是怎样渐进的呢？今后的教材究竟应该怎样编写才更加符合时代发展和科学进步的要求呢？这些都是历史教材学所应深入探讨的学问。

其次，历史教科书的内容和选材。几乎所有编写过历史教材的人都认为，历史教科书编写中最大难题是选材。它不像一般的史学专著，选择能说明自己立论的史料就行了（当然这也是要慎重选择的）。历史教科书由于其本身性质的严肃性，所教育面之广，要求在选材时不同一般：不仅在选材时要典型又典型，慎之又慎，决不可用似是而非的材料敷衍搪塞，而且还应考虑十几岁的青少年的接受能力。既要考虑所选材料的教育意义，同时还要顾及知识的层次。高中教材、初中教材和小学教材，同一历史时期、同一历史事件和同一历史人物，可以选取其不同的层面，编成水平各有高低的内容。20 世纪 20 年代初，我国著名学者何炳松曾在他的文章中举了一个很有意思的例子：有一本很风行的历史教科书里，描写了大探险家哥伦布的一生，字数有限，但十分“简明可读”；而另一本比它详细的历史书中，却比这本书写出差不多三倍的内容，具体论证了他的出身年代，他为什么有探险的动机，以至于当时关于地球是否圆的争论，都写得较为详细。① 这两段一详一略的记载，告诉我们，历史知识是有很强的层次性的。

编写历史教科书的人，最重要的就是要注意这个层次性。一本很薄的课本，有限度的课时数，不可能把历史上所有发生过的事情原原本本地叙述给学生。那么，应当给他们叙述到什么程度？叙述一段历史时应讲哪些不讲哪些？这就是历史教科书编辑的学问。这要根据教育学、心理学的特点作出决定，选择那些最易为教育对象接受的史料，还要特别注意编写教材时的时代精神。这样的选材，有时的确是很难的，关键在掌握知识的层次分寸。过去，有人曾经担心小学、初中、高中都开历史课，会造成知识的重复，假如我们注意了层次性，那么，这就是不必要的担忧了。我们常常谈论下面这个例子：司马光这个历史人物，编进课本就可以有明显的高低层次。小学一二年级教材，为了强调学习他的机智勇敢，可以讲他“打破缸”的故事；初中教材，可以从弘扬祖国优秀文化的角度，重点谈他的《资治通鉴》；到高中教材里，则可以把他写得更为丰满，不仅可以说他史学上的杰出成就，还可以说说他在王安石变法中的态度和在宋朝历史上的地位作用。这样，知识的层次分明，可以避免许多重复。关于历史教科书的内容和选材，还有许多方面可以深入探讨。比如说：在中学历史教科书里，文化史和社会史内容各占多大比重？世界史教材如何摆脱传统的“欧洲中心论”的框框？这都是历史教材学中的一些重要问题，有待各方面的行家来研究充实。

再次，历史教科书布局、格式和写法方面的研究。我国近代的中小

---

①《何炳松论文集》，商务印书馆1990年版，第14—15页。

学历史课本，自19世纪末出现了第一批小学历史课本之后，过了不几年，便出现了夏曾佑的中学中国历史课本，此后，编、章、节的历史教科书编写体例和格局基本定局。到1920年，在国语化运动的推动下，由商务印书馆和中华书局带头，出版了第一批白话文各科教科书，其中著名史家吕思勉所编《自修适用白话本国史》，成为我国白话中学历史教科书的第一本。此后几年，历史教科书的格局和写法不断变化，出现了大小字的章法，又有插图相配，可教性和可读性越来越强，和最初的历史教材，面貌有很大的不同。历史教科书的格局和写法，发展到今天，经过了几辈专家们的努力。我们国家实行教科书的“一纲多本”制度，这样，就有可能出现多种格局多种形式的历史教科书。事实上，目前我国不同地区所通行的历史教科书，从格式到内容，也已经存在着很大的差别。各家教科书竞相争艳，肯定会出现更加百花齐放的局面。究竟哪一种格局和写法的教科书更好？更能适合教与学的科学原则？这就需要认真研究、科学评价和精心策划。这是历史教材学中的另一重大研究课题。

在历史教科书中如何培养学生的智力能力？这是目前历史教学界同行们越来越重视的课题。我国历史教育专家早在几十年前在这方面就有所探索。何炳松先生写的一篇《西洋中小学中的史学研究法》中，主张让中小学生具备初步的鉴别史料、从史料中自己得出结论等能力，对年级较高的学生，则可培养他们将史料分类的能力、比较各种记载的能力等。苏联的历史教育家，也曾就在历史教学中如何发展学生的思维能力方面作了许多专题研究。如何在编写教科书时就考虑培养能力的内容，把它作为课本中重要的有机部分？用什么样的形式？这都值得认真探索。有些历史教科书用课前提示来启发思考，在课文中穿插“说一说”“想一想”等思考题，这是否是一种有益的尝试呢？还可以有些什么样的有助于智力培养的形式呢？

此外，还有历史教材与历史教学的关系、历史教科书的社会功能和历史教材的现代化等研究课题。历史教科书的社会功能属于历史学的社会功能的一个部分。目前，在欧美各国，历史学正在从过去狭窄的殿堂圈子走向民间，美国出现了一种称为“公共历史学”的学派，主张把历史学的社会应用大大扩大。公共历史学派把历史看成是一个包罗万象的领域，学习历史和进行历史教育的目的可以包括：帮助上层领导人物和公司企业的决策，文化资源的管理和人民日常生活的指导，等等。[①] 我国历史教学和教材工作者也作了若干专门的探讨，并出了专集。[②] 根据目前国内外形势的发展，应该把这一研究继续发展下去。历史教材现代化的问题也是一个重要课题。不少国家在电化教育方面有许多地方值得我们借鉴。例如，1985 年，日本的二谷贞夫教授曾在我国介绍了一组日本历史课，利用了许多电化教育的声像设备，比如用录音机播放歌曲、放映当时的广告画，借用历史影片和大量图片、课外读物等。我国北京、上海等一些大城市，也在这方面作出努力。有不少机构和单位，积极筹划利用录像带、录音带进行现代化的教学。历史课是一门内容十分丰富的学科，怎样使它形象化、感性化，用什么样的合适形式，都值得研究。

---

① 中国留美历史学会编：《当代欧美史学评析——中国留美历史学者论文集》，人民出版社 1990 年版，第 160—169 页。

② 周发增等编：《历史教学社会功能的探讨》，中国地图出版社 1989 年版。

除上述外，还有：我国古代近代、新中国成立前后、我国不同地区、我国和外国历史教材的比较，从历史和现实的角度，总结出各种教材的长处，从而使当前和未来的历史教材更臻完善，也应当是历史教材学研究的重要内容之一。

三

系统地研究关于历史教科书的学问，探索历史教科书编写和它应用的规律，在我国是有条件的。如果孔子的《春秋》可以算得上是古代历史教材的话，我国已有几千年的历史教材的编写历史。编写近代历史教科书的历史，也已经有近百年了。我国还有一个十分可贵的现象是，近百年来，我国近现代中小学历史教科书的编写与研究，一直受到专家们的热心关注。前面说过，我国第一部中学中国历史教科书的作者是戊戌变法时期著名维新学者夏曾佑；我国第一套小学历史教科书编写体例的设计人，是“五四”时期大教育家蔡元培；我国第一本白话文的中学历史教材的编者，是著名史学家吕思勉。此外，著名史学家顾颉刚、何炳松、陈衡哲、金兆梓、邓广铭等人，都曾参与各套历史教科书的编写。据说，著名马克思主义史学家翦伯赞，曾发愿要编一套通俗的小学历史课本。20世纪50年代，杰出史学家吴晗曾主持试编了一套小学历史教科书，并创造性地应用了“红线穿珠”式的小学历史教材编写法。白寿彝教授也十分关心中小学的历史教科书编写事业，曾几次写文章，做报告，鼓励我国中小学历史教科书的革新。有这么多前辈的热切关心，是使历史教材学兴旺发达的重要保证。

目前我国已经形成了一支不可忽视的历史教材编写和研究队伍。国家教委直属下的人民教育出版社有专门的历史教材编辑室，各省市都普遍设立了教育学院和教研室、教科所，加起来有数以千计的历史教材和历史教学的专门研究者，各地师范院校还有一批历史教材和教法的教学和研究人员。此外，数以十万计的全国中小学历史教师，都是历史教科书的实践者、评估者和研究者。改革开放以来，国家教委决定把竞争机制引进教材编写中来，提出“一纲多本”的多套教科书并行的制度。这一制度造就了一批教科书的专业创作队伍。这些历史教科书编写创作人员，无疑都是历史教材学方面的重要研究力量，通过对不同地区不同水平不同形式的历史教科书的编写，会总结出许多历史教材学的学问。未来，肯定会出现一个历史教材学研究的新局面。

目前，最关键的问题是观念的改变。应当彻底改变一部分人那种不重视历史教科书的观念。应当把历史教科书的编写和研究看成一种创造性的劳动，是具有重要社会效益和培养接班人的神圣事业。今后，我国国民素质能否提高、中华民族能否成为具有高度文明的民族，与如何利用祖国悠久的历史资源、弘扬传统的民族优秀文化，有着十分密切的关系。而历史教科书的编写、历史教材学的研究，把历史教材写成促进这一伟大事业发展的重要工具，是其中重要的一环。俄国十月革命以后，曾在党中央建有历史委员会，我国在 20 世纪 50 年代也曾一度建有与语言文字委员会同列的历史委员会，说明了对全民进行历史教育的重要性。如果大家都把这一事业重视起来，历史教材学将会繁荣昌盛。

历史教材的编写体例及编写原则

——历史教材学二论*

一、历史教材的体例

历史教材，一般就是指历史教科书。但从广义而论，教材还应包括其他一些教学用书，例如地图册、练习册和其他图册等。国内外的教材都讲究“系列化”，意即包括上述这些品种。我们这里谈教材，仅就教科书而言。

1. 关于教材体例的界定

关于历史教材（即教科书）的体例，是一个值得仔细探讨的问题。一般的学术著作中，都容易把它简单化，划分为所谓“通史体”和“史话体”两种。比如，《历史教育学》一书，即认为目前我国历史教科书的写法，是“一种新的通史体裁”。另一本《中学历史教学法概论》，也认为我国现行中学历史教科书是“通史章节体裁的写法”。还有的历史

---

* 载《历史教育学新论》，广东教育出版社 1993 年版。

教学法专著，则认为新中国成立后我国出版的中学历史教科书，基本上可分为两类，一类是通史体裁，另一类是史话体裁，后者适用于乡土教材。

上面这一些看法，代表了现在历史教学界研究者们一种普遍的观点。但是我们认为，关于历史教科书的写作体例，是否还可以考虑另外一些更多方面的因素。按照汉语词典的解释，所谓“体例”，应当是指“著作的编写格式，文章的组织形式”。假如可以这样理解的话，那么目前的各类历史教科书，早已远远超过了一般常说的“通史”的格式和形式，当然也不是“史话”体所能包含得了。“通史”的名称，自古有之，清人章学诚在《文史通义》中就称郑樵的《通志》，“盖承通史家风，而自为经纬，成一家言者”。史学家把司马迁的《史记》、司马光的《资治通鉴》和郑樵的《通志》，概称为“通史”，可见“通史”是一个意义十分广泛的词，既可以包括纪传体，又可以包含编年体，还可以包括典章体的各类史书。《辞海》解释“通史”是“通贯古今的史书”，《中国历史大辞典·史学史卷》加了一句话，释为“贯通古今，并在政治、经济、文化各方面都作叙述的史书”。

根据上面所述，我们认为，假如从内容的广泛，无所不包，加上贯通古今这点来界定目前通行的几种历史教科书，说它接近于通史所含有的内容，这是可以的。但是决不可说它就是“通史体裁”或通史体例。那么，历史教材是一种什么体裁或体例呢？我们认为就可以径直称之为“历史教科书体”。历史教材的体裁是由其自身的特点、功能所决定的，由它自身的教育功能、教学特点和读者对象所规定的一种特殊的编写体裁。就如同我们不能把中小学语文课本称为“文选体”“文学史体”或

“语法体”一样，历史教科书也不能用史学体系中所习用的名称来界定。

2.“历史教科书体”的特点

我们认为，“历史教科书体”至少应当具备下面几个特点：

第一，在历史教科书类的读物里，应当含有最基础的和比较系统的中外历史知识。中外历史上属于重要年代、重要人物、重要地名、重要事件和重要词语的内容，基本上应当写在历史教科书内。既然是历史教科书，就不能如同一般的历史读物，不能讲部分的一个或几个方面的内容，而应当是比较全面系统的历史知识，应当囊括诸如政治、经济、文化、科技等。小学、初中、高中、职中、师范、专科各种不同的学制，根据学生年龄和文化素质的特点，选取相应的内容。

第二，历史教科书应当比别的专著、读物更加严谨。科学性要强，尽量避免用含混不清的词语，避免似是而非的结论。

第三，考虑到学生的年龄特点，小学或初中历史教科书，应当写得通俗易懂，尽量不用晦涩难懂的词语。

第四，教科书因为主要写给青少年和儿童阅读，因此要特别考虑到文字的生动、选材的活泼，还要配以大量插图，以适应青少年的求知特点，提高他们的学习兴趣。

第五，历史教科书不同于别的历史书籍，它本身负担着重要的教育任务，因此还应特别注重对学生的能力和智力的培养。在教科书里，行文和编排方面，随时注意启发式，课前的提要、课后的练习，以及可以利用来提高智力能力的各种教学手段，都应在编写教科书时注意到。

除此而外，还有其他一些特点，比如头绪清楚、重点突出、插图醒目、历史地图简单明了、适合青少年口味等。1956 年人民教育出版社在编写新中国第一套中学历史课本时，曾规定了下述几条编写教科书的原则："线索清楚；头绪集中；重点突出；叙述具体生动；分量匀称；语言规范化；图文适当配合。"这些原则现在仍然是适用的。

上述这些，可以说是大部分现行教科书的特点概括。我们试举数例。

日本东京书籍株式会社出版的《改订日本史》，在增强课文的生动性和加强学生的智力能力培养方面，便花了很大功夫。该书的第二章第二目"奈良时代的政治和天平文化"，从结构到内容都颇有特点：内容方面不仅重点讲述了平城京的规模和格局、班田制的授受、政治与佛教的关系、遣唐使等重要基础知识，还特别突出叙述了"天平文化"、"天平美术"、史学、诗歌以及"奈良时代的日常生活"等社会文化史的内容，把人们带到了那个古老文明的时代。这样，重点突出了，叙述具体生动了，密切结合了学生的年龄特点和接受能力。尤其值得提出的是，这本教材除课文正文外，还用方框的形式引用了那个历史时代的诗歌，用楷体字的形式补充了正文的更加具体的历史内容，此外还有 8 幅文物和古迹插图以及历史地图和图表，尤其是图中展示的奈良时代的食品、袍褂和居屋，使人有生活在其境之感。1985 年，日本三省堂出版的《世界史》改订版，也在叙事生动方面颇具特色，该书第一编第四章第三节写的是中国"秦汉的统一"，文字版面共有 5 页，名人和文物插图却占了 9 幅，包括秦始皇焚书坑儒、汉代高昌故城、汉代农耕画像砖、汉光武帝像、司马迁像、王莽时代的木简等。此外，日本山川出版社的《标准日本史》《要说世界史》等，在课本中都用大量的插图、楷体字的史实补充、图表、脚注等形式来扩大学生的知识面，加强对他们的智力能力培养。山川版的《标准日本史》，在智力能力培养上方法尤为活泼多样，例如在讲完大化改新文化成就后，列了4道“研究问题”，其中包括中国、朝鲜和日本之间6—8世纪的大事年表，简说飞鸟、白凤、天平各时期美术成就的概况及对比，还有对天平时代遗迹的调查，等等。

中华人民共和国成立以后，中小学历史教材在体例方面，几十年来随着社会的进步在发展变化。随着改革开放和历史科学、教育事业的不断发展，加上我国印刷条件的大大发展和改善，各类教材的面貌也焕然一新。目前所能见到的中小学教材以及九年义务教育的各家课本，一般都比过去美观，都有彩色插图的配合。广东省编的“沿海版”，第一册彩色插图多达35幅。人民教育出版社新编《中国历史》第一册彩版插图也达34幅。北京师范大学版和四川版的九年义务教育新教材在面貌上都有较大改变。在教科书的体例方面，也在逐渐向世界上经济先进地区靠拢，比较注意编排的活泼、智力能力的培养，可读性和生动性都大大加强了；除考虑历史学科的科学性而外，更加注重教育的科学性。广东版的九年义务教育历史课本的前言说，该课本“在注重普及性、基础性的同时，也注意因材施教，注重培养学生分析和解决问题的能力、动手实践的能力、信息交流的能力和使用现代科技成果的能力”，同时“注意生动性、趣味性，图文并茂，尽量避免概念性”。北京师范大学版课本，在内容和文字的生动性方面下了很大功夫。比如第二册课本，叙述南宋都城临安时，除了介绍当时的政治中心和商业中心临安所具有的都市繁华外，还同时指出，现在杭州的著名西湖名胜区“苏堤春晓”“柳浪闻莺”“雷峰夕照”等胜景，都是那时打下的基础。把历史和现实生活有机地结合起来，这是文字叙述方面的一大进步。人民教育出版社1992年版九年义务教育历史教材，在编排体例上突破较大，更加接近于当代世界经济发达国家和地区教材的编写体例。教科书拥有的插图，每册大约300幅，做到了“图文并茂”。此外，从因材施教和培养学生智力能力的角度出发，这套教材在课文内容上进行了弹性的处理，课文分为宋体字和楷体字两种，宋体字部分要求所有使用该教材的学生一律要掌握，楷体字部分供学生自己阅读，用以增加和扩大历史知识面；水平较高的学校，也可以对学生提出较高要求。这套课本在每课中还提供了一些有一定难度的思考题和文言文的历史资料，可以适量地培养学生联想、综合和对比、推理以及识别史料、阅读古文的能力。四川版和人民教育出版社版的历史教科书还在每课课文之前写有一段提示，可以起提纲挈领的作用，帮助学生理解课文和把握课文的重点。

我国香港地区出版的几种教科书，也都具有上面所说的一些特点。比如龄记出版有限公司的一本根据1982年香港课程纲要编写的《新编中国史》中学一年级课本，相当于序言部分的《敬致老师》有这样几点说明：“顺序介绍历代兴衰的概略，使学生对中国历史有个整体的概念”，“本书用浅显的语体文撰写，文字力求简明扼要”，“特别着重精选了精美的教学文物图片……为学生提供了充实、确切的鲜明形象，借以提高学习兴趣”，“书中所列的史料，古今地名，都经过多方面的考证，务求准确。”这几段说明，实际上和我们前面说到的系统、严谨、通俗、生动等五条要求具有同样的意思。香港的历史课本，插图较多，约占全书一半以上篇幅。龄记版第一册课本第三章《周之封建》中的第一节《周朝的建立》和第二节《巩固政权的措施》，大小字文字叙述共占3页

3000字左右，各种文物图、示意图和历史地图却占6页。另有大事表和问题讨论占一页半。“问题讨论”部分，起到了培养学生智力、能力的作用，如“纣王的儿子武庚曾经作乱，为什么周公还要封纣王的庶兄微子于宋？”，还有“周人这个名称是怎样来的？”等，便具有一定深度，能考查学生的思维联想能力。香港的历史课本一般都分为甲、乙两部课程，乙部课程主要加强经济、文化史的内容。差不多各家第一册中国历史课本的乙部都讲“中华民族的起源”和“文字文化的演进”，第二册乙部则讲农业、科技、运输、交通的发展。

我国台湾地区中学历史课本。课文用章节体，一节就是一课，课文由四部分构成：课文前有“提纲”，简要说明本课内容；其后为课文正文；课文后有“注释”和“研究与讨论”两部分。插图分量不多，每课约两三幅。值得注意的是，注释部分有扩大知识面的作用，而“研究与讨论”部分，思考题都有一定的难度，可以培养学生的智力能力。比如1985年版的中学历史第一册《秦汉的社会经济与学术文化》一课，所问问题有：“两汉时代，一般士人出任政府官吏的途径有哪些？”“说出两汉时代纺织工业的发展情形。”“就近参观道观和佛寺，比较它们不同的地方。”这些都是较深的题目。

从上面介绍的一些历史教科书可以看出，自有了第一套历史教科书（我国是从清末开始的）以来，教科书本身已经发生了很大的变化。假如说，最早的和稍后的历史教科书比较和当时的通史的体例接近的话，那么越到后来，由于编写者和教学者越来越重视教育和教学的规律，教科书也就越来越形成自己的特有的体例。这种体例，既具有史学的一些规律特点，更要求符合教育和历史教学的特点。这种逐渐形成的编史体例，便是历史教科书体。

3. 章节体的结构及其优缺点

上面我们已经确定了历史教科书的体例，分析了它的许多特点，下面，再稍稍谈一下章节体的结构。按照我国著名史学家白寿彝的意见，我国历史著作的章节体，最早始于夏曾佑的《最新中学教科书中国历史》。白寿彝先生在1993年出版的《中国通史》第一卷《导论》中说："近年流行的划分章节的体裁，我们可称之为章节体，大概开始于夏曾佑的《中国历史教科书》。这书写于1902—1904年。"夏曾佑是我国近代颇负盛名的维新派历史学家，他所写的历史书，开始采用西方的把历史划分为上古、中古、近古几段的叙述法，把一个大时代划为一编，每个小时代分为章，每章下又有节和子目，合称为"章节体"。这种历史的编写方式可以把历史的阶段性和历史现象的主次鲜明地表达出来。所以白寿彝认为"这在史书体裁上是一个很大的进步"。自夏曾佑以后，我国的历史教科书基本上沿袭这一种形式。

一直到新中国成立以后，从形式上，这种章节体叙述法仍然因袭很久。我国1956年、1962年和1978年由人民教育出版社编写的中学历史课本，基本上都是这一格式。九年义务教育的历史教学大纲公布后，北京师范大学、四川和广东等版本的课本，也还沿用这一格式。但是，也有不采用这种编写结构的，如解放后几种小学历史课本，从1945年到1949年旧中国由国立编译馆统编的一些初中历史课本，便都未采用章节体，而是用每课一个课题的编写方法。例如，从1945年至1948年，由正中、商务、中华、世界、大东、开明、文通七家书局联合供应的《初级中学历史》，便是除了一个大的"编"外，下面便直接列具体的课题。像秦史的部分，在教科书中列为第 21 至 24 课，其课题为：第 21 课《秦之统一六国》、第 22 课《秦始皇的政策》、第 23 课《秦始皇的武功》、第 24 课《秦末群雄的并起》。1992 年版的人民教育出版社的九年义务教育历史教科书，也完全打破了传统的编、章、节的编写格局，一律用生动的课题表示。其第一册《中国历史》第 1 课至第 6 课的课题，各为：第 1 课《历史告诉我们什么?》、第 2 课《祖国境内的远古人类》、第 3 课《氏族公社时代的居民》、第 4 课《夏商奴隶制王朝》、第 5 课《奴隶制发展的西周》、第 6 课《中华文明的勃兴——夏、商、西周的科学和文化》。

历史教科书的章节体或课题体，并不代表教科书全部的体例，只是两种不同的编写格式或形式。这两种编写格式各有特色，史学界和历史教学界对章节体都有许多公正的评论。章节体史书和历史教科书的长处，正如白寿彝主编的《中国通史》第 1 卷中所说的，能够“把历史的阶段性发展和历史现象的主次表达出来”。但白先生在《中国通史》同时也指出，章节体裁也有很大的局限性，主要是不易充分展开对历史上典章制度、学术文化和人物事迹的论述。而对作为历史教学和历史教育的主要依据的历史教科书来说，章节体就更显出其格局的不足。中央教育科学研究所的白月桥和黄慕洁同志曾专门就此问题写过《改革历史教科书结构的探索》一文，文中明确指出，在评价教科书的编写体例时，首先要有两种依据，一种是考虑阅读对象，另一种应考虑教学效果。历史教科书，与以专家、学者和成年人为主要阅读对象的历史专著不同，是以青少年学生为阅读对象，是学生学习的主要依据，教师施教的主要凭借。因此，历史教科书要更多地考虑教育学、心理学、教学论和历史教学法等方面的理论因素。而传统的章节体课本则比较忽略这些因素，因此常常存在“教师难教，学生难学”的局面。目前，史学界正在讨论发展史学的新的史著结构，白寿彝主编的《中国通史》是一部共计 12 卷 22 册本的巨著，就准备冲破传统的章节体，而发展为“多体裁配合、多层次地反映历史”的集纪传、编年、纪事本末与章节体各类之长的综合体。具体到历史教科书方面，有些专家也提出若干对章节体的改进意见，例如，在未来的新教科书中运用以归纳法为主的思想方法，增加复习性的篇章，增加课文类型，添加提要、原始资料和马列经典著作等。

历史教材体例的争论和各种写法的百花齐放，是目前历史教学和历史教育事业繁荣的标志之一。至于究竟哪一种为最好，还是仁者见仁，智者见智，各有所长，各见所长。20 世纪 20 年代中叶，史学界和历史教学界的前辈何炳松先生，曾对不同写法的历史教科书，有过海涵和大度的高论：“各有各的长处，各有各的用途，它们的好不好，看我们如何去使用它们而定，我们不能说哪一类为最好。”我们也应当抱这种态度。

二、历史教科书的编写原则

编写任何史书，都有自己的一套特有的编写原则，比如，白寿彝教授主编的《中国通史》的原则便是“要求在‘通’字上下功夫，重视各种社会现象的内在联系，重视贯通古今的发展规律”。历史教科书和一般的通史著述不一样，有自己特殊的编写原则。这些编写原则有一些是和一般历史著作相同的，另一些则是由教科书的特殊要求而定的。一般说来，历史教科书的编写原则，大体可以归纳为三点。

1. 时代性或时代精神

这个时代性，一是指所处的历史时代和所在国情。封建帝制的历史课本，肯定是为效忠帝王服务的。这是那个时代的时代精神。我国清末由清政府制定的《奏定中学堂章程》中，便明确规定历史教科书和历史教学“先讲中国史，当专举历代帝王之大事，陈述本朝列圣之善政德泽，暨中国百年以内的大事；次则讲古今忠良贤哲之事迹”。希特勒统治时期的纳粹德国，在历史教科书中充斥着民族沙文主义的反动内容，大肆宣扬希特勒、兴登堡等人的“事迹”，叫嚣“点燃民族感情和观念的火焰，通过天性和理智，它会深深进入青年人的心胸和脑海里”。最为露骨的是反映在当时历史教科书中的下列思想：“如果塑造政治意志是我们的目标的话，我们就必须树立明确而坚定的态度……我们不说‘和平条约’，而称之为‘强加的和平’或‘耻辱的和约’；不说‘战争赔偿’，而称之为‘纳贡’或土地掠夺，侮辱和缴械。”殖民主义统治时期，被统治地区的中小学教科书，肯定带有浓厚的殖民地味道。教育史学家陈元晖所著《中国现代教育史》曾指出，东北沦陷时期，日本侵略者曾在那里发行一套历史课本，其编辑要点为：“1. 足以打破民族思想及国家观念者；2. 助长亲日情绪及仇视祖国者；3. 足以腐化思想及麻痹人心者。”而墨索里尼在非洲的殖民地推行殖民化教育时，则在发行的识字课本中加上这样一句话：“啊，上帝帮助我成为一个好意大利人。”所以，任何一本历史教科书，都不可能不带有时代的烙印，其编辑原则也都是由当时社会的状况、政治环境所决定的。其关键是它与培养什么样的人才密切相关。封建帝王的政府，要的是忠君者；纳粹政府需要培养的是希特勒的门徒；殖民主义者需要的是顺从的殖民地奴隶。

我国是信奉马克思主义的社会主义国家，要培养忠于社会主义制度、忠于共产主义信念的建设事业接班人。这一点决定了我国的中小学历史教科书必然带有社会主义时代的特点。首先，我国的历史教科书，向学生灌输马克思主义的人类社会发展的普遍历史规律：人类社会是不断进步的，由无阶级社会到阶级社会最后又到无阶级社会，中经原始社会、奴隶社会、封建社会、资本主义社会和社会主义社会五个阶段，而共产主义社会是人类最美好的社会，是人类发展的必由之路和必然归宿。讲清这一历史规律，对培养青少年一代坚定的社会主义、共产主义政治信念，是十分重要的。此外，还应当在我国的历史教科书里，体现下面一些马克思主义的史学观点，诸如生产力决定生产关系，经济基础决定上层建筑，思想文化是政治、经济的反映，等等。在叙述阶级社会的历史时，还要贯穿阶级和阶级斗争观点，强调阶级斗争是阶级社会发展的动力，农民战争对封建社会发展的巨大推动作用，等等。在叙述历史人物时，一方面要贯彻阶级分析观点，另一方面还应运用辩证的、一分为二的分析方法等。除上述一般的马克思主义的历史观点而外，在编写我国的历史教科书时，还应当考虑我国的国情。我国现在是一个统一的多民族的国家，我国各民族在政治上一律平等，我国的历史是56个民族共同的历史。这样，在编写我国的历史教科书时，便不能忽略我国国情的这一重要特色。应当把我国教科书中的历史，写成中华民族各族的历史，在分析历史事件和历史人物时，尤其在涉及历史上的民族关系时，一定要站在全中华民族的立场，而不应只考虑一个民族，厚此薄彼，任何大汉族主义或民族沙文主义的立场都是错误的。另外，我国是一个发展中的社会主义国家，我国对外奉行和平共处五项原则，我国多次声明，决不干涉别国内政，也反对任何外国把强权强加给我国。因此，在我们的历史教科书中，也应该坚持上述原则。在叙述中外关系史和世界史时，要重点叙述我国和世界各国友好往来的历史，但同时着重揭露帝国主义和殖民主义势力侵略我国和别国的血淋淋的史实。在编写世界历史时，一方面颂扬各国人民对历史文明的伟大创造和他们反对邪恶势力的斗争，另一方面大力谴责暴虐的统治阶级和战争狂人给人类和世界文明带来的重大破坏和创伤。

教科书的时代精神所表现的第二方面，是时代潮流和趋势。我国目前所处的是改革开放的时代，我们现在所编写的历史教科书，理所当然要反映这个时代的特色。教科书顺应时代潮流和发展趋势，世界各国有很多先例。比如，日本发展成为世界上一个重要的经济大国，为了适应这一形势，在 20 世纪 70 年代开展了第三次教育改革，提出培养创造性的人才，一共有七条标准，包括：知难而进的坚强意志；积极解决问题的探索精神；能主动选择学习和生活目标；灵活选择运用知识和处理信息的能力；自我控制能力；尊重他人的品德；平衡人际关系的能力。著名的苏联历史教育学家扎波罗热茨的专著《历史学科培养能力与技巧的方式与方法》序言开头便这样讲："在革命性的改革的条件下，苏维埃的社会生活及其各方面，首先是人的社会意识，正在焕然一新，学校面临着培养青少年一代新思维的任务。"这个新任务是"不仅在思想上坚定自己的共产主义信念，而且能够坚持自己的公民立场，迎着困难前进，学会果断地作出选择，善于辩论和规劝，不断提高自己的认识能力以及创造性劳动的能力和技巧，并发展自己的创造性的革新精神。"

根据这一要求，扎波罗热茨就历史学科的如何培养这些能力，写成了上述专著。我国的改革开放，给教育也提出了新的任务，要求培养适应新时代要求的人才。归纳起来，就是1989年11月李鹏总理在“面向二十一世纪教育国际研讨会”上，提出的那三条：第一点是“教育要面向现代化、面向世界、面向未来”；第二点是强调德、智、体等全面发展；第三点是“教育必须为社会主义建设服务，社会主义建设必须依靠教育”。

历史教育要面向现代化和面向未来，就需要在历史教科书里多给一些各方面应有的知识，应当使学生在历史课上能得到更多的文化知识营养，提高他们的精神素质，成为比较完美和高尚的人，适应未来物质和精神生活都较为丰富的社会的需要。面向世界，就应该考虑在现在的历史教科书中，适当增加中外经济文化交流历史的内容，增加中华文明在世界文明中贡献和作用的篇幅，增加我国人民怎样向世界进步和优秀文化学习的过程，使学生从小就树立为民族争光的大志。

2. 科学性或科学精神

历史教科书的科学性表现在三个方面。

第一，对整个历史的看法有更新和更科学的观点，或者说对历史观念看法的更新。古往今来，历史学家们对历史本身的看法，已经有过多次的改变，一次比一次更接近科学。在古代，历史学家们只把历史看作伟人的活动。古巴比伦和古代亚述最早的历史就是帝王本纪，英国早期的史学名著《盎格鲁一撒克逊编年史》也不过是帝王生活的宫廷史。我国古代进步史学家司马迁的《史记》，尽管有许多人民性的进步成分，但毕竟基本上仍是以帝王将相的传记史为主。到欧洲资产阶级革命以后，人们对历史的认识比以前大大进步了，出现了一批比较全面叙述政治、社会各方面的历史著作。但一直到 20 世纪以前，历史学家们依然把历史仅仅局限在政治史、军事史和外交史方面。这是因为那一时期各国政治斗争很激烈，各个阶级都在政治舞台上表现、角逐，欧洲、美洲、亚洲，处在一个蓬勃的革命时代，战争迭起，外交活动十分活跃，一些政治家、学问家、历史学家的主要视野很自然地集中在这些方面。这一时期出现的著名史学著作，像基佐的《欧洲文明史》、米涅的《法国革命史》等，都是写政治史、军事史和外交史的杰作，一些科学的历史观点，诸如“把阶级斗争视为历史发展的主要内容和动力”“阶级斗争根源于利益的对立”等，也是在这时期确立起来，后来又经马克思改造和发展了的。

20 世纪以后，史学家们对历史的看法有了更进一步的提高，也就是说历史观念“更新”了。首先由德国史学家卡尔·兰普莱希特提出了历史应当“拓宽题材”，不应仅束缚在政治史的狭小圈子里，而应扩大到经济、文化、民族各个方面。接着则有法国“年鉴学派”的崛起，一批史学家创办了《社会与经济史年鉴》，大力主张把社会史和经济史放到和政治史同等的地位，强调“政治史和经济史和文化史的相互作用”。① 在大洋彼岸的美国，则有鲁滨逊学派，他的“新史学”观点主张“从广义来说，一切关于人类在世界上出现以来所做的、或所想的事业与痕迹，都包括在历史范围之内，大到可以描述各民族的兴亡，小到描写一个最平凡的人物的习惯与感情”，“历史是研究人类过去事业的一

① ［美］伊格尔斯著，陈海宏等译：《历史研究国际手册》，华夏出版社 1989 年版，第 227—228 页。

门极其广泛的学问”。[1] 由于史学家们历史观念的大大改变，历史学的视野大大拓宽，世界各国的历史著作，包括各个层次的历史教科书都在改观，内容比前大大丰富了，历史和人们的生活日益接近。假如说先前历史中只听到看到战马嘶鸣、炮声隆隆、疆场厮杀，政治上的尔虞我诈，外交场上的钩心斗角的话，现在的历史则也包括美妙的人间情事、壮观的古典建筑、悦耳的琴声，以及有些史学家所述的“小刀和帆船的历史”。历史还其本来面貌，变得五光十色和鲜艳夺目了。我国自从改革开放以来，学问家、史学家对历史观念的看法改变了：20 世纪 70 年代末已经放弃了“以阶级斗争为纲”的错误历史观；80 年代一批史学家提出在历史科学中如何加强文化史、社会史研究的问题；1987 年，历史学刊物《历史研究》发出了开展社会史研究的呼吁。在此先后，学术界出版了一系列社会史、文化史、生活史的专著、小册子和学术论文，蔚为大观，让人目不暇接。在这样的情形下，历史教科书的编写，如果还在重复 50 年代或 60 年代的内容，就不应当认为是科学的了。历史在前进，人们的观念不断更新，80 年代和 90 年代编出的教科书，就应当具有更新和更接近科学的内容体系。1992 年国家教委颁布的九年义务教育历史大纲，就相应编进了社会史的内容，并大大加强了文化史的篇幅，随之编出的人民教育出版社、北京师范大学、四川版等各家的新历史课本，也具体编写了上述内容。人民教育出版社 1990 年秋开始试用的第一册中国历史课本，就有许多关于我国古人衣食住行和城市、农村社会生活的课文和插图。

---

① ［美］鲁滨逊著，齐思和等译：《新史学》，商务印书馆 1964 年版，第 3 页。

第二，一些具体史学观点的进一步认识或更新，使之更接近于科学。我国学术界和史学界有许多研究新成果，专家们不囿于陈规陋见，用更科学的态度和方法，重新研究一些历史事件和历史人物，得出更加科学的结论，这一些都应当及时反映到历史教科书中来。比如，关于夏朝的历史，由于史学界和考古学家的不断努力，现在愈来愈丰满了。如果 20 世纪五六十年代的历史著作和历史教科书还仅仅限于从零星史料来反映夏王朝历史的话，现在则有大量的以二里头文化为主的考古材料来证实夏朝的确存在了。再比如，近年来我国民族史研究取得了很大成就，尤以北方民族史成果为多，匈奴、突厥、回纥、鲜卑历史，都有了若干专著，而且还有专门的综合著作，如《北方民族关系史》和《毡乡春秋》等，这些专著，使我们在中小学的历史教科书里，可以比较详细具体地把匈奴、突厥等作为一个个具有鲜明特色的北方民族来描绘。又由于史学界通过认真研究，对各民族的历史有了更正确更为公正的认识，在叙述中华民族全史时能够平等地反映历史上各民族的作用，因此在编写新的历史教科书时，也理当有更多的叙述历史上各少数民族的篇幅，在处理民族历史部分时，不是将匈奴、突厥等作为汉族历史的附篇，而是独立地反映这些民族在促成我国民族交融和发展时的功绩。以上内容也应当是编写历史教科书时，需要体现的科学精神。此外，在对某些历史人物、某些事件的评价方面，史学界有越来越科学的评价，有些历史人物随着历史的迁移，越来越显出他们对中华文明和世界文明的贡献。比如孔子、老子，便是这样的人物。过去，在“左”的思想影响下，曾对这些人物有过极不公正的评价，如今，为了加强课本的科学性，肯定要对他们重新评价。世界史上，对布哈林、托洛茨基等历史人物，苏联历史学界本身都重新对他们进行了评价，做了大量翻案文章，我们的历史教科书，当然要实事求是地作出反映。

第三，历史教科书的科学性，还应当表现在利用考古学和古人类学近年来的大量成果。新中国成立后，我国考古学发展迅速，有若干重大成果。古人类学方面，元谋人遗址又有新材料的发现，北京人年代有更科学的划定，此外，还发现了和县人和一系列新的古人类遗址、化石。关于我国文明的起源，有东北红山文化的许多新材料，河南二里头文化和濮阳“天下第一龙”的发现，都给中华文明的源头增添了若干新的资料。再比如，妇好墓大量玉器的出土以及四川广汉三星堆的成批精美青铜器的发现，秦始皇陵兵马俑和西汉初年景帝陵兵马俑的出世，也都给殷商史和秦汉史大为增辉生色，这些都可以使新编的历史教科书增加许多新鲜内容，使课本从社会生活各方面反映当时的历史，从而使历史教科书更为科学。关于西汉纸的新发现，最能说明新的考古材料对加深历史教材的科学性的重大作用。20 世纪 50 年代以前，课本谈到我国四大发明中的纸时，往往只能从《后汉书》的记载提出蔡伦造纸说，当时没有更多的考古材料说明我国早期纸的确存在。自从 1957 年我国考古工作者发现西安灞桥的西汉武帝时的纸后，在教科书里便把我国纸的发明时间提前到西汉时期。1986 年在甘肃天水放马滩又发现了更早在西汉文帝时候的纸，这样，我们便又可以把我国纸的发明提前到西汉早期。教科书里前后叙述的不断变化，说明了它本身越来越接近真正的史实，科学性不断加强。

3. 可教性和可读性

教科书和任何别的著作不同，它是为教学而编写的，它是教师在课堂上教课的凭借，也是学生学习知识的依据。假如把教学比作一台戏的话，那么课本就是教师演戏的脚本。一部好的脚本，可以让演员充分发挥他的种种才能，演出出色的戏。同样，好的历史教科书，也应当一样使得教师能有可能发挥一切教学特长，讲出出色的历史课。成功的历史教科书也应当像一本好剧本那样，吸引看戏的观众如痴如醉，和角色一起进入剧情，使学生爱看喜读。这也就是我们通常所说的，课本应当编写得“生动、有趣、耐读”。其实，对历史教科书来说，这一点并不难做。因为历史本身就是丰富多彩、五光十色的。古来许多优秀的历史学家也曾写出许多感人的历史著作，希腊诗人卢奇安曾称赞希腊“史学之父”希罗多德的《历史》文笔说：“他那令人愉快的风格，他那构思的技巧，他那爱奥尼亚语的天然魅力，他那万千警句构成的财富，或者是他那成匹锦绣上的万千花朵中的任何一朵，如果能学到手该多好啊!”罗马的“前三雄”之一的凯撒，同时也是一位出色的历史学家，他写的一部宣扬他自己战绩的《高卢战记》，被同时代文学家西塞罗称赞为“叙事明快，开门见山，而且引人入胜”，又说它“天生丽质，毋需衣饰华美”，“一清如水，简明扼要的文笔令人赏心悦目”。因此，后来法国著名小说家大仲马的名著《基度山伯爵》，竟描写了一名大盗在罗马郊外陵墓中“津津有味”地读《高卢战记》的情节，可见这部历史传记是如何地使大仲马心醉神怡了，他才能移植出这样的传奇情节。① 我国著名历史学家司马迁的《史记》和司马光的《资治通鉴》就更不用说了，前者的《项羽本纪》中的“鸿门宴”，后者的“赤壁之战”片段，早已

① 参阅张广智：《克丽奥之路——历史长河中的西方史学》，复旦大学出版社 1989 年版，第 37、42 页。

被选为中学语文的范文，至今还令人赞不绝口。我国史学家何炳松，曾在自己的《历史研究法》一文中，特别欣赏清代史家章学诚“气积而文昌，情深而文挚，气昌而情挚”的写史风格。他认为有情感有气魄才能写出好史著来。从心理学的角度说，十几岁的青少年，最易于接受情感性的知识，他们最易于因生动的故事情节激动，也易于被美好的文采吸引，所以假如历史教科书能注意在内容上生动具体、妙趣横生，在文笔上注意文采，同时在编排上又丰富多彩、形式多样，是会起到教者爱教、读者爱读的效果的。

编写历史教科书，自然还有其他一些原则，比如要注意头绪清楚、用词准确、文字简明扼要、内容前后连贯，等等。如史学家何炳松所说的“一种教科书，不论它属哪一类，总以明白确切为贵”，但同时他又指出“多加一点详情少用几个空泛的形容词，往往可以使一件事情或一种运动说得格外活现”。既要简明“确切”，又要“活现”，写成一本好的历史教科书，确实不是一件容易的事。

生动的历史与历史的生动

——历史教材学三论*

一

人类的历史，是五光十色，无比丰富而生动的。李大钊曾对历史下过如下的定义："历史这样东西，是人类生活的行程，是人类生活的联续，是人类生活的变迁，是人类生活的传演，是有生命的东西，是活的东西，是进步的东西，是发展的东西，是周流变动的东西。他不是些陈编，不是些故纸，不是僵石，不是枯骨，不是死的东西，不是印成呆板的东西。我们所研究的，应该是活的历史，不是死的历史。"① 所以，摆在我们面前的一部历史著作、一套历史教科书，或者是一堂历史课，应该是人类过去活生生的经历，叙述的人物有血有肉，讲述的史实无比生动有趣，著作者和讲述者有充沛的热情。历史教育的一项极为重要的目的在于，它应当启迪人们的智慧，陶冶人们的情操，把历史人物的嘉

---

* 载《课程·教材·教法》1986 年第 9 期。

① 李守常：《史学要论》，北京师范大学史学研究所 1980 年版，第 1 页。

言懿行化为自己的意向。

有这样的历史吗？有。革命导师马克思的有关历史著作，就堪作为我们的典范。他在1852年写成的《路易·波拿巴的雾月十八日》，可以说是当时一部法国当代专史。这部著作内容深刻，文笔优美。威廉·李卜克内西曾称赞这本小册子的文章风格“把塔西佗（古罗马的历史学家）的严肃的忿怒，尤维纳利斯（罗马讽刺诗人）的尖刻的讽刺和但丁的神圣的怒火”熔合在一起了。[①] 马克思在《法兰西阶级斗争》一书里，对1848年革命中小资产阶级的政治态度和最后结局描绘得尤为生动：“小店主们奋起向街垒进攻，以求恢复从街头到小店去的通路。但是，街垒后面站着小店主们的顾客和债务人，街垒前面站着他们的债权人。而当街垒被摧毁，工人被击溃，小店主们在胜利的陶醉中奔回自己店里的时候，发觉店门已被财产的救主即信用的正式代理人堵住了，这位代理人拿着威胁性的通知单迎接他们：票据过期了！房租过期了！债票过期了！小店铺垮了！小店主垮了！”[②] 这一段精辟的描写，写出了实实在在的历史，典型地表达当时严酷的阶级斗争内容，同时本身就又是令人信服的分析和结论。马克思和恩格斯的历史著作都具有这方面的特长，当我们看到恩格斯在《德国农民战争》中那一段激奋人心的开头，和马克思在《路易·波拿巴的雾月十八日》的最后一句寓言式的结尾时，都会深有体会。

马克思和恩格斯是伟大的革命家，很少人能达到他们那样知识广博精深和分析洞察能力的透辟深邃。但是，要求人们能读到比较生动和比

---

①《回忆马克思恩格斯》，人民出版社1957年版，第107页。

②《马克思恩格斯选集》第一卷，人民出版社2012年版，第474页。

较有趣的历史书，并不应当算是苛求。事实上，无论在我国，在世界，使人们耐读爱看的历史书，并不在少数。比如，曾被马克思称赞过的英国历史学家卡莱尔所著的《法国革命史》，便写得很感人。英国史学家特列维廉曾评论这本风行一时的书说：该书对法国大革命“那场熊熊的大火作了充满激情的描述”。① 最近，我国翻译了一本 1976 年由法国学者米盖尔编写的《法国史》，写法也很生动。该书不到 50 万字，内容包括上起高卢人兴起，下迄戴高乐去世上下两千年的法国全史，却条理清晰，文字生动，承上启下，一气呵成。有些章节，读来妙趣横生，情致盎然。近几十年来，我国也不乏读来兴趣盎然的历史著作和历史教科书。翦伯赞的《中国史纲》和他在新中国成立后写的《内蒙访古》，被学术界公认为文苑佳作，后者还被选进了中学语文课本，作为范文供青年学习。20 世纪 30 年代，我国还有一位青年史学家张荫麟，他曾被吴晗极力推赞，并为当时知名学者王芸生誉为“中国学界的一个国宝”。② 他曾留下一本《中国史纲》，也是颇有文采的一部杰作。

人类社会原本是悲喜剧交叉迭出的大舞台。芸芸众生，大千世界，有升降，有浮沉，有惊天动地的阶级大搏斗，也有一时和平宁静的击壤歌声之飘荡，有杜甫式的喜聚童稚娇儿的忘情，也有曹操式的欲效伏枥老骥之壮怀。人类的历史不应仅有金戈铁马之场景，更应当五彩缤纷，无比灿烂，呈现多棱角的壮观景色。英国著名历史学家汤因比说：“所有的历史学家如果同时不是一个伟大的艺术家就不可能成为一个‘伟大

---

① 转引自朱本源：《漫谈历史是科学还是艺术的问题》，《中学历史教学参考》1986 年第 3 期。

② 苏双碧、王宏志：《吴晗传》，北京出版社 1984 年版，第 96—101 页。

的’历史学家。”[①] 这句话很有道理，是对历史学家提出的合理要求。历史，应当写得生动，而不能成为梁启超所说的“汗牛充栋之史书，皆如蜡人院之偶像”。[②]

二

历史本身是如此生动。可惜我们至今还很少有把历史著作和历史教科书真正写成生动的历史的。有一位上海教师在自己的文章里，对历史教学的现状，说得很生动：“历史教学不太景气，在中学的地位令人叹息。她，本不胖多少，被数、语、外一挤，就更加骨瘦如柴。”个别史学工作者甚至感到了历史学将要“消失”。这种说法未免耸人听闻，历史学是永远不会“消失”的。梁任公曾云：“史学者，学问之最博大而最切要者也，国民之明镜也，爱国心之源泉也。”[③] 唯其学问之“博大”，唯其人生之“切要”，它便具有极为深厚的知识基础和群众基础。这样的学科将与人类永存。

但是，历史学科和历史教学的确存在许多缺陷和不足。其最大的不足，就是跟不上当前日新月异的时代的需要。时代在前进，人们社会各方面的生活都在起着前所未有的变化，这种变化，促进人们对史学和历史教学提出新的要求。党的十一届三中全会以来，民主空气日益活跃，“双百方针”正在各个领域进一步贯彻。这一局面使人们可以畅所欲言，

---

① ［英］汤因比著，曹未风等译：《历史研究》上册，上海人民出版社 1986 年版，第 55 页。
② 梁启超：《梁启超选集》，上海人民出版社 1984 年版，第 280 页。
③ 梁启超：《梁启超选集》，上海人民出版社 1984 年版，第 277 页。

解除了多年来思想上的禁锢。我国实行了对外开放的政策，国际生活中出现的一些新的概念、新的观点纷至沓来。人们接触和思考这一切，势必要求给予一个正确的回答。这便对相应说来最为合适最为敏感的学科——历史学，提出了更高的时代的要求。另外，我国人民文化生活也在随经济生活的不断改善而不断丰富，人们要求历史学的研究和教学能给予他们更多的知识，以解释他们在精神文化生活中所遇到的种种问题。有位同志在一次座谈会上说得好："历史研究应当面向社会需要"，而"社会需要是多层次和多方面的组合。出版社要出版历史通俗读物，广播电台要播出有关历史的稿件，这是社会需要……这些事情都应该有人做。"①

历史学科的发展、历史教学的改革，也是马克思主义本身发展的需要。马克思主义是在发展中不断成熟不断丰富的，"马克思主义是马克思和他的战友恩格斯在上世纪（19 世纪）四十年代创立，并为他们的继承者不断丰富不断发展的一种社会学说或社会理论。"② 一百多年以来，马克思主义随着人类社会的变化发展已经经历了好几个不同发展阶段，它本身在不断发展和革新。建立在马克思主义理论基础之上的我国新史学，也自然需要经常不断地丰富、发展和革新。决不能把史学的研究固定在一个刻板的框框里，尤其不能再重复过去那种把马克思主义史学研究和历史教学简单化和庸俗化的倾向。当然更应当大力清除"左"的思潮在史学领域中的严重影响。在"文化大革命"期间，历史失去了

① "充分发挥历史科学在两个文明建设中的作用"座谈会上林甘泉的发言，《光明日报》1986 年 1 月 8 日。

② 于光远：《马克思主义与社会主义建设》，《马克思主义研究》1986 年第 1 期。

血肉，失去了灵魂，只剩下干枯的骨架。人们只许讲政治史，而政治史又只能谈阶级斗争。于是，一部丰富的中国古代史，就简缩成为中国农民战争史，一部中国近代史也仅仅局限于反帝斗争史，而世界近代史的后半部分则全成为国际共产主义运动史。这种简单化的倾向，使我国历史上许多优秀人物、我国精神文明中的许多传统宝贵财富，统统被作为“糟粕”而被抛弃，除了阶级斗争部分而外，其他历史都黯然失色。这一现象，严重地影响着历史科学和历史教学的正常发展，使史学工作者被牢牢束缚在“以阶级斗争为纲”的框框里，根本无法把历史写得无比生动和丰富多彩。

就历史教学来说，也有两种不利因素，影响到历史教材和历史教学过程的生动。一是由于目前历史教材和历史教学的基本框架和基本教学方式大体是从 20 世纪 50 年代继承来的。那时的教育结构受到苏联很大的影响，有些还是不切合我国实际的照搬。时过三十多年了，我国的国情，发生了非常大的变化。如何摆脱这种影响，真正建立起富有我国特色的社会主义新史学体系和历史教学结构，是摆在我们面前的至为重大的问题。二是目前的高考方式无形中成为中等教育的“指挥棒”，它给历史教学带来许多新的束缚，影响到历史教学的生动进行。大量的“模拟题”，把学生局限于枯燥无味的条条块块中，上课教师画重点，学生死背条条，成为历史学习的最时兴的方法。许多历史上的生动有趣的场面和兴味盎然的人物故事，全被刻板的条文背诵排挤了。历史课变得索然无味，历史教师无法运用自己的特长，把历史教学组织成艺术性很强的过程。

三

因此，从生动的历史到历史的生动，这一合理的还原，刻不容缓，是当前史学界和历史教学界的当务之急。

从哪几方面做到这一点呢？我以为，首先，要勇于破除我们头脑中的框框，最为重要的是改变传统的历史功能观。长期以来，“左”的思想影响和其他时代和社会的因素，使我们产生一种错觉，好像历史科学和历史教学的任务，就仅仅为了阐述阶级斗争的规律，对学生进行阶级和阶级斗争的教育。我们并不否认这是历史教育的一项很重要的任务，但是决不能把这理解为历史教育的一切。其实，马克思、恩格斯也从来没有把阶级斗争当作历史的全部内容。恩格斯在评价马克思时曾说：“正像达尔文发现有机界的发展规律一样，马克思发现了人类历史的发展规律，即历来为繁茂芜杂的意识形态所掩盖着的一个简单事实：人们首先必须吃、喝、住、穿，然后才能从事政治、科学、艺术、宗教等等……”① 在这里，马克思、恩格斯把人类的衣、食、住、行，科学、艺术、宗教活动，都是作为历史的一部分的。马克思、恩格斯在《德意志意识形态》一书中，对历史的内容作了更详细的叙述。他们认为衣、食、住、行是人们的“第一个历史活动”，而再生产和夫妻关系、父母子女关系和家庭，是另外两项历史活动。“从历史的最初时期起……三者就同时存在着，而且就是现在也还在历史上起着作用”。显然，人类

① 《马克思恩格斯全集》第十九卷，人民出版社 1963 年版，第 374—375 页。

的衣食住行、婚姻家庭、社交团体、民俗风习以及各种丰富多彩的文化生活，都应统统包含在历史这一大舞台之中。当前有不少历史专家，对如何全面认识历史学的社会功能，使历史学变得更为丰富多彩，提出许多有益意见。有的同志提出“开展社会史的研究”，认为这样才能给历史“以有血有肉的阐述，真正建立立体的史学、形象化的史学、科学的史学”。[①] 有的专家提出要特别重视文化史的研究，这样历史就会“丰富雄厚，绚丽多姿”，成为“活的历史”，既有躯壳，又有血肉，又有灵魂。[②] 白寿彝则提出要通过历史的阐述和教学，“讲清楚做人的道理”，把道德教育纳入历史教学中。[③] 这些都是值得参考的。比如，我国在公元前1世纪成书的司马迁的《史记》，描绘了形形色色的人物，不仅有他们琐碎的生活细节、栩栩如生的音容笑貌，还记下了许多英雄人物的豪言壮语、嘉言懿行。假如没有项羽叱咤风云的形象，没有霍去病的“匈奴未灭，无以家为”的豪言壮语，没有《游侠列传》和四公子那些市井社会风貌的生动描写，《太史公书》也就不成其为鲁迅所说的“史家之绝唱，无韵之《离骚》”了。对历史人物社会风貌的描写和道德风范的赞扬，是使历史著作和历史教学生动的一个重要途径，也是历史学本身的一种重要教育功能。

其次，要力求真正恢复历史的原来生动面貌，尽量克服教条主义地片面地评价历史人物、历史事件和历史现象的偏向。在历史著作、历史课本和历史教学中，历史人物不能成为阶级标签，而应当是活生生的

① 冯尔康：《开展社会史的研究》，《百科知识》1986年第1期。

② 李侃：《应该重视文化史的研究》，《历史教学》1984年第6期。

③ 白寿彝：《史学工作在教育上的重大意义》，《历史教学》1982年第8期。

人。不能只讲他的一面，要看到一个人的全貌。早在 1963 年，翦伯赞在主持编写《中国史纲要》时，就提出“要反对公式化、概念化、表面化、简单化、片面化、现代化”。他曾经极力反对把古人写得绝对完美无缺或绝对坏，说好像“正面人物是从来没有错误的。哪怕他是汉朝的也好，唐朝的也好，宋朝的也好，明朝的也好，生在一千年以前的人都比现在的共产党员、青年团员正确，而且他的阶级意识，比现在的无产阶级还要鲜明”。[①]《马克思传》的作者梅林曾认为，马克思也是人，“不是神，也不是半神”。[②]可有些学者和作家恰恰把一些古代的英雄和名人写成了“神”，把农民领袖写得比无产阶级革命家还要高超，以至和历史实际中的农民起义领导人相差甚远。但最为严重的，则是随政治气候的变化而对某些历史人物任意梳妆打扮，致使历史上的政治家、学问家、名臣或大将，忽而白脸，忽而红脸，忽而正面须生，忽而反面小丑。我国历史上两位著名的女政治家吕雉和武则天，就反复受到过莫名的吹捧和无端的斥骂，一会儿是什么政治之秀，一会儿又变成“叛国篡权”之罪魁祸首。孔子在我国历史上名誉的几次浮沉，也莫不与政治风浪密切相关。

再次，历史学和历史教学要有一种实事求是的学风，需要辩证的两分法的科学评价方法。伪造历史是撰写历史的大敌，是丑恶的。而真实历史本身就是美。德国历史学家兰克主张历史要达到“完全的客观性”，他认为真实的历史比一本传奇小说“更有趣”和“更美”。我们当然决不崇拜西方资产阶级史学的纯客观主义，但讲历史真实，却应当是一切

---

① 翦伯赞：《史料与史学》，北京大学出版社 1985 年版，第 4—5 页。

② ［德］梅林著，吉洪译：《保卫马克思主义》，人民出版社 1982 年版，第 301 页。

史学家的美德。另一点，我们还应当提倡史学研究的不断进步，不应让传统的结论束缚我们的思路，不墨守成规，不迷信权威。

有一个时期，我们还常常习惯于用一种标准画线，在线这边是所谓革新派，一切都好，在线那边的就是保守派、顽固派，一切都坏。最明显的如以是否赞成王安石变法作为改革与保守的划分标准，一度把司马光、程颐、程颢、苏轼都归入保守派和顽固派。现在，学术界对此问题有了很大的突破和进展，从若干具体史料证明，苏轼和程颐、程颢也都是主张革新的，他们也和王安石一样，看出了宋朝社会的弊端。只不过，他们有的在改革的主导思想上和王安石所想不一，如二程，[①] 有的只是在具体做法上对王安石有意见，如苏轼。[②] 他们从本质上看，都是改革派。这就给我们一个很大的启示：过去那种以人以事简单区分的形而上学的研究方法不能再继续了。如果我们打开思路，勇于突破，就会对历史有更全面的重新认识，单线式的干巴的历史就会无比复杂生动起来。辩证和实事求是的评论方法还适用于历史上另一类人物。比如有些政治上是庸才，在其他方面却是天才的历史人物，我们也应当在该肯定之处给予充分的肯定。如五代十国时期的南唐李煜和北宋一代昏君徽宗赵佶，难道可以因为他们政治上的昏庸，就一笔勾销他们在文学艺术方面的杰出成就和对后世的深刻影响吗？当然是不能这样做的。

最后，我们还应当大大开阔视野，通过纵向比较和横向比较，吸取我国过去几十年来历史教科书和国外一些史书和历史教科书的长处，兼收并蓄，博采众长，集中别人的优点，丰富我们自己的历史研究、历史

---

① 潘富恩等：《论二程的变革理论和对熙宁新政的态度》，《学术月刊》1986 年第 3 期。

② 曾枣庄：《苏轼评传》，四川人民出版社 1984 年版，第 74—82 页。

教材和历史教学内容。新中国成立前的历史教科书，经过粗略统计，有一二百种之多，虽然大部分不是用马克思主义观点编写的，但在具体写法和具体选材上，有些地方却很值得我们借鉴和参考。有的着重于我国传统上古神话的介绍，如陈登原在20世纪30年代编的《高中本国史》，就对上古人类的衣食住行传说、三皇五帝的神话、洪水的传说和尧舜禅让，都有专节或专目的叙述，[①] 内容和文字都很生动。有的重点介绍文化，如杨人楩的《初中本国史》。上述写法，对历史内容的丰富与生动，添加了不少风采。从横向看，目前世界各国的中小学历史教科书，真可谓丰富多彩，蔚为大观。有的以图来吸引少年儿童的阅读兴趣，如日本的《图说日本史》《图说世界史》；有的以人物事迹为主，如日本小学馆编的《人物世界的历史》。新加坡胜利书局出版的华文《中学历史新编》，也是图文并茂，使人爱看。有的国外课本，和现实生活结合紧密：马来亚教育供应社统一编辑的六册小学历史课本，编法颇为新颖。六年级下册最有特色，富有强烈的现代气息，一整学期全述现代科学和医学的发明，内容包括火车、汽车、电话、无线电、太空飞行、牛痘、细菌、X光照射、原子能的发明与发现等。这一体例时代感很强，使学生比较容易地把历史和现实生活有机地结合起来，避免了学生对历史的遥远感。上述这一切，都是很值得我们参考的。但是，写成一部好的历史著作和好的历史教科书，文笔的清新、选材的生动和对青少年具有吸引力，恐怕是尤为重要的。这里，借用清朝史学家章学诚的一句话“史之赖于文也，犹衣之需乎采，食之需乎味也”。[②] 不少外国史书，都很注

① 陈登原：《高中本国史》上册，世界书局1933年版，第56—57页。
② 章学诚：《文史通义新编》，上海古籍出版社1993年版，第183页。

意这一点。印度史学家辛哈喜欢在书中引用古人的评论来生动叙述史事和评价历史人物。他用中国唐朝高僧义净的话说明阿育王曾大力支持佛教，借古希腊历史学家阿利安之口评论印度古代军事技术之高超。[①] 学者们还常用各民族历史的不同类比，来表现历史著作的生动性。美国学者希提曾在自己的书中用对比法说明阿拉伯人在制造玻璃和造纸工艺方面胜过其他民族一筹。尤为有趣的是，他这样描写古代名城科尔多瓦："铺砌的街道好几哩，从道旁小屋里射出的灯光，把大街照得通明。而'七百年后的伦敦，还连一盏路灯都没有'，就是'在巴黎，过了好几百年之后，下雨天如果有人敢出门走一走，大街上的烂泥，还会使他的两脚陷到踝骨。'"[②] 上述仅仅是几个例子，外国各类史著中可以借鉴的还有很多很多。我建议从写法上把中外史著进行一些比较，这会有利于我国历史研究和历史教学的改革。

假如我们在思想上开阔了视野，从多方面来考虑历史学科的社会功能，又能真正尊重历史，破除各种已经不合时宜的条条框框，正确而全面地重新评价若干历史人物和历史事件，同时还善于从我们先前的历史教学遗产和外国的历史教学、历史教材编写的经验中，适当地吸取他们的长处，为我所用，那么我们一定会比较好地写成若干部丰富多彩、生动活泼的历史著作和历史教科书。到那时，生动的历史与历史的生动，就自然合二为一了，我国的史学和历史教学必将出现新的生机勃勃的景象。

---

① ［印度］辛哈等著，张若达等译：《印度通史》第1册，商务印书馆1973年版，第114、140页。

② ［美］希提著，马坚译：《阿拉伯简史》，商务印书馆1973年版，第197页。

中学历史课本要建立在科学研究的基础上

——历史教材学四论*

中学历史课本要建立在科学研究的基础上，应当反映史学界最新研究成果，这是编写中学历史教材的一项重要原则。下面我想就初级中学课本《中国历史》第一册的若干内容，谈谈这一问题。当然，在课本中反映当前史学界的一些成就，情况是各有不同的，有些属于考古上的新发现，有些是理论上新的进展，有些则为某些具体人物、事件、地点的新的考订和学术争论问题。我们是怎样处理这些问题的呢?

第一类是属于考古学和古人类学方面的新发现和新的研究成果，在课本中我们尽量反映。《中国历史》第一册课本的原始社会和奴隶社会第一章有关夏、商历史的叙述中，这一点较为明显。

比如，关于元谋人的问题，就属于考古学和古人类学方面的新内容和新的成果。这种属于猿人阶段的古人类，最初发现于 1965 年 5 月 1 日，发现地点在云南元谋县城东南五六千米的上那蚌村。为什么确定

* 载《教学月刊》1984 年第 7 期。

他们是我国国土上已发现的最早的古人类呢？这是由三个条件来决定的：（一）根据牙齿的化石研究结果。元谋发现了两枚古人类牙齿化石，据研究属于同一个成年个体的上内侧一左一右门齿。古人类学家研究结果认为，这两枚牙齿和北京人的牙齿很类似，模式复杂而粗壮，但和北京人又有所不同，看来比北京人时间还要早。20 世纪 70 年代中期，经古脊椎动物与古人类研究所和地质博物馆重新研究，得出结论为“他们生存时代远比北京人为早”，“是我国南方迄今已发现的早期类型直立人的代表”。科学界根据这两枚牙齿给他们定了一个新亚种名，称为“元谋直立人”，简称“元谋人”。（二）根据与元谋人同时发现的原始工具。发现元谋人牙齿后，在发掘地点继续进行研究，经 1973 年的大规模发掘，又发现了一些石器。这些石器虽然制作简单而粗糙，但无疑是人工制品，根据其形状和用途可以称为尖状器、砍斫器和刮削器等。（三）根据元谋人用火的痕迹。在元谋人牙齿化石的地层中发现了很多燃烧过的炭屑，并伴有哺乳动物化石。经过研究，认为这是他们在烧烤食物时留下的遗存。制造劳动工具和用火，这是人脱离动物界的两条最根本的标志。因此可以断定，元谋人是早于北京人的我国国土上已知的最古的居民。怎样断定元谋人是 170 万年以前的古人类呢？这是由测定地层的一种科学方法——古地磁法测定出来的。根据科学数据，元谋人化石埋藏的层位相当于 1.7±0.1 百万年。《中国历史》第一册课本正是根据上述考古学和古人类学方面的新成果，把元谋人写进了我国历史，把我国历史开端推前到距今 170 万年。云南人民出版社 1984 年出版的《元谋人》专刊，由 20 多位专家进一步论证了元谋人确是我国至今已发现的最原始的人类。

再如，关于新石器时代几个氏族遗址和文化类型问题，课本也充分利用了学术界较新成果。半坡氏族遗址是 1952 年在陕西西安半坡村发现的一处距今六七千年的氏族村落遗址，近些年来对半坡遗址考古界又有许多新的研究，大部分认为它是仰韶文化的一个类型，而且是早期的一个类型。从 1954 年开始，考古工作者在这里进行了五次科学发掘，清理出了大量的遗迹和遗物，使人们清楚地看到了母系氏族公社人们的生活情况。经勘测，目前被称为“半坡村遗址”的总面积，达十万多平方米，是个原始氏族公社时期的大型村落。课本中选择这一遗址，是因为它典型地代表了黄河流域氏族公社的情况。作为长江流域氏族公社典型的河姆渡遗址，其年代是在 1979 年确定的，该年的《文物》第 12 期，发表了北京大学历史系考古专业钱江初等人写的《碳-14 年代测定报告(四)》一文，公布了河姆渡遗址的早、中、晚已测定的 15 个数据，把年代范围定在距今 6000—7000 年。这一发现说明，长江流域在新石器时代早期，也和黄河流域一样，已有相当发达的文化。在课本中作为父系氏族公社典型写进教材的山东大汶口文化（中晚期），也是近年来考古界不断取得丰硕成果的文化类型，1979 年山东齐鲁书社出版的《大汶口文化讨论文集》，集中地反映了这方面的成果。学术界一般认为，大汶口文化是黄河下游的一种文化类型，它早于龙山文化而且给山东龙山文化以影响，郭沫若主编的《中国史稿》第一册甚至认为“以山东为中心的龙山文化是在大汶口文化的基础上发展起来的”，许顺湛的《中原远古文化》在《龙山文化来龙去脉简表》中，也把大汶口文化作为山东龙山文化的直接渊源。目前大多数学者都同意把大汶口文化划分为早、中、晚三期，其早期还处在母系氏族制度之下，中期则处于母系向父系过渡阶段，晚期才完全完成了母系向父系的过渡，已经发生了贫富分化和少数人占有他人劳动的现象。初中《中国历史》第一册关于氏族公社一章基本上是根据上述考古学界的新成果编写而成的，在体例和材料选择上和 20 世纪五六十年代的课本有很大区别，这是应当予以说明的。

作为我国奴隶社会开始的夏朝的历史，近年来史学界研究有了很大的进展，尤其是河南偃师二里头文化的发现和研究，使原来只见于文献的夏文化，有了考古实物材料的有力证明。从 1978 年至 1983 年底，学术界已有 200 多篇文章介绍这方面的新成果。《中国历史》第一册中的许多关于夏朝“已经使用铜器”、禹都在阳城和夏朝的影响所及已达到长江流域等新提法，都是有考古新成就作为事实根据的。比如说原先古书上传说夏禹“以铜为兵”，现在已经有了考古材料予以证实。在二里头文化遗址里，出土了不少爵、刀、镞、铃等小型青铜器，还发现了炼铜用的陶锅、陶范和残留的铜渣等。此外，在二里头遗址中部，还发现了一万多平方米的大型宫殿房室基址，说明当时的确已经出现了国都和王室。关于夏的势力和影响达到黄河南北和长江流域，也都在二里头类型文化遗址的分布区域中得到了资证。新中国成立后，二里头文化遗址在黄河南岸、伊河、洛河流域，以及山西汾河流域、河北一些地区，都有所发现，最远甚至到达汉水流域。夏文化的若干新发现和研究成果，丰富了夏朝历史的内容，也使中学历史课本内容得到了充实。

第二类是属于理论上新的进展和目前还在争论的问题，课本中在各家研究的基础上，采其更合乎科学的一说。比如，在如何看待和评价我国封建社会专制主义中央集权制度的问题上，史学界讨论热烈，全贬者有之，有褒有贬者有之，也有主张对前后期分别予以评价。课本比较接近后两种评价，比如对秦朝始建这种政治制度，课本称“巩固了封建国家的统一，也加强了对人民的统治”，是采取一分为二的态度的。到汉朝，汉文帝、景帝和武帝采取了逐步消灭同姓王以加强中央集权，对这种措施，课本是持肯定态度的，但对董仲舒企图用“罢黜百家，独尊儒术”来钳制人们的思想，则是否定的，指出“在以后的长时期里，儒家思想起着禁锢人们头脑的作用”。到初中《中国历史》第二册里，尤其是明清时期，课本对封建专制主义对我国历史的消极阻碍作用，就持更为鲜明的批判态度了。比如对明朝锦衣卫、科举八股，对清初文字狱的叙述，对明清封建专制统治的加强，都是持谴责态度的。

再如，对封建社会农民战争的作用，究竟如何评价。前一时期，史学界也曾热烈争论。有些同志对历代农民战争的作用评价不高，认为农民战争只能起封建社会的“修理工”的作用，农民提出的“均平”、平等等思想比封建主义更为“反动”。但大部分同志还认为，农民起义和农民战争，是封建社会发展的基本动力，农民阶级提出的平均主义思想，是封建社会中最革命的思想，集中地反映了他们反对封建统治、追求平等社会的理想。课本同意后一种看法，因此充分肯定了农民战争在我国封建社会中的作用。《中国历史》第一册重点叙述了秦末、西汉末、东汉末和北魏末年四次较大的农民起义，《中国历史》第二册叙述了隋末、唐末、元末、明末四次较大的农民起义，充分肯定了这些起义在我国历史上的作用。我们认为，我国历史上的农民起义和农民战争，至少在四个方面起着促进社会发展的作用：（1）推翻腐朽暴虐的封建王朝，使社会生产力得到一定的解放。在第一册课本里，指出秦末农民战争

“以疾风暴雨之势推翻了秦朝的残暴统治”；王莽的反动统治被绿林、赤眉起义推翻；在黄巾起义的沉重打击下，东汉政权瓦解；北魏人民大起义“从根本上动摇了北魏的腐朽统治”。（2）沉重地打击了封建地主阶级，而且常常是农民起义打击封建统治阶级中那些最腐朽的阶层。例如，在谈到黄巾起义时，提到他们“捕杀官吏，攻打豪强地主的田庄”。经过隋末和唐末两次农民战争的摧毁，地主阶级中一个腐朽的阶层——士族势力，终于最后从历史上消失了。（3）迫使新王朝实行缓和统治政策，减轻了对农民的剥削，因而使社会生产得以恢复和发展，出现了封建社会的一些“中兴”和所谓“治世”或“盛世”时期。课本第一册西汉的“文景之治”、东汉的“光武中兴”，第二册唐朝的“贞观之治”“开元盛世”，等等，都是秦末、西汉末、隋末农民大起义的结果。（4）促进了我国各民族之间的交融。如《中国历史》第一册课本提到的东汉时期的羌汉人民的反抗斗争、北魏末年各族人民大起义，都起到了这样的作用。关于农民的平均主义思想，第一册课本涉及不多，口号不如唐末以后那样鲜明，但陈胜提出的“王侯将相，宁有种乎”和黄巾起义中的“太平”思想，都已包含有“均平”、平等的因素。对这些口号和思想，课本是持肯定态度的。

还有，对我国自秦以来就已形成为一个统一的多民族国家的问题，史学界也有许多不同的见解。有的意见认为，我国历史上只有汉民族的中原王朝才算“中国”，其他民族建立的国家和政权只能称为“外国”，因而他们把我国历史上汉民族和其他民族的战争称为“侵略”和“反侵略”战争。这种意见当然是不能同意的。课本坚持中国历史是中华民族各民族共同创造的历史的观点，认为凡是在我国现在国境内生活和居住的56个民族，他们的历史都是中华民族的历史，也就是中国的历史，不论是汉族或其他民族，都是祖国民族大家庭的一个成员。我国历史上各民族之间的战争，也不是中国和“外国”的战争，而是我国国内各民族之间的战争，如同当年范文澜同志所说的“兄弟阋墙，家里打架”，只有是非和正义非正义之别，而绝不能称之为“侵略”或“反侵略”战争。这和近代资本主义国家对我国的侵略战争，有本质的区别。在初中《中国历史》第一册中，我们便是按照这个原则处理国内民族问题和民族之间的战争的。课本指出“匈奴是我国北部古老的少数民族”，“越族是我国南方古老的少数民族”。对东汉时的羌族，魏晋南北朝时的鲜卑、羯、氐等族，也都是这么处理的。对汉族和这些民族的战争，课本首先肯定，这是我国国内各民族之间历史上的战争，不把这些战争称为“侵略”或“反侵略”战争。但同时区分这些战争的正义和非正义性，比如肯定秦和两汉王朝反对匈奴贵族掠夺战争的正义性，指出东汉政府歧视和欺压羌族的民族压迫政策的非正义性，肯定了羌汉人民对汉政府的联合斗争为正义战争等。关于“民族英雄”的称呼问题，《中国历史》第一册涉及不多，我们认为，民族英雄应当是指那些代表整个中华民族抵抗外来侵略的英雄人物，而不应当仅仅指我国国内各民族之间战争中代表某一族利益的将领或英雄，这二者应当有原则的区别，不然就无法区别我国人民反抗外来侵略的战争和国内各民族之间战争的根本不同的性质了。最近对这一问题国内学术界正在热烈讨论，我们准备在适当的时期进一步谈谈看法。

第三类是属于一些具体史料、具体年代和具体地点考订方面的史学新成果。对这些新的看法和意见，我们都进行了史料的重新核实，最后在课本上写出确切的表述。

比如，关于曹操和孙权、刘备之间的赤壁之战，学术界对这次战争的规模、人数、地点等存在不同见解，这些都促使课本编写者进行深入一步的考订、研究和探讨。经过对材料的进一步核实和分析，我们认为课本上原先的提法仍是可信的和比较科学的。根据《三国志》中关于曹操、孙权、周瑜等人的纪传，以及《三国志》所引《江表传》《山阳公载记》《英雄记》诸记载，我们得出结论，认为公元208年赤壁地区所发生的曹、孙、刘战争不是一次小战，而是一场大战，其人数曹方为20多万，孙、刘一方合起来为5万多人，这个兵数是《三国志·周瑜传》和《资治通鉴》明确记载了的，不容置疑。目前通行的一些通史和专史，如郭沫若《中国史稿》、范文澜《中国通史》、翦伯赞《中国史纲要》、王仲荦《魏晋南北朝史》、韩国磐《魏晋南北朝史纲》，也都是这样叙述的。至于赤壁之战的地址，古来有“三赤壁”之说，其中东坡赤壁属于文人附会，自当别论，而赤壁战场究竟在嘉鱼还是在蒲圻，却一直是史学界争论不休的问题。对这一问题，我们既参考了学术界研究的新动向，也不盲从，而是通过进一步核实研究，最后仍认为清朝修订的《嘉庆一统志》和清末著名历史地理学家杨守敬所著《水经注疏》《水经注图》《三国郡县志图》是可靠的，应当将战场定在今湖北嘉鱼县东北，而不是在蒲圻县境内。谭其骧主编的《中国历史地图集（三）》和新《辞海》，也都是这样绘制和注释的。对于这一问题，万绳楠同志在《光明日报》（1984年4月18日）提出看法，认为赤壁之战说得更确切些应为乌林之战。两军先在赤壁遭遇，而后在乌林火攻。这一说法将促使我们对这次战役作深入一步的研究，这些探讨结果将会在修订后的课本里反映出来。

此外，如越王勾践的“尝胆”未“卧薪”的问题、王羲之《兰亭集序》的真伪问题，编写和修订课本时，都曾作了一定的推敲。

但是，课本涉及面非常广，牵涉政治史、经济史、军事史、思想文化史、中外关系史各方面的内容，编者的水平有限，不可能对所有问题都能进行深入细致的研究，疏漏之处在所难免，热忱希望得到各地历史教师的指正。

历史研究和历史教材编写

——历史教材学五论*

我曾经写过一篇题为《中学历史课本要建立在科学研究的基础上》的论文，如今历史学、考古学和社会科学发展得比那时更快，日新月异。从新出版的有关历史、考古方面的著作来看，可以说一句我们曾常在口头说的话：繁花似锦，山花烂漫。现在才真正赋予了它真实而确切的含义。时代要求历史教育工作者、历史教科书的编写者要更加重视当代历史科学研究的新信息、了解新面貌，才能使历史教学、历史教材符合新时代的要求。

近年历史科学研究的新进展

（一）从宏观上，史学工作者对历史本身的含义比以前认识得更全面更深刻了。20世纪90年代初，庞卓恒教授主编了一本《西方新史学

* 载《课程·教材·教法》1997年第11期。

述评》，介绍了许多西方新的历史学派，首先介绍了西方新社会史学的兴起。该著介绍了法国年鉴学派代表人物费弗尔的著名观点："只存在作为整体的历史。就其定义而言，整个历史就是社会的历史。"对于什么叫"社会史"，西方学者中有不同的看法。英国史学家伯克的看法，和年鉴学派相似，认为历史应当是"包罗万象"的历史。而另一位英国史学家屈威廉则以为社会史应当是指"政治以外的历史"，"下层阶级"的历史。

上述带有世界趋势的对历史看法的新颖观点，自20世纪80年代后期影响到我国史学界。一批历史学家把研究的主攻方向移向了对中国古代近代社会史、社会生活史以及对"大文化史"的研究，涌现了一大批有关社会史、社会生活史和大文化史（包括社会经济文明、社会习俗）的专著或大部头通史。现已出版的有《夏商社会生活史》《元代社会生活史》专著，和龚书铎先生主编的大部头八卷本的《中国社会通史》等。这些著作向人们展现了中国数千年社会各阶层从社会结构、人口到住宅、交通、饮食、服饰、婚姻、风俗、宗教等各方面发展的风貌，使读者对中国数千年的文明史有一个全方位的整体的认识。历史再也不仅仅局限在政治史、经济史甚至狭隘至于阶级和阶级斗争史了，成为五光十色、无比丰富的数千年中国全部文明的大全史。1994年由人民出版社精心组织出版的百卷本《中国全史》也本着上述意图。在该书总序中指出，他们主编这套全史的"初衷"，其目的就在于"对所有的历史素材进行整体性研究"，该丛书按朝代系列各分为政治、经济、军事、思想、宗教、习俗、科技、教育、文学、艺术十个领域，"凝结为一整体，力图包容、覆盖中国历史的巨大时空，勾画出中国历史和中国文化的全貌”。上述这种对历史本身的新思维、新认识，是自改革开放以来新中国历史研究的一个巨大的突破，对今后我国的历史研究、历史教育和历史教科书的编写，具有划时代的影响。

近些年来在史学界，对一些具体历史人物、历史事件的评价，一些具体历史观念的更新，亦有重大突破。比如，目前大多数历史学家、历史教学工作者和历史教科书的编者，在自己的科学研究中、教学中和教材的处理中，都特别注意了我国自古以来是一个统一的多民族国家的特点。这一点在目前不仅有学术意义、有教育意义，而且更具有现实政治意义。维护民族团结，维护祖国统一，这是我国人民长期的重要任务。根据这一方针、这一原则，我们目前的一些历史著作、历史教科书中，都特别强调在历史上民族团结、民族交融的重要性，反对民族分裂和民族压迫。同时，在编写原则上平等地对待祖国历史上的各个民族。因为这些民族在历史上都是整个中华民族大家庭的一员，不可厚此薄彼。近几年出现了一批更客观更公正的中国民族通史著作，还有《蒙古族通史》《西域通史》《壮族通史》等若干民族史专著。可以说，我国民族史的研究从来没有像现在这样繁荣过。与此相关联的，是对一些历史上与民族关系有关的人物的评价。比如，“民族英雄”一词的界定。现在我们教科书中只把民族英雄用以称呼那些代表整个中华民族反抗外来侵略的英雄人物，如戚继光、郑成功、林则徐等。还有的学者，从发展我国多民族统一国家、开发西域、经营台湾、开凿大运河以发展社会经济的角度，客观科学地对隋炀帝这个一向被称为历史“暴君”的人物，提出更为公正的新认识。这些新颖的看法，对史学界和历史教学界同仁，都会有很多有益的启示。

（二）近年学术界研究成果的第二个表现，是一批重大古人类和考古遗址的发现。比如说，在中国历史教科书里，传统一直认为元谋人是我国现知最早的人类。但1986年，考古工作者又在巫山县大庙龙坪村发现了更早的古人类化石，据测定，约在距今180万年至200万年。人民教育出版社的中师中国历史教科书中已将这一新发现写进去。我国的新石器时代文化，人们一向以为仰韶文化的半坡母系氏族最为典型，目前考古界却认为仰韶文化的姜寨类型的房屋村落遗址更典型地代表了那时的公社生活状况。中国历史博物馆①中国历史最新陈列中，已鲜明地展示了姜寨氏族生活的风貌。从来作为长江流域母系氏族典型的河姆渡文化，近年来亦有若干新的研究成果。浙江人民出版社于1992年出版了一本《河姆渡文化新探》，具体说到了中国最早的养蚕遗迹、最早的漆器、最早的干栏式建筑、最早的稻作文化、最早的水井，都是河姆渡人的杰出发明。再如，中国一直被称为龙的国度，中华民族是龙的传人。1987年考古学家在河南濮阳发现了“华夏第一龙”，曾认为这是我国龙图腾之祖。但1996年考古工作者又有了更新的发现：在辽宁葫芦岛杨家洼新石器时代遗址出土了距今8000年的黄黏土塑造的龙图形象，比濮阳西水坡龙图案还要早2000年。上述这些发现，将把中国的文明史提前若干年，证实了我国著名考古学家苏秉琦的预见：我国的文明史大约可推前至距今“七八千年前”，此时，“华山脚下和燕山之北”，人类已悄悄向文明门槛推进，“文明的曙光已经出现在东亚大陆了”。

这几年的考古重要发现不胜枚举。例如，轰动国内外的北京王府井

① 编者注：2003年，中国历史博物馆和中国革命博物馆合并组建为中国国家博物馆。本书为保持原文面貌不作改动。

古人类遗址的发现，三峡地区旧石器时代50多处遗址的出土，“千古巴人之谜”即将解开，等等。偃师商城的重大考古成果，又向我们展示，比殷商安阳小屯还要早的商都的重见天日已指日可待：那里地下商代城墙、城壕、道路、墓葬、陶窑、排水沟和陶器、铜器的出土，将使史学家对商朝前期的研究拥有更可靠的依据。尤其是城里车辙印的发现，将我国车子的使用时期大约提前300年。这是我国人民对世界文明的又一重要贡献。其他，如青海都兰吐蕃墓群的出土，北京地区最早驿站榆林堡的发现，数以十万计的长沙吴简的重见天日，都将使我国的吐蕃史、三国史和北京古代史研究大大增色，也将改变和丰富未来教科书的面貌。不久前，考古学家在香港南丫岛大湾村，发掘出一处已有5000年历史的新石器时代古村落遗址，从出土文物中，可以鲜明看出遗址文化和内地文化有密切关系。

（三）当前史学发展的另一个重大特点是，历史学科、考古学科与其他学科的综合交叉性研究日益紧密结合，其他学科的科学成果促进了历史学的长足发展。一个最明显的例子，是商周年代的确定，借助于天文学的精确计算，《竹书纪年》记载“懿王元年天再旦于郑”的天文学资料，确定了我国西周一个准确年代，从而促进了西周年代学的进展。所谓“天再旦”，是指周懿王元年的一次日全食。根据美国和英国天文学家的计算，这次日全食应该在公元前899年，我国南京天文台学者则认为应定在公元前925年。不管这两个数字哪个正确，都可以把我国历史上有确切年代的记载，比以前的公元前841年提前半个多世纪。巨大的夏商周断代工程，依靠考古学、甲骨文、青铜器铭文和天文学、化学等各种综合研究手段，将夏商周的每一个确切年代计算出来，使得长期以来我国上古三代时期一向扑朔迷离的历史进程更加精确化。可以想象，将来的三代史会有一个全新的面貌。

（四）史学研究新进展的第四个表现，是近年来若干过去未曾公开的近现代史重要资料的披露。关于朝鲜战争的一批重要内部文件在各报刊的公开发表，对现代史研究和教材的编写，无疑将有极大的新的启发。过去，关于朝鲜战争的一些细节，它是怎样开始的，当时社会主义阵营、资本主义阵营如何介入的，在世界上长期是一个谜。近年来，俄罗斯公布了一批苏联斯大林时期的文件和资料，我国报刊上也陆续披露了便于了解当时历史真相的书信和文件。这使中国近现代史学家和国外史学家对此段历史有更客观公正的认识。这些内容，对以后编写现代史的历史教科书也会有很大启发。此外，国内外各种报刊，近年来还陆续公开了许多过去很难得到的史料和信息。比如，《中华读书报》刊载了两篇文章——《鲁迅茅盾致党中央信是谁起草的?》《最早公开报道红军长征的是谁?》，这两篇文章向人们揭示了革命战争年代十分珍贵的材料，使人们对20世纪30年代这段历史具有了更为深刻的认识。还有，如方志敏烈士的遗书是如何从牢狱中带出的，在抗日战争初期周恩来和陈独秀的一次谈话和陈独秀的后期结局，这些史实，有助于当代治现代史者对当时历史有更为客观的认识。当然，对见诸于报端的若干回忆史料，治史者还需有分析和思辨的过程，去伪存真。邓榕同志有一篇致《作家文摘》编辑部的信，提到了《邓小平的历程》和《邓小平在1976》两书的某些失实之处，同时又指出《邓小平的历程》“是一部编辑得很好的，可读性很强的书”。这样的好书尚有不免失真的地方，其他的回忆或综合性的读物和文章，就更难说完全符合史实了。我说此话的意思是，引用当代的回忆文章和目前流行的历史题材的传记，应当分外小心和慎重。

（五）最后，还应当注意到目前国外对我国史学的研究成果，尤其是了解他们的研究方向。他们的研究意向和思维，有时很值得我们借鉴和思考。比如，在《中国史研究动态》上登载的一篇日本文部省近年资助日本学者研究中国历史文化的课题项目，其深度和广度出乎我们意料之外。如他们竟把《云梦秦简中所见家族的研究》《闽方言的比较音韵论研究》《10世纪敦煌语言生活史研究》《近代中国的子女观》等作为重要科研项目，是值得我国学者好好借鉴的。说老实话，上述专题，对于目前中国的学术界也尚是没有开垦的处女地。近年来韩国学者对中国历史的研究也很有深度，如他们根据对新、旧五代史的统计，得出数据，即在五代时期北方文臣掌权者比例为41%，而据《十国春秋》的统计，十国文臣在政府中处于掌政地位的比例为77%，以此说明五代十国时期南方文明在迅速地发展。这样细致的计量史学的计算，是值得我国史学家参考的。我们再看看西方的中国学研究。近年来，英国、美国、澳大利亚、德国的汉学家，已把研究视野转向对中国古代地域史的研究，如美国学者斯蒂文·塞奇的《古代四川和中国的统一》，何四维的《中国在中亚：公元前125年—公元23年的早期阶段》，肯尼思的《方士传：古代中国的医、巫和术士》，等等。此外，韩国、日本学者对中国造纸术、印刷术的研究，甚至成为国际性的学术热点。

作为中国的史学工作者、历史教育工作者、历史教科书的编写者，及时了解国内外的历史研究动态是十分必要的，这将会促进我国历史研究、历史教育和历史教科书编写事业的发展，尤其是促进我们历史观念、历史观点的更新，使历史教科书编写更为完善，历史教学更为充实客观。

历史教科书怎样反映科研成果

若干年来，我国历史教科书的编写者，都是尽了最大努力在教科书里反映史学界、考古界和学术界的新的研究成果的。编者既参考了学术界的论点，同时又经过了自己的细心研究，得出更为可靠的结论。一般有这样几种处理情况。

（一）完整准确地直接利用学术界的最新成果。比如，关于北京人的距今年代，新中国几版历史教科书曾经用过二十多万年、四五十万年等几种表述。直到90年代，义务教育初中《中国历史》第一册里，则采用了70万年至20万年这个新说法：这是考古学界的最新成果。20世纪80年代，考古学家们用铀系法和古地磁法，测算了周口店猿人洞已挖出的17个地层，断定处在第1—13地层存有北京古人类遗物遗骨的地层，其确切年代为70万至20万年前。也即最底的13层距今70万年，第1层至第3层距今为22万至29万年。再如，夏王朝是否作为我国第一王朝，学术界一直争论不休，港台一些学者不承认有夏王朝这个实体存在，在中国台湾的教科书里把商朝作为“信史”开端，夏朝则列入“传疑”时代。新中国的历史教科书则一直把夏朝作为阶级社会也即我国文明史的开始。关于夏朝历史的研究，近些年有了很大进展。二里头文化遗址的发现，使夏王朝的历史除《史记·夏本纪》等史书的记述外，具有了较多的考古材料印证。1996年出版的《夏文化研究论集》，综合性地介绍了20世纪80年代以来关于夏文化研究的新成果，这使得我们编写义务教育课本和高中历史课本具有了更多的凭证。主要表现在：在二里头和王城岗等遗址，发现了规模很大的城址和宫殿遗址；在众多的夏文化遗址里，发现了较多的青铜器和冶铜遗址；出现了一批陶器上的刻画符号，学者认为这是中国象形文字的先声。上述考古资料再印证史料上有关夏朝的记载，使得夏王朝的存在更加具有真实和可靠性了。这一带有里程碑性的考古发现，使我们最近的中学历史教科书关于夏朝的表述，比以前大大丰富。又如，关于商鞅变法的年代，教科书最先参照了杨宽《战国史》的新说，把公元前356年作为第一次商鞅变法之始，代替了原先不准确的公元前359年。我们更从1990年出版的黄中业的《战国变法运动》一书的新考证，充实了杨说的内容，使公元前356年作为商鞅变法之始更为确定无疑了。上面三点，是教科书编写者充分利用史学界、考古界新成果的实例。这样的例子还有很多，有些较小的运用成果的例子，在《历史教学》等期刊上都披露过，如《历史教学》1982年第6、9期所载陈光中、臧嵘《初中〈中国历史〉课本第一册修订本的答问》，就是当时吸取史学界新成果的一个总汇报，内中谈到：说越王勾践为什么只提“尝胆”而不提“卧薪”？月氏为什么注yuè zhī，而不注 ròu zhī（肉支）？赤壁今地为什么注湖北嘉鱼而不注蒲圻？等等。这些都是利用了当时史学界学者们的最新成果。上述这些情况，在编写历史教科书过程中是大量存在的。因为教科书编写者不可能对几千年的中外历史都一一作详细研究，所以大都利用史学界新成果是正常的现象。

（二）教科书编写者经过自己的认真研究，得出了可靠的结论，把这些新提法写在了教科书中。比如，对某一历史人物、历史事件、历史年代，学界分歧较大，而在教科书里，则必须取其一说，这就需要教材编写者对各家各说加以分析，依据史料作出自己的判断。这里有三个实例：第一个例子是关于赤壁之战的确切地点。历史上向有三赤壁或六赤壁之说，莫衷一是。20 世纪 80 年代，人教社王剑英先生对此作了详细研究和考证，参阅了卢弼《三国志集解》、杨守敬地理著作等 20 多种有关说法，然后得出了赤壁之战遗址在嘉鱼的结论。这一说法至今尚在教科书中被应用。第二个例子是王仙芝黄巢起义始年究竟在哪一年？20 世纪 80 年代时，公元 874 年和 875 年两说争持不下，著名隋唐史专家韩国磐、胡如雷等先生也各有异说。故宫博物院的杨新据说还发现了关于黄巢起义于 874 年的敦煌写本。为了把这一年代搞得更为确切，编写者当时查阅了大量有关史料，并到北京图书馆查到了唐懿宗、唐僖宗咸通和乾符年代的墓志铭影印件，结果证明了王仙芝黄巢起义始年确为公元 875 年，而非 874 年。这一年份一直用到现在的各种历史教科书中。第三个例子是关于李自成的最后归宿的争论。长期以来史学界采用郭沫若的湖北通山县九宫山李自成牺牲说。但由于石门同志的宣传，“李自成禅隐夹山”说一时甚为流行。这一问题影响到教科书的编写。电视台还专门找过王宏志同志咨询。为此，王宏志参考了大量史料和今人著作，仍然坚持九宫山牺牲说。她认为北师大明史专家顾诚《明末农民战争史》所说有理有据。至今课本中我们坚持原说不改。

（三）应用学术界新成果时，我们还碰到过第三种情况。即有时争论双方似乎都有充分证据，短期内分辨不清。在这种情况下，我们一方面请教各方，另一方面查阅史料和有关著作，最后在课本中，采用大多数学者或权威著作和国家权威机构的说法。例如，关于中国最早的纸，究竟何时出现。传统的说法认为是东汉蔡伦发明，但自西安灞桥纸发现后，学术界提出了西汉造纸说。20世纪80年代中后期，造纸学界形成壁垒分明的两派观点：一种是造纸学会的学者们坚持东汉才有纸，认为灞桥等发现的西汉纸不是纸，只是纤维堆积物；另一种是自然科学史研究所潘吉星等专家认为灞桥纸的确是纸。后来又陆续发现天水放马滩纸、金关纸、敦煌纸等，都是西汉时期的，这使西汉有纸说证据越来越多。对此问题，我们和争论双方学者都曾座谈，最后决定，用《中国大百科全书》的说法和中国历史博物馆陈列实物的见证，在教科书里采用西汉有纸说，因为《中国大百科全书》和中国历史博物馆属于国家级权威辞书和权威历史文物机构。有时候，我们还采用一种特定语气的写法，回避某种学术争论。如现存世界上最早的印刷品，教科书原来认为是唐朝咸通九年（868年）的金刚经卷子。自20世纪70年代以来，据国外返回的消息，在日本和韩国都发现了比它还早的雕版印刷品，各在770年和8世纪初，都比我国金刚经卷子早。我们翻看了海内外各家有关材料，觉得都有道理，说868年为世界上“最早”的印刷品未免绝对，于是在表述上加上特定词“目前世界上最早有确切日期的印刷品”，这就不会错了。因为日本、韩国发现的《陀罗尼经》卷都无日期。至于印刷术的发明，日本、韩国的印刷品从何而来？那是另一个问题。我们下面还要讲到。

（四）最后，在教科书里，当然也会反映出编写者自己研究史学的心得和成果。在义务教育历史教科书里，关于隋文帝的历史功绩、金世宗发展经济的有效措施、东汉光武帝的客观公正的评价，都反映了编者的研究成果。其他部分，如中国近现代史、世界历史诸方面的学术界新成果以及编辑者的研究心得，也都适当地反映到教科书中了。总之，历史教科书的编写一定要在科学研究的基础上，既广泛吸取当代学者的各种新成果，又经过编者自己的辨别，有所研究，有所发明，这样才能提高历史教科书的水平。

利用学术界新成果的取舍原则

在吸收学术界科学研究成果的同时，教科书的编写还应有自己的取舍原则。在若干新成果面前，要有所辨别，应有政策性的选择，要坚持我国的社会主义思想原则。历史教科书的编写，是一门政策性很强的学问，涉及我国许多方面的政策，诸如民族政策、对外政策等。历史教科书是由国家教委审定的，因此在一定程度上反映着国家的观点。我们的教科书就不能违反国家总的方针政策。

因此，在编写历史教科书时，我们在广泛吸取学术界科研成果的同时，还要注意政策性。尤其在民族政策和对外政策方面，要特别注意。在民族政策方面，要坚持民族团结和统一多民族国家的大原则。在对外政策方针方面，既坚持对外友好相处，不伤害对方感情；同时也要坚持原则，对外国学者一些错误的提法，不正确的观点，不能随意盲从，而应坚决表明自己的立场。在维护我国领土完整和民族大家庭团结问题上，不能含糊。

（一）基于上述原则，对于目前国内外的一些学术争论和某些学术观点，我们是带着慎重甚至是批判眼光的。比如，对于我国北方游牧民族的表述，日本、韩国和西方的一些学者，都用各种错误的用词“异族”或中国的“外族”来表述。韩国的初中、高中历史教科书，把我国秦汉时代的匈奴，魏晋南北朝时期的鲜卑，隋唐的突厥，两宋时的契丹、女真，明朝时的蒙古、满族，一概称为“异族”“入侵”。对此，我们是绝对不能同意的。在适当的场合，中国的历史教育工作者，中国的历史教科书编纂者，应该向世界学者明确表明自己的立场，坚持我们的正确意见。我们任何的民族史的科学研究，都应当首先从中华民族的整体利益、各民族团结一家的立场出发，对一些国外学者作出解释，表明我国自古以来就是一个多民族国家。历史上的北方游牧民族，只要他们曾经生活在现今的我国国境之内，就是中华民族的一员，他们共同开发了祖国边疆，共同丰富发展了中华文明。他们的历史是整个中华民族史的一部分。他们不是“外族”“异族”。另外，值得注意的是，目前还有一部分外国学者，提出了一些错误甚至荒谬的意见，企图证明我国东北地区历史上的高句丽、渤海等少数民族建立的地方民族政权，自古以来就不属于中国的历史，而是他国的历史。提出“间岛”（延边地区）自古以来不属于我国，而是别国的固有领土。更甚的，在有些国家的教科书中，竟然认为我国东北地区和山东半岛，在8—10世纪时，不是隋唐帝国所辖，而是别国的领土。一些国家的学者，连篇累牍发表文章，在国际上制造舆论。我们应对此保持警惕，应作出必要的反应。

（二）与此相关，有一些倾向也值得注意。外国有的学者，用一些新发现的考古材料，片面夸大，不顾事实，同我们争抢发明权。前一时期，外国某些学者，在国际上制造舆论，甚至要召开国际学术大会，要求世界学者公认印刷术的发明者不是中国，而是韩国。这是由于1966年在韩国庆州地区发现了一件《无垢净光大陀罗尼经》印刷品而引起的。韩国学者和美国一些不明真相的学者争相发表文章，认为这是韩国印刷的世界上最早的印刷品（702—704年），因而，印刷术的发明者应是韩国，而不是中国，企图用这一印刷品来剥夺中国的四大发明之一的发明权。这一事件，引起了我国学者的严重关切，我国学者纷纷考证研究，结果证明，这件在韩国庆州发现的印刷品，原来是我国武则天时代印刷，然后由高僧传入朝鲜半岛的。明显的铁证是经卷上赫然有武周时代由武则天亲造的若干新字，这些新字在中国也只短期使用过，武周结束，这些异字也便不用了。中国科学院自然科学史研究所的潘吉星教授为此曾撰专文说明。这个例子，说明了目前国际的学术界，背景比较复杂，我们看到一些学术文章，不能人云亦云，而应有所辨别，有所分析。

（三）在参考、采用当前海内外的一些学术新观点时，还应当“讲政治”。在社会科学领域里，有些学术研究是不能和政治分开的。江泽民同志在1996年7月1日发表的一篇《关于讲政治》文章中，特别指出“我们讲的政治，是马克思主义的政治，是建设有中国特色社会主义的政治”，这里包含着政治立场、政治观点、政治鉴别力、政治敏锐性等。同年6月，邢贲思同志在《人民日报》发表了《坚持马克思主义不动摇》，也提出要“划清马克思主义与反马克思主义的界限”问题。对此，我们要有足够的认识。尤其对于编写历史教科书，是教育下一代的大事，灌输什么思想，培养什么精神，至为重要。20世纪90年代制定的义务教育和普通高中的两个历史教学大纲，都把“培养德、智、体等方面全面发展的社会主义建设的建设者和接班人”，使学生“坚定建设有中国特色社会主义的信念，树立为把我国建设成富强、民主、文明的社会主义现代化国家和为世界和平、正义和进步事业而献身的精神”，作为教育目标写在鲜明的地位。社会主义信念，应当贯彻到我国教育事业的一切过程中。目前历史研究打破了过去许多旧框框，这是很好的现象，但坚持社会主义思想原则，培养下一代认识社会发展规律、人类发展进程，仍是十分重要的一项内容。因此，当我们看到或读到当前历史研究过程中不利于进行社会主义思想教育的内容、观点时，就应该加以分析、辨别正确与不正确了。比如，关于世界现代史的分期问题，90 年代的两个历史教学大纲都坚持把俄国十月社会主义革命作为世界现代史的开始，这是从人类发展到一个新纪元作为出发点的。中国共产党的诞生、新民主主义的开始，我国社会主义国家的诞生建成，都在世界上这一新的时期之内。在《全日制普通高级中学历史教学大纲》里，这样写着："1917 年的俄国十月革命，在列宁领导下建立了世界上第一个社会主义国家，这一划时代的事件标志着世界现代史的开端。"义务教育全日制初中历史教学大纲也写道："1917 年的俄国十月社会主义革命，是人类历史的转折点，开始了世界现代史时期。"现在有些教科书和有些世界史著作不把十月革命作为世界现代史的开端，而是笼统地以 19 世纪末 20 世纪初作为分期，这就冲淡了社会主义作为人类历史转折点这一重要观点。还有另外一些观点和所谓的翻案文章，也是当前要引起注意的。比如《光明日报》曾组织的一次著名学者“正确评价历史人物”的一组文章，指出了某些给曾国藩、李鸿章甚至袁世凯翻案的文章，就是“不从事实出发，而从主观设想出发”的。刘大年同志对这种现象甚至批评为“一些论者反其道而行之，把帝国主义、封建主义统治及其代表人物的假恶丑，像变戏法一样，描绘成为真善美的化身，而对于推动历史前进的革命运动则说成仿佛是中国穷困落后、黑暗纷乱的祸首与根源”。这些意见值得我们参考。

（四）还应注意的，是目前出现了学术研究中的造假现象。有些人故意制造虚假考古资料，故弄玄虚，使人们真假不分，误入歧途。最明显例子是1996年9月据说在西安发现了“遗佚”了2000年之久的《孙武兵法》82篇部分汉简和手抄本。这一赝品经过著名古文字学者李学勤鉴定，认为纯属伪造。这种现象，在北京、丰润研究曹雪芹家史时和更早时候考古界也曾经出现过。有人假造了曹雪芹墓碑和所谓维吾尔族“古来汉人为吾师”的诗抄，后来证明都是伪造。因此，我们教科书编者和历史教学工作者在广泛吸取学术界最新成果的同时，也更要具备对各种新学术成果的鉴别力，辨其真伪，不要盲从。

以上是我对历史研究和历史教科书互相关系的一些浅薄之见。我始终主张治史者、教史者、编史者，应该对知识广泛涉猎，要教好历史课，编好历史教科书，不了解学术界的动态是不行的。我们应养成密切注视学术界新成果的良好习惯。《中华读书报》曾登出一些史学和历史教育的新闻，吉林人民出版社出版了《爱新觉罗家族全书》，对爱新觉罗家族史进行了全面研究。《中华读书报》还介绍了有百年之久历史的商务印书馆从建馆的1897年至辛亥革命的1911年十四年间就出版了小学至高中的各科课本375种、801册，可以说是我国教科书出版的老前辈。这些出版信息、学术新闻，对教科书编写者来说，都是很重要的。但对这些知识，我们又常常与之擦肩而过，极易失之交臂。要善于搜集，勤于研究，方能收到丰硕成果。

历史教材编写与几个基本史学理论问题

——历史教材学六论*

近年来，史学界思想十分活跃。有人提出新的“史学革命”的口号，出现了许多新的观点；有的学者提出若干和传统史学不一样的观点、看法。这些新的思潮，势必会在历史教学界引起反响，或者用一个新名词，叫作“信息反馈”。这会影响到将来历史教学进行和历史教材的编写。1992 年印发的九年义务教育《全日制初级中学历史教学大纲》，对一些存在争论的史学理论问题，表示了鲜明的态度，坚持了一些主张，修改了某些观点。为什么这样处理呢？下面谈谈我的看法。

如何看待“三论旋风”？

所谓“三论”，是指社会科学里风靡一时的系统论、信息论、控制论。有一篇文章这样谈：“系统论、信息论、控制论是 20 世纪自然科学

* 1990 年撰稿，1997 年修改，载《历史教材纵横谈》，人民教育出版社 1999 年版。

四大最新成就之一，这个结论已得到国际科学界的公认。”这位作者呼吁说：“不管怎样，‘三论旋风’总算刮到开放的中国大门了，它们的一些概念居然也登上哲学殿堂了。我认为这并不是坏事。当然，我们还需要有冷静的头脑，有实事求是的态度，既敢于引进，又善于吸收；既追求科学，又不故弄玄虚。”胡乔木同志有过一段讲话，也号召社会科学工作者大力学习和应用这个“三论”。他说：“建议社会科学工作者大力学习和应用控制论、信息论和系统论和人工智能，要发展马克思主义。离开科学上的这些重大发展是不可思议的。”

根据已看到的一些论文，我体会，“三论”和历史研究、历史教材编写的关系，无非就是要把历史当作一个整体来研究，要和其他科学的研究发展密切联系起来，要从宏观看历史。有两篇文章值得重视：一篇是北大中文系教授金开诚的文章，题目叫《系统论与文史研究》。他说：“任何研究对象都自成一个系统，同时又和其他的学科相联系，而成为一个更大的系统。因此研究任何一种学科以至任何一个选题，都必须着眼于事物之间的广泛联系，在很大的幅度上接受和处理各种信息，才能取得较有广度和深度的成果。”另一篇是李桂海同志的文章，题目为《试谈网络与层次分析在历史研究中的运用》。所谓“网络”，就是把历史作纵的多方面的分析；“层次”，是对历史作横的多方面的分析，然后综合得出更为正确的结论。这里作者实际上也是主张用系统论来分析历史的。如上面两位学者的分析，把自然科学和社会科学界新的成果、新的概念及时运用到历史科学研究和历史教材的编写、历史教学的研究，将会使历史研究和历史教学大为改观。

但是，我还有另外两点想法，即：第一，这些新的理论，尤其是自然科学的理论，我们必须真正理解它，才能更有效地利用它们。如果对新概念一知半解，乱套乱用，结果会把历史弄得非驴非马，成为笑柄。葛晓音教授有一篇文章说得好："如果书读得不扎实，势必只能摭拾另一学科的某些名词术语，看起来很新，实际上解决不了任何问题，这就不利于学术的进步。"第二，有些议论容易使人误解把马克思主义的思想方法论和自然科学的新理论对立起来。有一位学者指出：目前国外哲学界有一种意见，竟认为"系统方法是取代唯物辩证法的最新科学方法"。这实际上是一种马克思主义过时论，"以系统方法否定马克思主义哲学"，自然是不可取的。我同意中国近代史专家李侃同志的意见——"科学技术的飞跃发展以及各种方法的吸收和采用，都不能代替唯物主义的历史观"。

历史学界对"三论"曾热过一阵子，《中国史研究》《世界历史》《近代史研究》《历史研究》等刊物和一些大学召开过三次全国性的学术讨论会。这些会上，学者们对"三论"之运用于历史学，畅所欲言、各抒己见。从讨论看，意见大相径庭，很不一致。有的专家说得很不客气。有的学者则认为"三论"运用于历史研究，是一项了不起的"史学工程"。其典型著作有金观涛、刘青峰的《兴盛与危机》一书。一位署名孙小著的在《读书》杂志上发表文章，大为赞赏该作，认为能够"揭开这个至今还在困惑我们的历史之谜"，金著"给我们打开了一个新的天地"。他特别赞扬金著中用混凝土和马铃薯来比喻封建中央集权统治和小农的关系，认为这是一种超稳定系统，因此中国长期处于停滞状态。

对上述争论，我们现在抱着观察一段的态度，先不急于吸收到历史教材中。基本看法有三条：第一，我同意季羡林教授的意见——“对于自然科学的一些理论，如系统论、控制论、信息论，我们应该注意研究。有些年轻同志运用这些理论来解释、说明历史问题，我们应该予以鼓励，应该支持他们试验，不要简单化地制止……应该让他们在研究实践中去检验，在探索过程中前进”。第二，对企图用这些理论来代替或否定马克思主义，则不敢苟同。第三，要防止新的公式化概念化的出现。比如说，历史现象本身是十分复杂生动的，千变万化，不可能用同一模式来套。如所谓中国封建社会的“超稳定系统”说和用生物学上的“遗传性”模板说来解释中国历代农民战争之所以最终封建化，就不容易让人信服。正如学者沈定平所说，目前“三论”学说，在我国还处于幼稚阶段，“还没有来得及在理论上深化和提高，至今还没有完全摆脱具体的实用科学的特征”，因而很难升华为带有普遍意义的哲学意识。另一方面，“三论”的提出者是西方自然科学家，他们受到世界观和认识能力的限制，不可能进步到马克思主义的唯物辩证法，因此当用它们来解释社会现象时，便有很多唯心的成分。例如，有些学者用系统论解释社会发展的根本动力，就不能从社会本身的矛盾中去找，而去寻找什么外部根源，等等。如此种种，我们在编写中学的历史教科书时，恐怕一时还很难完全把“三论”观点硬搬到课本里去。

要不要进行社会发展规律的教育

“三论”问题，涉及我们编写中小学历史教材的一个重要原则问题：我们的历史教材还要不要进行人类社会发展规律的教育？换句话说，要不要进行历史唯物主义的教育？要不要进行阶级分析的教育？我以为这一原则是不能变更的。最近制定的《九年义务教育全日制初级中学历史教学大纲》（试用）指出“历史教学要阐明历史发展是不依人的意志为转移的客观规律”，又在两处反复强调“社会发展的观点”，“奴隶社会比原始社会进步，封建社会比奴隶社会进步”，“人类社会的发展，既有曲折，又是不断进步的，要树立社会主义和共产主义制度终究要代替资本主义制度的信念”。大纲这样强调，是为了向青少年指明革命的前途和人类的方向，树立青年们的社会主义、共产主义理想。但是，一些学术文章里却不是这样说。有一种自以为新的论点说，研究历史的任务不为揭示人类社会历史发展规律，而是所谓“还历史以本来面貌”。还有一种更甚的说法，认为中国没有经历过五种社会形态，而是自古至今一直处在所谓“亚细亚”状态。有的学者还认为，从原始社会到资本主义社会之间，只存在有封建制一种社会经济形态，人类社会并非要经过奴隶社会。古希腊罗马的奴隶制，仅仅是世界古代史上一个“特例”，并不是常规，中国就不是如此。

对上述一些观点怎样看呢？我认为，第一，应当承认人类社会发展有普遍规律。这个规律，是从低级向高级发展，人类在不断进步。随着生产工具的不断发展，从石制工具到青铜工具，再到铁器时代以至机器生产和电子时代，人类社会的劳动力不断获得解放，劳动者的身份也逐渐自由。这样，社会也随之分为五种经济形态。这是一个不以人的意志为转移的客观规律，就如同大纲上所讲的，也是我们的历史教材以大量历史事实来阐明的。第二，也应承认，上面所述的反映人类发展的五种社会形态，是指整个人类发展的历史长河中的五个阶段。而具体到每个民族、每个国家，就不一定如此。一个最为明显的例子，我国的鄂伦春族，就是直接从原始父系时期直接跨越到社会主义时代的。历史上的某个民族，也可能有这样的经历。例如西欧日耳曼的一些部族，我国的满族、蒙古族的一些部落，在其历史发展过程中都可能有这样的经历。但并不能因此否认整个人类所经历的普遍道路。第三，说到我们国家、中华民族，是否经历了这五种形态呢？根据迄今为止的历史资料和考古资料的事实，以及大部分学者的研究成果，学术界比较一致的看法，则是认为我国是经历了这五种社会经济形态的。我国有着百万年以上原始社会的历史，自夏商周三代进入奴隶制时代，战国进入封建社会（或是说“周秦以来”），封建时代有 2000 年以上。我国的资本主义时期，是以半封建半殖民地的形式出现的，但它是世界资本主义体系的一部分，不是自外于人类发展规律的一种社会。第四，还应当说明一点，就是历史是十分复杂的，每个社会不是纯而又纯。在我国原始社会后期，已经存在着家庭奴隶制；在封建社会里，长期存在着奴隶制残余。在资本主义社会，也会有各种前资本主义的形态，如美国的黑奴制。决不能因为这些情况就否认整个主导社会形态的性质。

关于阶级和阶级斗争观点的教育

在 1992 年制定的《九年义务教育全日制初级中学历史教学大纲》（试用）里，有两句重点谈到阶级和阶级斗争观点的教育。一处说“生产力和生产关系的矛盾，是社会发展的根本动力。在阶级社会里，两者的矛盾又集中地表现为阶级矛盾和阶级斗争。历史教学要用相当的篇幅讲述政治方面的内容，并阐明阶级斗争推动历史发展的作用”。又一处说“阶级和阶级斗争的观点。阶级分析的方法是揭开阶级社会历史本质的一把钥匙……在阶级社会里，阶级斗争起着推动历史发展的作用”。①

有一个时期，社会动力问题成为史学界学术争论的热点。有人进行了统计，共有13种不同看法。② 我综合了一下，实际上也就是三种意见。13种的六七种，实际上接近或本身即阶级斗争动力论。如，一种意见说，“生产斗争和阶级斗争是交替推动历史发展斗争的两种动力”，在原始社会，生产斗争是动力，到阶级社会，则阶级斗争为根本动力。还有一种意见说，“社会基本矛盾是历史发展的根本动力”，而在阶级社会里，社会矛盾是“通过人们的阶级斗争来实现的”。这些观点和历史教学大纲里的表述是基本一致的。另一类看法认为生产力和生产工具为历史发展的根本动力。这种观点归根结底仍脱不开阶级斗争动力说。因为生产力或生产工具总是通过人——劳动者来体现的。而人的生产不是孤立的，在阶级社会里总是包含在某种阶级关系里。生产力发展的桎梏不是别的，恰恰是暴虐腐朽的封建统治和奴隶制统治。发展到一定程度，就必然爆发为阶级斗争。第三类意见则比较含混，有的说历史发展的动力是所谓“人类社会各种矛盾或各种力量的总合力”，有的说“人类的物质经济利益是历史发展的真正动力”，甚至有人认为“人的欲望是历史发展的动力”。后面一种看法，我们认为是似是而非、模糊不清的。

下面谈谈我对历史教学大纲里关于阶级斗争和社会发展根本动力表

---

①《九年义务教育全日制初级中学历史教学大纲》(试用)，第3、12页。

② 梁友尧等编著：《中国史问题讨论及其观点》，山西人民出版社1984年版，第8—18页。

述的几点体会。第一，在阶级社会中，大凡一个大的社会经济形态变革，都是阶级斗争的结果。这一点，古今中外，莫不如是。西方的三次资产阶级革命，导致了封建社会向资本主义的过渡；1917 年的社会主义革命，推翻了俄国资本主义制度，开辟了人类历史的新纪元。我国封建社会的产生，是奴隶大众和新兴地主阶级与腐朽的奴隶主贵族斗争的结果；辛亥革命，结束了清王朝的封建统治。中国共产党领导中国人民推翻三座大山，使中国开始了社会主义新时代。上述这些，都不是历史的杜撰，也不是公式的硬凑，而是活生生的历史。我认为，上述事例，对全人类的历史来说，具有普遍的规律性的意义，并非偶然的特例。第二，从我国具体历史来看，在某一个社会形态内，促进历史不断向前发展的，也是阶级斗争。比如说，奴隶社会里，商王朝的灭亡，便是在商朝内部奴隶大众纷起反抗的情况下，周武王才取得了伐纣的成功。《诗经》上描写当时的社会情况是“如蜩如螗，如沸如羹”，就是说社会矛盾十分尖锐，就如同盛夏时节众蝉在噪鸣，又好似鼎沸的一锅热汤上下翻滚。最后当武王进军到牧野时，商王临时组织起来的 70 万奴隶兵纷纷倒戈，就说明了这一情况。西周王朝的灭亡，也是国人暴动和奴隶大众斗争的结果。纣王的腐朽统治的被推翻，和西周厉王、幽王的倒台，都使当时倒悬的人民大众摆脱了暴虐统治的桎梏，从而发展了生产力，使社会生产从停滞、破坏达到新的进步。我国封建社会的几个盛世，包括文景之治、光武中兴、贞观之治等，无一不是秦末、西汉末、隋末阶级斗争巨大作用的结果。第三，阶级斗争使劳动者得到比较宽舒的条件，使他们获得一定的身份自由，从而对生产具有一定兴趣，有条件改进劳动工具以发挥他们的创造力。春秋时期新兴地主为了争取群众，对劳动力改变剥削方式，西汉高祖和文景时期的“休养生息”，光武帝的释放奴婢，等等，都具有这方面的效力。

关于人民群众是历史的创造者

《九年义务教育全日制初级中学历史教学大纲》(试用) 写道：要阐明人民群众创造历史的观点，“中国悠久的历史和灿烂的文化，是人民群众在漫长的岁月里，通过生产斗争、阶级斗争、科学实验和文化活动创造出来的。要教育学生懂得人民群众是历史的创造者，是历史发展的决定力量。”①

关于上述观点，我国历史教科书自 20 世纪 50 年代就一直强调，多年来形成为我国历史学界马克思主义的传统观点。1956 年历史教科书的编写者们就明确提出“人民群众是历史的主人，是历史的真正推动者和创造者”。② 关于这一基本观点，发生了很大的争论。我比较倾向于吴江同志的意见。③ 他引用了马克思在《德意志意识形态》中的一段话，然后解释说：第一，人民群众的物质生产为人类一切历史活动提供了“前提”“条件”“基础”“舞台”。离开这些，一切都谈不上。第二，在阶级社会里，人民群众对统治阶级所进行的阶级斗争是直接推动历史前进的动力。作者举例说，路易·波拿巴之所以从一个流氓无赖成为“大人物”，正因为他有大批保守农民在支持。在我国历史上，一切领

① 《九年义务教育全日制初级中学历史教学大纲》(试用)，第 2、12 页。

② 《中学历史教科书编写工作中的几个原则问题》，《历史教学》1956 年第 7 期。

③ 参阅吴江：《关于〈论历史的创造及其他〉的信——致黎澍同志》，《历史研究》1985 年第 4 期。

袖，李自成、张献忠、洪秀全、孙中山，如果没有他的千军万马的农民军队伍，没有大批的拜上帝会、会党人士的群众，也不能做出惊天动地的大事业。但是，在肯定人民群众是创造力量的同时，我们也决不否认杰出历史人物的作用。大纲中写道："同时也要阐明个人对历史进程的促进或延缓作用"，"对于事件或人物在历史上所起的正面或反面作用，都要结合当时的历史条件进行具体分析"，"对优秀人物，既要作实事求是的肯定，又要指出其历史局限性"。[①] 我同意吴江同志的意见："中国思想界如果失一孔子，中国古代的文化传统面貌将会有另一些特征。中国共产党如果失一毛泽东，中共历史当然也还会是一部胜利的历史，但具体发展道路会大大不同了。"

从上面所述来看，我国的历史教科书编写，不应离开马克思主义历史唯物主义观点的教育，不能离开人类社会发展规律的教育、阶级和阶级斗争观点的教育以及人民群众创造历史观点的教育。离开这些基本观点，就失去了中国特色社会主义的特点。那些说历史研究的任务就是为了"恢复历史本来面貌"的看法，本身认识是模糊的。历史本身就很难说得清其"本来面貌"。各阶级、各史家都各有自己对已发生历史的认识看法，都可以说出他所谓的"历史本来面貌"。实用主义史家一直标榜是最客观最真实的历史，我国实用史学的著名大师胡适不是还要提倡"大胆的假设，小心的求证"吗？"假设"就有主观臆测，不可能成为最客观真实的历史。古往今来许多史实都需要我们用科学态度去伪存真，因为史料都是人写下来的，会带有不少时代烙印。仅举一个最普通的例

① 《九年义务教育全日制初级中学历史教学大纲》（试用），第 2、12 页。

子：在新、旧唐书里，对玄武门之变就有过很大的歪曲。这是因为唐初的大臣魏征、房玄龄等在修国史、实录时，对那时的历史作过文饰，把李建成、李元吉写得很不堪。实际上，我们如果翻一翻在唐高祖时代温大雅所写的《大唐创业起居注》，便会发现建成并不是一个庸才，而是与李世民同样的有才能之人。这个例子说明，侈谈“恢复历史本来面貌”，并非容易的事，有着许多史料和各种条件的局限，不可能有纯客观的标准。到现在为止，也只有用马克思主义历史唯物主义观点写出的历史，才称得上最为科学，最为接近真实。

关于中国农民战争的评价

新的历史教学大纲写道：“中国历史上的农民起义和农民战争的规模之大，次数之多，是世界历史上所仅见的。在阶级社会里，阶级斗争起着推动历史发展的作用。”在中国历史课本的第一、第二册古代史部分，第三册的清代和中国近代史部分，对农民战争是很重视的。教科书以肯定的态度歌颂农民英雄的大无畏精神，肯定这些斗争对推动封建社会历史发展的重大作用。

我们认为，农民战争是我国封建社会历史中极为重要的部分。有些学术文章着意贬低农民战争的作用，认为我国历史上农民战争多，因而引起了生产力的破坏，是延缓社会发展的重要因素。我们对这一观点不敢苟同。因为，第一，应该用历史发展的眼光来看我国历史上的农民战争，不能只限在一个小的历史阶段、一个短暂的时期看农民战争的作用。比如，对东汉以来腐朽势力豪强地主士族大族的打击、削弱以至最后消灭，这一历史任务就是几代农民起义共同完成的。从东汉末的黄巾起义开始，经魏晋南北朝、隋末直至唐末农民战争，地主阶级中的这一特殊阶层，一步步被打击、被削弱，直至最终被摧垮。这一点从黄巾起义一次农民革命斗争是看不出来的。第二，要整体地多方面地观察历史，从历史的原因分析某些农民战争后所造成的影响。有的学者说，黄巾起义起了反面作用，起义后社会分裂了，生产破坏了；黄巢起义也是如此。这样说是不公平的。因为三国的分裂局面，并不是黄巾起义造成的，早在东汉后期已经大批出现地主的割据武装，他们拥有坞堡、私客、家兵，没有黄巾起义，也同样会造成分裂割据。黄巢起义也是这样，早在安史之乱后，唐王朝就一直处在一种不堪收拾的藩镇割据的状态，唐王朝一直难以控制。五代十国的形势，不过是这一格局的延续。怎么能归罪于黄巢领导的起义军呢？第三，还有少数学者，提出要农民少搞阶级斗争，多搞生产斗争，封建社会就会进步更快些，不会长期停滞。这是一种很可笑的说法。难道是农民不愿意安安稳稳太太平平进行生产吗？他们世世代代希望有一个安定的环境发展自己的小私有经济。是因为封建统治者残酷剥削、压榨，不给他们简单再生产的起码条件，他们才铤而走险的。自古有“逼上梁山”和“官逼民反”的说法，“逼”，是数千年来农民起义的根本原因。隋末唐初的魏征，曾评论农民起义的形势，是在“上欲无厌，下不堪命”，“饥寒交切，救死萑蒲”的情况下，农民们才不得不起义的。

下面谈谈对农民领袖的评价问题。20 世纪 70 年代，我们对他们评价过高，在有些文艺作品里，他们甚至比工人阶级领袖还高明。比如有一段时间对李自成、洪秀全都有过分拔高的情况。但现在有些文章又过分贬低这些农民英雄，甚至认为他们比专制皇帝还不如。我以为这两种看法都较为片面，正确的方法是实事求是地评价他们。在课本里，我们对这些农民领袖基本抱歌颂的态度。有些农民起义领袖的品德的确应当称颂。如隋末农民英雄窦建德，始终布衣蔬食，对部下很关心，比较讲政策，因而一度在他的辖区内形成生产欣欣向荣的景象。李自成也有许多美德，在教科书里曾予以描写。瓦岗军翟让、李密的开仓赈粮，在历史上传为美谈，课本上曾用插图给以充分肯定。这些都是在地主阶级的史书上明写着的，大概不会是褒美之词。在教科书里颂扬他们的品德和精神，是为了激励后来人。但毋庸讳言，这些农民领袖毕竟不是完人。由于时代和阶级的局限，他们身上有许多弱点，这些弱点使他们不能取得最终的胜利。皇权主义、封建等级观念，是其中最重要的两条。窦建德和隋炀帝女儿南阳公主感情的共通，就是一个典型的皇权主义例子。[①] 封建等级观念，在洪秀全、杨秀清那里，又是何等严重。在太平天国官员中封建的礼节，比之清王朝有过之无不及。这一些内容，在课本中谈得不多。因为毕竟历史教科书不是去写一篇评价农民领袖的论文，而是向学生进行阶级和阶级斗争和革命传统的教育，因此主要讲农民英雄的主导方面。而且事实上，这些农民领袖，他们之所以在历史上出现，也主要是因为他们是反封建的英雄。这是他们的主导面。不能喧宾夺主。

最后，简单谈谈对历史上农民平均主义的看法。在历史教科书里，对这一问题的叙述是有分寸的，不过分夸大，也不贬低，客观地叙述李

① 参阅臧嵘：《论窦建德的成功与失败》，《中国农民战争史研究集刊》（第3辑），上海人民出版社1983年版。

自成的“均田免粮”和太平天国的《天朝田亩制度》。有些学术文章认为农民的平均主义比封建主义还反动，破坏了生产力。我们不同意这一看法。因为这些口号和纲领，毕竟是号召和诱导农民起而斗争的理想，是一种向往，而这些向往是以反对当时的不合理的封建剥削和压迫为前提的。我也不同意有些专家所说的农民的平均思想自古即有，把秦末的“诛暴秦、伐无道”，赤眉军自称“三老”，黄巾起义自称“天公”“地公”“人公”和“天下太平”，都看成是平等、平均的口号。封建社会发展到一定阶段，才使农民逐步明确看到不平等、不平均，因而朦胧地提出了“等贵贱”“均贫富”的口号。我还认为，农民平均思想的渊源，和我国儒家的大同思想是分不开的。这些口号，并不是农民阶级的独创。但他们借用这些口号以后，赋以自己的新意。他们的平均，不过就是“割富济贫”，他们的平等，就是“取而代之”。一旦他们取得政权或一定地位后，就不会认真执行平等和平均的政策。

如何正确评价历史人物

评价历史人物，史学界近年来提出不少新的方法，有所谓“方面论”，有所谓“阶段论”。方面论认为，一个人是多方面的，有时在政治上是个庸才，或者是个昏君，但在文学艺术上却可能是一位出色的人物。阶段论，是指对一个人的一生，应当分成各个不同阶段、不同层次进行实事求是的评价：有的人青年时代对历史起了一定好作用，就应当如实地肯定他，晚年成为叛徒或落伍者了，不能一笔抹杀他前期的功劳。因此有不少学者对诸如隋炀帝、李后主、宋徽宗、冯道、朱熹、左宗棠、胡适、陈独秀等人物，都企图重新作出评价。

对上述评价历史人物的新方法，我十分赞成。这样会有利于更全面地评价一个历史人物，而且会更实事求是地分析历史现象。比如，中国近现代史上，对胡适、傅斯年在五四运动中的突出表现，林彪在平型关战役和解放战争时期的作用，理应在课本中如实地反映。

对历史上的一些正面人物，我同意一些专家的意见，即对古人也要破除迷信，不要把历史上的一些杰出人物写成神，而是要写成活生生的人。他们虽然对历史作出重大贡献，但是毕竟也是人，有他们不可克服的历史所给予他们的时代局限。人们都很欣赏的人民出版社的《唐太宗传》，写得的确很有特色。[①] 特点就在于全书自始至终贯穿着实事求是的精神。对历史上的反面人物，也应当如此，不能一坏百坏，连应当肯定的也不肯定了。例如隋炀帝，他修筑大运河，就应当作为对历史的重大贡献来评价。他率领大军平陈，重新统一南北，也不能忽视。我们对秦始皇既能够分开功过来公平客观地评价，对隋炀帝自然也不能另眼看待。

但是，对此我还有一个意见，即研究一个历史人物是一回事，怎样写进课本又是另一回事。因为历史教科书是写给青少年看的，篇幅不大，不能把一个人写得十分全面，只能写他一生的主要方面。应该给孩子们勾画出一个历史人物的基本轮廓，至少让他们明确知道谁是好人，谁是坏人。这样，在编写历史课本时，通常对历史人物，一般只能有一种基调，一种基本评价。就大多数课本上的历史人物来说，都是黑白分

---

① 参阅赵克尧、许道勋：《唐太宗传》，人民出版社 1984 年版。

明的，而不是朦胧色的。

另外，对历史上正面人物的叙述，要突出爱国主义教育内容，尤其是在文化方面有贡献的历史人物，要大大表彰。近年来我们不断在教科书里对老子、孔子、庄子等人物重新评价，就突出了这一原则。这里重点谈一谈孔子的评价问题。自 20 世纪 70 年代后期以来，历史教科书对孔子的叙述，前后曾修改许多次。开始仅主要肯定他在教育方面的贡献，对他的政治主张仍认为是保守的。稍后承认他既是教育家，又是思想家，但仍批判他的“仁”，说世界上没有无缘无故的爱，没有无缘无故的恨，等等。到后来，才对孔子的仁政学说，重新作了肯定的评价。在中华孔子研究会的一次学术会议上，有学者提出孔子思想是“维系着我们这么大民族的精神力量”，“他的思想在构成我们民族文化心理结构中起着巨大作用”。学者们一致认为，对孔子的研究，关系着海峡两岸的炎黄子孙共同继承祖国古代优秀的文化遗产问题。孔子专家匡亚明先生甚至认为：“孔子的影响，在中国历史上，简直没有任何人，任何思想学术流派可以与之相比拟。”因而应该把孔子作为中国历史上伟大人物的第一个突出代表加以总结。

上述这些新的观点、新的思潮，都迫使我们对今后的历史教科书编写事业，作出新的规划和认真的思考。面向未来的我国历史教科书，将担负着更大的教育下一代的重任。

我国历史教科书处理民族关系的原则

——历史教材学七论*

在1986年《全日制中学历史教学大纲》中，有一段写道："我国是一个历史上长期形成的以汉族为主体的多民族统一国家。各民族对祖国都作出了贡献。中国历史叙述汉族和少数民族的历史，体现祖国的历史是由各族人民共同创造的。"遵循着这一原则，现行中学历史课本的第一册、第二册中国古代史部分，总的贯穿着一条重要线索：我国自古以来就是一个多民族统一国家，要把这一点体现于中国古代史讲述的始终。至于"自古以来"，开始于何时？学术界各有说法，一般认为从秦始皇统一中国以后，就已开始形成一个多民族统一国家，是没有问题的。根据这一命题，下面我们分三个问题综述一下我国自古以来的民族关系。

* 载《初中历史教材分析和研究》，人民教育出版社1989年版。

一、我国的历史是由各民族共同创造的

由于我国自古以来就是一个统一的多民族国家，自古以来各民族都对祖国的发展作出过杰出贡献，因此，我们说，我国的历史是由祖国境内的各民族共同创造的。怎样来理解这一点呢？可以从下面三个方面分析。

（一）我们伟大祖国形成今天这样一个幅员广大、资源丰富和人口众多的国家，是各族人民共同开发的结果。我国现有民族 56 个，据 1982 年统计，各少数民族总共有人口 6723 万多人，约占全国总人口 6.7％，但他们居住在我国广大边疆和内地，居住地面积约占全国总面积的 60％。因此，我国少数民族对我们祖国整个国土的开发，具有极为重要的意义。

20 世纪 50 年代，著名史学家范文澜有一段十分深刻的分析，他说：“依据历史记载，共同开发中国的各民族，一般说来，汉族最先开发了黄河流域的陕甘和中原地区，东夷族最先开发了沿海地区，苗族、瑶族最先开发了长江、珠江和闽江流域，藏族最先开发了青海、西藏，彝族和西南各族最先开发了西南地区，东胡族最先开发了东北地区，匈奴、鲜卑、柔然、突厥、回纥、蒙古各族先后开发了蒙古地区，回族和西北各族最先开发了西北地区，黎族最先开发了海南岛，高山族最先开发了台湾……这是构成中华民族的各族男女劳动人民长期共同创造的成

果。”[①] 以新疆为例，这里自古以来就是西域各族生活、蕃息和辛勤劳动的地方，几千年来曾有许多民族为开发新疆贡献过自己的力量。早在战国时代流传的《山海经》和《穆天子传》里，就传说当时有“西王母”等部族在这里开垦、畜牧，几千年前各族劳动人民还在此开山琢玉。公元前 1 世纪，新疆许多地区已经开始炼铁冶铁，制造铁器。早在汉魏时期，新疆人民已经种植棉花。3 世纪时魏文帝曾在他的诏书里谈到，新疆的棉布比其他任何布都要洁白漂亮。也是早在 2 世纪时，新疆各族和前去的汉族人民一道，已经在丝绸之路沿途开辟出许多耕田，并且从中原地区传进了养蚕术，使和田早在隋唐前就成为世界的一个著名丝织中心。[②] 再说回族，他们在各地开发农业方面的贡献也是有史可查的，白寿彝说：“在农业上，回汉人民和其他各族人民一起，共同开垦了祖国的土地，变榛芜为良田。南北各地回回村屯的开辟都说明了这一点。”[③] 我国东北地区的少数民族，也早在商周汉魏时期，就在祖国的东北边疆开垦。解放后在辽宁宁城、朝阳等各地出土的东胡墓葬文物表明，上古时期东胡族的畜牧业甚为发达。后来，据《后汉书·东夷传》载，秦汉时期的挹娄，在东北地区“种五谷，织麻布”，采赤玉，育良貂，农牧副渔全面发展。唐朝时候，以靺鞨族为主的渤海政权，在东北地区建立了五京、十五府、六十二州、地方二千里、编户十余万的泱泱大国，在东亚号称“海东盛国”，对东北地区文明的开发有极为重要的

① 范文澜：《中华民族的发展》，《学习》1950 年第 1 期。

② 白寿彝：《汉族人民和新疆各族人民的传统友谊》，《学步集》，生活·读书·新知三联书店 1962 年版，第 15—21 页。

③ 白寿彝：《关于回族史的几个问题》，《学步集》，生活·读书·新知三联书店 1962 年版，第 21—34 页。

贡献。藏族人民也早在南北朝到隋唐时期，就开始在西藏、青海地区兴建城郭，开荒种地，牧养牲畜，发展农牧业生产，终于改变了青藏高原的自然面貌，到松赞干布时，形成吐蕃这样强大的王国。我国的台湾省也早于原始社会就由当地人民开发。到东汉、三国时期，高山族在这里以石器垦作农田，种植五谷，到吴国卫温率船队去夷洲时，他们已经把台湾地区开辟成为土地肥沃，“既生五谷，又多鱼肉”的富庶之区。[①]上述史实，生动说明了我国的富庶、强大，完全是各族人民共同劳动开发的结果。

现行课本对这一点是十分重视的，凡提到各边疆少数民族时，都要谈到他们对祖国的贡献。例如，在秦朝的历史中，单列了“边疆少数民族的发展和秦朝的疆域”一目，重点述及“匈奴是我国北部古老的少数民族，住在蒙古高原一带，过着游牧生活”，也提到了越族“是我国南方古老的少数民族，散布在东南沿海和珠江流域。他们有的过着农耕生活，用石锹耕地，有的过着渔猎生活”。在南北朝提到北魏鲜卑族时，也写道：“鲜卑族拓跋部起先在内蒙古西部和山西北部一带，过着游牧生活……北魏统一黄河流域以后……北方各族人民，逐渐改变原来的游牧生活，学会先进的农业生产技术，成为农业居民。”唐朝叙述藏族的祖先吐蕃时，也说：“吐蕃……很早就住在青藏高原一带……有的过着游牧生活，饲养牦牛、马、猪和独峰驼。有的过着定居的农耕生活，种植青稞、小麦、荞麦和豌豆。”这些简短的文字，都表明了我国各族人民都对祖国的经济开发作出过重要贡献。祖国的开发是各族人民共同努

---

① 刘先照、韦世明：《少数民族对建设和保卫祖国边疆的历史贡献》，《民族文史论集》，民族出版社 1989 年版，第 58—74 页。

力的结果。

（二）在中华民族几千年的物质文明史上，各民族都对祖国灿烂的文明作出过贡献。有许多我国生产方面的重要发明，都首先是少数民族的功劳。在课本的叙述中，我们曾经谈到我国古代冶铁铸铁技术的高超以及在世界的先进地位。学者们指出："中国是世界上最早发明生铁冶铸技术的国家，这项发明要比欧洲早一千九百年。中国又是最早创造生铁柔化处理技术的国家，这一创造要比欧洲早二千三百年。"而这项伟大的发明，首先应当归功于我国古代的少数民族。白寿彝说："国内少数民族，在中华民族历史创造的过程中，有不少特殊的贡献。举例来说：完善的铁器的制造和风箱的使用，是开始出现于有关南方蛮族的记录上。"他指的是《荀子·议兵》中所记载的"楚人宛巨铁釶，惨如蜂虿"。《吴越春秋》又记载了当地名剑"干将"和"莫邪"的故事，说那两柄剑，是使童男女三百人"鼓櫜装炭，金铁刀濡"以制成的。可见最早的鼓风铸铁，是我国南方蛮夷之邦先发明的技术。此外，如现在盛行于新疆吐鲁番一带的"坎儿井"，是世界上著名的井渠系统，这一巨大工程，有人曾将其和长城、运河相比拟。这原来虽说最早开始于西汉陕西的龙首渠，但开发成巨大工程系统，却是新疆各族人民尤其是维吾尔族的功劳。

我国北方和西方的少数民族，大部分以畜牧为主。我国畜牧业的发展，主要应得力于少数民族。早在我国上古和中古时期，北方少数民族就常用畜牧品向中原换取手工业品和农产品。《后汉书·鲜卑传》曾记载当时东北、北方各族用马、羊、牛、貂等换取汉族地区工艺品的史实。有的学者曾认为华夏族原先只知用车，不善骑马，是从商周时候起北狄族才把骑术传给周族的。战国秦汉时候，北狄、匈奴进一步把养马术和骡、驴传入中原，黄河流域才开始有了至今已成为中原地区重要兽力运输工具的骡子和驴。目前，畜牧业经济已成为我国经济成分中的一个重要组成成分，全国牧区共有草原2.86亿公顷，大部分在少数民族地区，其中新疆有0.8亿公顷，内蒙古有0.86亿公顷，青海、甘肃各占若干公顷。这些地区的畜牧业为我国人民提供主要的肉食来源。这一经济部门之所以有这样大规模的发展，应当首先归功于几千年来少数民族的辛勤劳动。

此外，我国古代还有若干闻名中外的土特产和工艺品，有不少也是由少数民族地区出产的。例如，云南滇人的铜鼓，铸作精美，图案多姿，花纹细晰，刻工精巧，在我国文化史上形成一种独特风格，被世界学者美名为"铜鼓文化"，就是自汉魏时代开始的我国西南少数民族创作的。还有广西壮族著名的壮锦、傣族的"婆罗布"、云南白族的"大理刀"，都是自古以来就行销国外的传统工艺品。史籍上还记载，匈奴的马佩饰和契丹人制造的鞍辔，非常精美，在当时曾获得"天下第一"的美称；突厥以锻铁闻名，产品曾畅销中亚各地；吐蕃的毛织品氆氇也闻名远近，除销往内地外，还远销不丹等国。上述这些，都使我国悠久的文明大大增色。

棉花的种植和棉纺织业在我国的推广，则更首先是少数民族的功劳。我国棉花的引进有南北二道。北道由新疆传入，前面已谈到新疆各族人民对棉花种植的贡献。南道由海南岛和两广传进中原。据考证，大概从南北朝时海南已经有关于棉花的记载，唐朝时棉花已在内地种植，晚唐文宗时文武官员都争制棉衣，致使京师棉布大为涨价。至于元朝时候黄道婆从海南黎族学习了棉纺技术，传到江苏松江一带，致使“乌泥泾被，衣被天下”，风行一时，更可看出少数民族对我国棉纺织业所作出的贡献了。印刷术的推广方面，我国少数民族也有贡献。

在植物栽培方面，我国各少数民族也有贡献。以往都认为玉蜀黍原非我国所植，是明朝时候才从美洲传入的。但新发现我国在历史的早期，西南高原的少数民族已有种植玉蜀黍的记载，因此国外有些学者认为玉蜀黍中的一种——糯玉米起源于中国。我国是世界有名的茶国，最早产茶发源地是四川的巴蜀民族地区。据《华阳国志》记载，在西周早期，四川的一些少数民族将巴蜀茶带到中原作礼物，内地才知道有茶。以后茶逐渐传到世界，大约唐朝时传到日本，明朝初年传到印度，明中期传入俄国，清朝时才传到英国。再从果品来说，最早考古发现的桃核，是在曾号为南方蛮夷之地的江浙和西南地区，杏的起源中心在我国东北、西北和内蒙古东部。石榴、核桃、葡萄最初种自西域，张骞通西域后才传入内地。这是我们在中学《中国历史》第一册中所读到过的。

上述这一切，都充分证明了我国的文明史是中华各族共同创造的，无论哪一个民族都曾对祖国历史作出过杰出贡献。

（三）在我国精神文明史上，各少数民族也有不少创造。少数民族中的一些文化名人和杰出的文学艺术创作，与汉民族的文学艺术家相比较，完全可以相为匹比，各族文化共同构成的中华文化，构成世界文化的一部分。由我国各民族创造的中华文化，可以称得上是世界上伟大的文化。对于作为我国对世界伟大贡献的四大发明之一的印刷术，古代的契丹族就有过贡献。辽时用雕版印刷的《大藏经》，堪称巨著，其印刷技术之高，印制之精美，远远超过当时的宋朝，至今仍为出版界和佛学界所称许。我国少数民族在翻译史上的功劳也不可抹杀，我国历史上第一个翻译家鸠摩罗什，就是东晋时候龟兹（今新疆库车）出生的僧人。他和另两位高僧真谛和玄奘，号称为“中国佛教的三大翻译家”。各朝少数民族中还涌现了不少诗人，唐朝著名诗人元稹、白居易原先出自鲜卑族和龟兹胡。宋元时期，少数民族文坛名家辈出，元曲名家贯云石和杨景贤，著有多种作品，另一些著名诗人丁鹤年、萨都剌，也都是西域人或回族人，萨都剌的《雁门集》，被文坛誉为“天马行空”“步骤不凡”。清朝著名诗人纳兰性德为满族人，他的《纳兰词》为许多人所称许。此外，有人考证清代著名小说家、《聊斋志异》的作者蒲松龄，也为少数民族。少数民族中的著名民歌，堪称祖国文化一绝，中学历史课本中曾重点介绍过《敕勒歌》，被人们称为“千古绝唱”，一千多年来曾一直为我国文学家们所注目，宋代名诗人黄庭坚曾把歌中名句采进自己的诗里，写成“想得阳关更西路，北风低草见牛羊”。金代诗人元好问称赞这首民歌：“慷慨歌谣绝不传，穹庐一曲本天然。中州万古英雄气，也到阴山敕勒川。”① 此外，如喀喇汗王朝时写成的民间叙事长诗《福乐智慧》，明朝蒙古族写的《江格尔传》《黄金史》，以及清时蒙古族著名作家尹湛纳希写成的《一层楼》《泣红亭》，都是我国文学史上的佳作。音乐绘画建筑工艺方面，自南北朝始，少数民族名家辈出，隋唐著名画家尉迟跋质那、尉迟乙僧为新疆于阗族人，音乐家苏诋婆和裴神符各为新疆龟兹和疏勒人，古老北京城宫城和宫殿的最早设计人是元朝的回族人也黑迭儿丁。此外，还有元朝维吾尔族著名农学家鲁明善（著有

① 刘先照：《千古绝唱敕勒歌》，《文学评论》1980 年第 6 期。

《农桑衣食撮要》)、清朝杰出蒙古族数学家明安图等。

上述事实，雄辩地说明了我国各族在精神文明方面都有杰出成就，我国的一部精神文明史是中华民族各族人民共同创造出来的。中华民族今天的文明是历史上各族文明的发展。

二、中华民族的历史是各民族的历史

中华民族的历史是各民族的历史，包含两层意思。第一，我国56个民族的历史，全都应包括在中华民族的历史的范围之内。他们的历史，都应是中华民族历史的一部分，我们编写中国历史课本或讲述中国历史时，决不可忽略这一点，不能厚此薄彼。第二，历史上凡在我国国境中活动、生息和作出过贡献的民族，不管他们现在是否存在，或者已交融、消失，只要原先在中华民族历史上起过重大作用的，他们的历史也应作为中华民族史的一部分，也不可忽视或排斥。

(一) 凡现在中华人民共和国国境内生活栖息的各民族的历史，都是我国历史的一部分。这一点，首先涉及“中国”名词的理解问题。有人提出“汉族王朝即中国”论，即只把历史上的汉族建立的王朝，作为“中国”的代表，而对其他民族建立的王朝，一律看作“外国”，把少数民族也一律看作“外族”。这样的观点显然是不正确的。因为，第一，假如这样认为，即把我国55个少数民族统统都归到了“外国”之列，只有汉族才能代表中国，历史上的中国，就只能限于中原地区或者更小的地方（如夏王朝只限于河南西部和山西南部），而其他大片领土都算作“外国”的范围，这很明显是荒谬的。因为我国的疆域是逐步发展，在历史上逐步形成的。在春秋战国时就不能把北狄、西戎、东胡都归在中原王朝的范围之内，秦汉时期匈奴一度还是与秦汉帝国相对峙的强大政权，西部的羌和西南的一些少数民族，也未全部包含在汉王朝的领土之内。隋唐时期，我国统一多民族国家有极大发展，但青藏地区的吐蕃、云南的南诏，也尚不包括在唐帝国疆域之内。总不能把这些地区统统不算作“中国”的范围。第二，我国现国界和疆域都是历史上逐渐形成的。在我国历史上曾经存在过数以百计的王朝、政权，有的时期是比较统一的中央政权，有的时期则分裂为几个割据政权互为鼎立或对峙的政权，如果按照汉族政权或中原地区政权方为中国的观点，那么谁代表正宗的“中国”呢？随便举例来说，春秋战国、三国东晋十六国和南北朝时期，以谁为正统的中国呢？尤其是南北朝时期，北方是少数民族鲜卑建立的北魏，而统治地区却是我国文明的发祥地中原，南方虽属汉族建立，统治地区却又是原先属于蛮夷之国的地区。因此司马光都说“宋魏以降，南北分治，各有国史，互相排黜，南谓北为索虏，北谓南为岛夷”，互相说对方属于蛮夷。当此之时，就无法说谁为正统，更无法评断谁更有资格代表“中国”。同时，前面已有大量事实证明，我国现在已经成为不可分割的一个整体，各民族都在缔造祖国的过程中有过一份功劳，现在硬行从历史上把一些民族分为“中国”，另一些民族说成是“外国”“异族”，也是违背历史发展的事实的。李一氓等同志撰文指出，如果今天还“自居于封建王朝的立场，把少数民族视为外族，把他们建立的国家或政权看作外国”，就会“发生时代错误、地理错误和道德规范的错误”。他们指出：“假如把少数民族视为异族外国，那么，西汉时的匈奴和西域各族，隋唐时的突厥、回纥、吐蕃、南诏，两宋时的辽、西夏、金、大理等就都成了外国，而中华民族自古以来生息繁衍的地区，将因当地有过时兴时灭的民族政权，时而是、时而又不是中国的领土，这岂不荒唐可笑?”

（二）凡在我国历史上活动过的祖国境内的各民族的历史都是中国历史的一部分。这里指的是：曾经在我国史籍上记载过的但现在已从历史上消失或融合到其他民族中去的一些民族，应当把这些历史上的民族的历史也写进中国历史。这些民族包括商周时期的东夷、鬼方、西戎、北狄，秦汉时期的匈奴、百越，魏晋时期的鲜卑、羯、氐、柔然、室韦，隋唐时期的突厥，辽宋金时期的契丹、女真等，这些民族的名称现在都已成为历史名词了，他们在历史发展过程中和汉族或其他民族交融了，从历史上消失了。但是他们在我国历史上曾经起过重大作用，对祖国文明发展作出过贡献。我们仍应将他们的历史看作中华民族历史的一部分。我们在讲中国古代历史时，应当充分讲清他们在我国历史上曾经起过的作用，以平等的态度评价他们历史的功绩，而不能抹杀这些民族的功劳。上述这些后来消失了的民族，原先都曾经在历史上大展宏图，起过重大的作用。比如，秦汉之际的匈奴族，曾经建立起一个东起今朝鲜边界，横跨蒙古高原，西与氐羌相接，南至河套和今山西北部的“控弦之士三十余万”的奴隶制大国，与秦汉帝国相对峙。有的学者认为：“此时实为匈奴最强盛的时期，俨然是东方一个伟大的国家，其疆域的广大是空前的。”[1] 我国民族史专家林干认为，当秦汉以“扫六合”之势统一中原之际，北方正处于一个统一草原的民族崛起之时，这个民族

① 江天蔚：《匈奴史初探七则》，《民族史论丛》，第98页。

就是匈奴。它是“古代北方各族中，第一个与汉族共同努力，实现了漠北与中原的统一，实现了祖国的统一的民族。”① 匈奴这个民族魏晋之后虽不见于我国史载，消失于历史之中，但这一历史民族在我国历史上的巨大作用，是不可低估的。契丹、女真民族也是从元朝大一统以后，逐渐融合到汉族的较大民族的两支，在历史上“消失”了，但是他们所建立的辽朝和金朝，各领风骚百余年，他们的历史在我国，属于二十四史的“正史”之列，在我国历史上的影响是可想而知的。我们总不能把这样两个民族也拒之于中国史之外，称为“外国”或“异邦”，当然这是毫无道理的。从我国封建社会 2000 多年的历史看，汉族之外的各民族在中原统治的时期，约占整个封建社会的 1/2 弱，如果把这些朝代都归于“外国”，那么这些年的历史岂不都成为外国史吗？这肯定是说不过去的。因此，我们必须科学地正确地评价我国少数民族在历史上的重大作用，包括那些历史上存在过现在已经融合了的民族在我国历史上的贡献。还应注意的是，这一原则应同样适用于建立于中原之外的我国各少数民族的王朝和政权，如藏族的吐蕃，白族的南诏、大理，靺鞨的渤海，蒙古的瓦剌等。范文澜等认为：“既然我国的历史是各族人民共同创造的，那么各少数民族的人民就都是中国人；少数民族的历史，不管他们在历史上处于什么地位，也不论他们纳入汉族王朝统治范围之内或独立于中原王朝之外，都应该是中国历史的组成部分。易言之，历史上的中国民族除了汉族还有少数民族，中国的历代疆域既包括中原王朝也包括少数民族独自建立的国家或政权的辖区，不能把历史上的中国与封

---

① 林干：《试论匈奴史中的若干问题》，引自《民族史论丛》，吉林人民出版社 1980 年版，第 50 页。

建王朝划等号，更不能与汉族王朝划等号。”

三、以平等公正的态度对待历史上各民族

关于我国历史上的民族关系，我们一定要用平等、公正的态度来对待。尤其在我们的中学历史课本的编写和中学历史教学的过程中，这一问题更为重要。因为我们的课本和课堂教学，要教育千千万万的青少年，从小向他们灌输爱国主义思想和民族团结的思想，在这一重要问题上不允许出现差错。在编写中国古代史部分时，对这一问题应特别慎重。

应当对历史上的各民族一视同仁。分析和评价历史上的民族问题，不能站在古代封建王朝的立场，而应站在今天社会主义民族大家庭的立场上。在我国古代封建社会里，各民族曾经分裂成不同的政权，互相争战或杀掠，相互视为仇雠，但在今天看待这些问题，就应当从统一的中华民族的整体的角度，重新正确分析这类问题，不是以狭隘的民族感情，而是理智清醒地从有利于今天各民族互相团结的角度，来分析和评判是非。对待民族间的战争，就更应该科学地用历史唯物主义观点来进行分析。对这类战争，用套公式的办法是解决不了问题的。吴晗在20世纪60年代初有一段很值得参考的评述。他说：在判断民族战争的问题上，不但要联系具体史实进行阶级分析，而且应当用同一的标准来衡量。既不能把汉族和少数民族的战争，一概说成是汉族统治者的民族压迫，也不能不分青红皂白地把少数民族对汉族地区的进攻都说成是“掠

夺”“破坏”，而应当实事求是，是什么性质就是什么性质。[①] 一般说，对我国各民族之间发生的战争，只有正义和非正义的是非问题，而不应用“侵略”或“反侵略”的表述。因为这不同于我国人民反对外来侵略的斗争，而是国内民族之间的战争。这里用范文澜同志当年的一段话作为评判依据较为恰当，这句话叫“兄弟阋墙，家里打架”。他在一篇题为《中国历史上的民族斗争与融合》的文章中说：“在当时，作为敌对的民族或国家，经常残酷地进行过斗争，今天看来，却是兄弟阋墙，家里打架……汉族有很多祖先，对谁偏袒好呢?”[②] 显然，不能随意站在哪一方。

正因为如此，中学历史课本中没有随意把我国各民族战争中的一些英雄人物或杰出将领称为“民族英雄”，而是只把那些代表整个中华民族整体反对外来侵略的英雄人物称为民族英雄，这是中华民族的民族英雄。这样的英雄只有像戚继光、郑成功、林则徐、邓世昌、杨靖宇、赵一曼等才称得上。为什么这样主张呢？理由有二：第一，既然我们都承认我们各民族都是中华民族的一个有机部分，每个民族都是中华民族这个民族大家庭的一员。那么民族英雄就应该代表中华民族的整体，而不是指中华民族内部这一民族和另一民族相互争战中出现的英雄或将领。不然，就会不利于我国的民族团结，而且有些史实也难以讲清楚。例如，当我们讲到宋末元初两军对垒时，蒙古族的最高指挥官是忽必烈，而文天祥却是南方的抗元将领，假如我们都把他们各称为蒙古族的民族英雄和汉族民族英雄，那么在课堂上只能讲成这一族的民族英雄打那一

① 吴晗：《历史教材和历史研究中的几个问题》，《人民教育》1961年第9期。
② 范文澜：《中国历史上的民族斗争与融合》，《历史研究》1980年第1期。

族的民族英雄的笑话，这当然是不科学的。第二，按照范文澜等专家的说法，我们今天的汉族也是经过历史上许多次的民族交融而形成的，“汉族之所以成为一个巨大的民族，是由于几千年来不断吸收附近各民族的缘故”，“凡是现在兄弟民族的祖先或者是已经融化似乎失踪的古代民族，都是汉族的伯叔祖先或者是祖先的一部分”。几千年来，汉族已经远非秦汉时的汉族，而是融合了不少别的民族成分，比如宋辽时期的北方契丹族，宋金时的从东北进入中原的女真族，到元朝时都统一称为社会第三等“汉人”。如果坚持把宋辽金时期的汉族杰出将领或英雄人物称为“民族英雄”，那么这个英雄代表契丹一方后来转化为的“汉人”，还是原来汉族延续下来的“汉人”呢？显然这一问题就不太容易说得通。

不过，我们认为，对历史上的这些民族战争，固然不应当再去用“侵略”或“反侵略”的用语，也不必自找麻烦地去称呼“民族英雄”。但战争中的是与非、正义和非正义性质是仍然存在的。

还有一点应当说清楚，即课本在某些方面对真正平等对待各民族的历史作用，写法仍嫌有不足之处。经过 1987 年的修改，这一问题有所改进。比如，对各少数民族，已经不仅仅从他们与汉民族的关系的角度来安排章节目，而是从这些民族自身的发展以及对我国和世界历史的作用和贡献来安排内容。比如对匈奴族、百越族，原先只谈这两个民族和秦王朝的关系，现在在目上改为“边疆各族的发展和秦朝的疆域”来弥补以前的不足。隋唐时期，写少数民族时也先从其本民族的自身发展写起，然后谈到和中原汉族王朝的关系。这都是为了更进一步体现民族平等的原则。但是在教材中毕竟还存在着缺点，其中之一即是对少数民族自身历史的发展表述方面仍存不足。比如，对唐、宋时期包括新疆广大地区在内的喀喇汗王朝，辽王朝灭亡以后以耶律大石为首在新疆和中亚地区建立的西辽王朝，和元朝灭亡后的北元，课本就一字没有涉及，原因是考虑到他们和中原王朝关系不密切。这一点恰恰表明了中国历史教材在真正考虑我国各民族自身发展的历史时，还有较大的缺陷。这方面的内容，有待在以后新的九年义务教育历史教材中充实起来。

中学历史课本怎样体现中国社会主义特色

——历史教材学八论*

关于如何编写好社会主义的中学历史课本，早在1956年，人民教育出版社编辑部已经初步确定了几个原则。① 苏寿桐同志撰文阐述了编好历史教科书的几个原则问题，指出我们的教科书，一定要坚持历史唯物主义的基本精神、坚持四项基本原则、坚持党的教育方针，其中特别是坚持社会主义的政治方向，这是我国的历史课本和资本主义国家历史课本的根本区别。②

自1978年以来，新编的中学历史课本，已经过四年的教学实践。四年中我们作了几次修改，除了要更方便于教师的教与学生的学外，还要使这套课本更加符合社会主义的原则，更好地体现马克思主义的历史唯物主义基本原理，更加体现社会主义的政治方向。下面就1981—

---

* 载《教学月刊》1983年第7期。

① 人民教育出版社编辑部：《中学历史教科书编写工作中的几个原则问题》，《历史教学》1956年7月号。

② 苏寿桐：《编好历史教科书的几个原则问题》，《南充师院学报》1983年第1期。

1982年版初级中学课本《中国历史》第一册的编写和修订，谈谈我们的体会。

一

如何坚持历史唯物主义的基本原则？用历史唯物主义观点编写历史，这是我们社会主义国家跟资本主义国家、封建国家历史编写方面的立场、观点的根本不同点。我国历代编写的史书，包括孔子的《春秋》、司马迁的《史记》以及司马光的《资治通鉴》等封建史家的优秀著作，不管他们在编写上有多大的特色以及对后人有多大的借鉴作用，这些书都是用唯心主义历史观写成的，其特点就是以帝王将相为中心，帝王家谱为体系，对人民群众不是写成群氓，就是诬为“盗”“贼”。资产阶级的史学著作，包括我国新中国成立前的大部分课本，也都是以英雄人物为中心的，把整个历史都看成是英雄人物随心所欲创造的结果。很显然，我们的历史课本不能写成那个样子。社会主义国家的历史课本一定要显出社会主义、历史唯物主义的特色。

在中学历史课本中，怎样体现历史唯物主义观点呢？我们认为，至少应反映出如下观点：马克思主义关于社会经济发展形态的观点，人民群众创造历史的观点，在阶级社会里阶级斗争是历史发展基本动力的观点，等等。

在修订后的初级中学课本《中国历史》（1981—1982年版）第一册中，上述历史唯物主义观点是如何体现的呢？

从体系上，我们坚持了按马克思主义的社会经济发展形态来划分编、章、节。第一册课本里，把原始社会编为第一编，然后按原始人群和氏族社会把原始时期历史划分为两个阶段。第二编为奴隶社会，按奴隶社会的形成、发展、强盛和瓦解，又把奴隶社会历史有机地划分成三章。我国的封建社会时期较长，内容丰富，根据我国历史的特点把我国封建社会的历史共分为五个时期，即封建社会的形成和初步发展——战国秦汉；封建国家的分裂和民族大融合——三国、两晋、南北朝；封建社会的繁荣——隋唐，以及五代辽宋夏金元和明清五段。第一册仅涉及前两个时期，后三个时期放到第二册去叙述。至于中国历史的第三、四册，则专门叙述我国半殖民地半封建时期的历史，不在本文的范围之内，就不赘述了。

关于按社会经济形态来编写中学历史的问题，前几年曾有人非议，一些人认为是否中学的中国历史要改变一下写法，按王朝体系来写行不行？我们认为不能这么改。按社会经济形态来划分历史，这是马克思主义的基本观点。马克思在《雇佣劳动与资本》和《〈政治经济学批判〉序言》中就曾经提出，列宁在《论国家》中曾经再次强调，最后斯大林明确提出："历史上有五种基本类型的生产关系：原始社会制的、奴隶占有制的、封建制的、资本主义的、社会主义的。"① 这一观点之所以重要，是因为它告诉人们：人类社会必然由低级阶段向高级阶段发展，资本主义必然灭亡，剥削制度必将灭亡，共产主义社会必将取胜，这是社会发展的历史总趋势。

人民群众创造历史，也是马克思主义的基本历史观之一。我们在

① 斯大林：《论辩证唯物主义和历史唯物主义》。选自中共中央党校编：《马列著作毛泽东著作选读（哲学部分）》，人民出版社 1978 年版，第 325 页。

《中国历史》第一册中，特别注意阐述这一观点。比如课本中强调了从我国原始社会起人民群众创造我国古老文化的史实，讲到半坡氏族“人们用火烧荒，用石铲和木锄松土整地”，以至在世界上最早培植了粟。在奴隶社会部分，课本强调了“商朝的奴隶用艰苦的劳动，创造大量的财富，推动了奴隶社会经济文化的发展”，提到了“奴隶工匠掌握了很高的青铜冶炼和铸造技术”，奇迹般地铸造出了现今世界上发现的最大青铜器——司母戊鼎。封建社会里，课本提到了秦朝的万里长城，“是我国古代劳动人民血汗和智慧的结晶”，提到我国闻名世界的四大发明之一——造纸术，也是西汉时劳动人民开始发明的。我国秦汉时期出现的封建经济第一次繁荣和封建国家的强盛，魏晋南北朝时我国境内各民族的大交融，也都是各族人民辛勤劳动和努力创造的结果。这一些在《中国历史》第一册中都有一定篇章的说明。

我们认为，在阶级社会里，阶级斗争是历史发展的基本动力。在《中国历史》第一册里，也是这样反映的。因为这是客观历史事实，客观事实是任何人也不能改变的。假如没有夏朝末年人民对暴虐统治的反抗，没有奴隶的怠工，商汤是不可能打败夏桀的。如果没有被迫驱向前线的商朝奴隶的临阵倒戈，周武王攻进商都也会困难得多。更不用说春秋末年的奴隶起义导致奴隶社会的结束，陈胜、吴广起义推翻了腐朽残暴的秦王朝，黄巾起义使黑暗的东汉王朝分崩离析、名存实亡了。阶级斗争常常打碎那些统治制度中最腐朽最落后的部分，迫使统治阶级不得不对统治政策进行调整，这样就多少使社会生产力得以解放，使社会经济继续向前发展。春秋末期的奴隶暴动迫使各国统治者进行各种有利于新的封建制发展的改革，就说明了这一问题。西汉初期 70 年的“休养生息”和东汉初年的“光武中兴”，也完全是因为秦末和西汉末年两次巨大的农民起义激烈斗争，迫使统治阶级调整统治政策的结果。

二

我国的历史是祖国各民族人民共同缔造的历史。这个原则，早在20世纪50年代的课本中已有所体现，当时的编写原则写道：“中国历史应该是各民族人民的共同历史，而不只是汉族的历史。所以……要求对各少数民族的历史发展状况，在教科书里都能得到必要的叙述……我国是一个多民族的国家，各个少数民族在中国历史的发展中，都有重要的地位。”苏寿桐同志也指出：“作为中华民族的历史，是整个中华民族的历史。必须体现以汉族为主的各族人民共同创造、共同发展的历史。”

在《中国历史》第一册中，我们已高度重视了中华民族历史的这一特点，也尽量把这一历史面貌如实地在课本中反映出来。比如，在原始社会，介绍原始人类遗址时，尽量照顾到全面，猿人阶段，我们除了叙述黄河流域的北京人、蓝田人外，还着重介绍了云南省的元谋人。氏族公社时期，除叙述了北方的西安半坡文化外，还介绍了南方浙江余姚河姆渡的文化遗存。此外，在课本中指出，从北京人到山顶洞人的几十万年的漫长岁月里，我们祖先，在“珠江流域、长江流域、黄河流域，许多地方都留下他们的生活遗迹”。在奴隶社会的历史里，课本上提到商周时代东方的少数民族东夷，春秋时代提到了北方的少数民族山戎和狄，指出在诸侯称霸的过程中，“华夏族和其他各族接触频繁，加强了联系”。秦汉时期，介绍了匈奴和越族，指出“匈奴是我国北部古老的少数民族”，“越族是我国南方古老的少数民族”，并叙述了他们和汉族共同开发祖国边疆的史实。课文明确指出：“在秦朝的疆域里，有很多民族生活着。秦朝是我国历史上第一个统一的多民族的封建国家。”在两汉的章节里，课本也着重叙述了汉王朝和西域、西南等少数民族地区经济文化的交往，强调整个中华民族的灿烂文明是汉族和各少数民族共同创造的。魏晋南北朝时代，是我国历史上民族大交融的一个时期，到北魏时，形成一股不可阻挡的趋势，课文中写道：“北方各族人民，逐渐改变原来的游牧生活，学会先进的农业生产技术，成为农业居民。汉族人民也学到各兄弟民族的畜牧业经验，丰富和提高了生产知识。他们还在反抗各族统治者压迫和剥削的斗争中，加强了联系和友谊。”这股不可阻挡的浪潮，终于促成了孝文帝的著名改革，再经过一些年各民族的共同努力和辛勤劳动，在我国历史上终于出现了灿烂辉煌的隋唐文化。

因为我国封建时代的历史大部分是由汉族的封建文人写成的，这些史书里大汉族主义的观念比较浓厚，所以长期以来对各少数民族中的杰出人物和他们的重要贡献记载较少，这就需要在编写课本时尽可能地把这些历史上忽略的部分补充到课本里。在编写《中国历史》时我们重视了这一点，对少数民族中杰出的历史人物作了必要的较详的叙述。例如对北魏孝文帝的改革，课本作为北朝整个历史阶段的重点来写，安排了一个目。在叙述三国两晋南北朝时期的文化时，也注意到了少数民族对整个历史的贡献，在谈到贾思勰的《齐民要术》时，说明“他总结了北方游牧民族多年的生产经验，保存了许多宝贵资料”。在编写南北朝时期的文化一章时，专目介绍了北朝民歌，重点叙述了鲜卑族的

《敕勒歌》。

当然，正如20世纪50年代我们所定的教材编写原则中所指出的：“教科书不能任意改变历史的真实情况，不能任意解释历史材料，对于过去统治阶级的罪恶行为不应该给以粉饰或理想化，对于人民的正义斗争及其在历史上的作用不应该抹煞。”在几千年的历史长河中，我们各民族之间的确发生过许多次激烈的（有时是残酷的）战争，各族的统治阶级对劳动人民曾经进行了残暴的民族压迫和阶级压迫，这一点是毋庸讳言的，也不应该在课本中予以回避。课本在叙述这些历史内容时，根据两个原则。第一个原则是把祖国境内的各个民族都一律视为整个中华民族的一员，决不能把汉族以外的民族称为“外族”或“异族”，同时对历史上各民族间发生的战争，也一律不用“入侵”或“反侵略”等词。第二个原则是战争虽无侵略或反侵略之分，但有正义和非正义的区别。对于历史上属民族奴役或民族压迫的掠夺性战争，在课本上是予以否定的。例如秦汉时期匈奴贵族对北方农业地区的掠夺，课本是持谴责态度的，相反对西汉名将卫青、霍去病的反击匈奴的战争，则给予肯定。课本还认为，东汉政府对羌族的战争，是民族压迫的战争，羌族的反抗则是正义的。课本对这些都采取了鲜明的态度。也正是在这样的原则和前提下，第一册课本里肯定了祖逖的北伐，谢安、谢玄领导的反击前秦的战争和李特反抗晋统治者的战争，认为这都属于正义战争。在《中国历史》第一册里，没有出现“民族英雄”这样的词。因为我们不主张把我国各民族之间的内部战争中的某一方代表人物，称为民族英雄。我们认为我国的民族英雄，只能有一个标准，那就是整个中华民族的英雄，他的伟大功绩是代表整个中华民族、代表整个祖国去抗击外来侵略者。

三

怎样通过历史课本进行爱国主义思想教育？通过加强历史课来进行爱国主义教育，已经成为越来越多的人所注目的重要问题。1981 年 3 月 19 日，《人民日报》在一篇题为《爱国主义是建设社会主义的巨大精神力量》的评论员文章里写道：“用中国人民对于自己力量和前途的信心来扫除一切民族自卑心理，使中国人民的爱国主义传统在新的历史条件下更加发扬光大。——这应当成为我们今天思想战线上一个十分重大的战斗任务。”《中国历史》第一册中，有许多生动内容足资对今天的青少年一代进行热爱祖国热爱民族的教育。在编写和修订本册课本时，我们特别重视了这方面的历史和考古材料。在课本里，我们强调了“我们伟大的祖国是人类文明的发源地之一”，在课本中指出了我国是世界上最早种粟和最早栽培水稻的国家，指出了早在春秋时期我国就留下了世界上关于哈雷彗星的最早记录，指出了战国时期出现的世界上最早的天文著作——《甘石星经》。在秦汉时代，我国出现了张衡那样伟大的科学家和司马迁那样伟大的文学家和史学家，魏晋南北朝时期祖冲之圆周率和贾思勰的《齐民要术》，都是世界科学史上的不朽成就。过去有一段时期，我们片面地强调了历史以阶级斗争为纲，这样，在对青少年进行爱国主义精神的教育方面，忽略了对我们伟大民族这些优秀文化成果的宣传，这是很不正常的。

在编写和修订历史课本的过程中，我们越来越感到在历史课里大力加强爱国主义教育内容的必要，因此中国历史课本中这方面的内容逐渐丰富起来。例如我们在《中国历史》第一册的修订本里，新增加了 11 幅彩色插图，以增强学生对我国古代文物的热爱，激发他们对祖国有这样丰富的精神文明而产生民族的自豪感。对第一册课文中的某些内容，修订本也作了造当修改。比如减少了一些关于孔子、孟子等古代思想家、教育家消极方面的内容，增加了一些关于老子、庄子等著名哲学家积极思想的篇幅。这是因为我们考虑到，在中学历史课本中写到这些思想家，主要目的还是对学生进行爱国主义思想教育，让他们了解到我国早在 2000 多年前就出现了这么杰出的思想家和教育家，早在那时我国文化学术界就已经出现繁荣的百家争鸣的局面。至于对这些历史上的学问家、思想家，究竟怎样去批判他们思想上的消极面和时代、阶级带给他们的局限性，那就不应当是初中历史课本所应担负的任务，因为薄薄的一本中学历史教科书，篇幅毕竟是有限的。按照这个原则，在第一册课木里，我们编写司马迁和陶渊明等章节时，也仅仅肯定他们光明的一面，对他们阶级的时代的局限不作过分的苛求。

坚持马克思主义的历史唯物主义观点，坚持把我国历史写成中华民族整个民族的历史，坚持历史课的爱国主义教育——这三点，我们认为就体现了像我们这样一个统一的多民族的社会主义国家的历史课本应有的原则，而上面这些，也就是我们编写初中《中国历史》第一册的编辑意图。当然，真正做到这一点并不是容易的，我们在编写中曾遇到很多困难，没有完满解决的问题还不少，希望全国各地的历史教师们，在不断的教学实践中发现问题，协助我们把教材编得更好。

古人类学、考古学与中学历史教材

——历史教材学九论*

一

马克思在《资本论》中说："动物遗骸的结构对于认识已经绝种的动物的机体有重要的意义，劳动资料的遗骸对于判断已经消亡的经济的社会形态也有同样重要的意义。"① 这说明考古发现的古代工具和作坊遗址，对研究历史有十分重要的意义。当代许多中外历史学家也都把考古学放到历史研究的重要地位。古人类学是研究远古人类社会生产、生活的一门科学，按照马克思主义的科学观点，这应当属人类社会的第一个社会形态，即原始社会历史的部分，当然是人类历史发展的有机部分。古人类学是比考古学更为年轻的学科，但它对于历史的研究（主要是人类原始社会历史的研究）也起着同样重要的作用。因为远古社会文字资料的缺乏，古人类学和在相应的遗址中发现的考古学地下资料，对人类最初阶段历史的研究，更具有决定性的作用。

---

* 载《历史教学研究的新探索》，人民教育出版社 1987 年版。

① ［德］马克思：《资本论》第一卷，人民出版社 2018 年版，第 210 页。

中学历史教材应当反映时代精神，其中重要的一条便是能及时地反映古人类学和考古方面最新的成果。古人类学和考古学的新成果，常常对历史教材起着如下重要作用：有时使某段历史内容大大地丰富（如秦始皇陵兵马俑对秦代历史的丰富），有时甚至使整段历史为之改观（如半坡、河姆渡、大汶口文化对我国历史教材中新石器时代历史的改观），有时使一些历史事实得到澄清和纠正（如山东临沂银雀山汉墓《孙膑兵法》的发现，使多年来把孙武兵法和孙膑兵法混为一谈的说法得以澄清），有时因为大量新资料的出土以至于使某一阶段社会历史的性质判断提前（如由于偃师二里头等夏文化遗址的大量发现，使史学界有充分的理由认为我国奴隶社会确实始于夏朝）。作为一本好的中学历史教材，理应反映和吸收这些学术界的新成果，不然就不可能将新的科学知识传授给青少年一代，使他们仍旧墨守陈说，局限于那些已经过时的甚至已经被新资料证明为谬误的知识范畴，这对培养为四化服务的人才，是极为不利的。

我国历史学家和历史教材编写工作者，一直比较重视把考古学和古人类学的新成果运用到历史教学中。早在20世纪30年代的中学历史课本中，就开始把古人类学和考古学的资料作为课本的一项重要内容。比如，上海北新书局1936年出版的由杨人楩编著的《初中本国史》，在该书第一章《太古的传说》中说："现在地下的发掘，发现了许多先史时代的遗物，从这些遗物的研究，多少可以知道先史时代人类社会的概况。"① 在这本教材中已经开始用仰韶文化、齐家文化来阐述我国原始

① 杨人楩编著：《初中本国史》第一册，上海北新书局1936年版，第2页。

社会的历史，用殷墟出土的甲骨文和青铜器来说明商代农业和畜牧业生产的概况。1937年由世界书局出版的蔡丏因编著《初中新本国史》，在课本中引用了许多古人类学和考古学的插图，如反映中国猿人头骨、新石器时代遗物、殷墟青铜器和汉铜镜等的插图。

到20世纪40年代的课本中，古人类学和考古学的成果，更不仅仅限于史实的补充和点缀，在有些教材里，已经成为阐述人类社会规律的主要依据。比如，1947年由世界书局出版的孙正容编著的《高中新本国史》，在叙述原始社会历史时，就引用了北京人化石、仰韶文化等一系列古人类学和考古学的资料作为论据，批驳了中国文化和人种西来论的谬论。该书还结合我国古代神话传说和新石器时代的遗存，系统地概括出了我国上古时代人民农业、手工业和畜牧业经济的轮廓，使古代神话和考古资料互相补充，极大地丰富了我国先民时代的历史。新中国成立后，由于人民政府对考古工作的重视，我国无论在古人类学、石器时代考古、青铜考古和其他考古方面，都取得了丰硕的成果，填补了许多历史的空白，极大地丰富了各个社会阶段历史的内容，因此我国的中学历史教材在面貌上有了很大的改观。除了运用马克思主义的科学原理阐述人类历史的发展规律外，在如何吸取和应用古人类学和考古学的新成果方面，我国的历史教材编写工作者尽了最大努力，力图根据这些人类社会过去的“遗骸”，更科学地恢复我国漫长历史的原貌，使人们真正感觉到我国的历史确实是一部活生生的五彩缤纷的历史。

二

古人类学和考古学对历史科学的影响是十分深广的，当然对历史教材的作用也是一样。说它深，是说它甚至可以影响到历史科学对某些规律性知识的归纳和总结。比如，恩格斯得出劳动创造人类本身和人类社会的伟大真理，便是由无数古人类学发现的地下资料作为根据的。古人类学和考古学发现的地下遗存，曾在马克思、恩格斯研究人类历史发展规律的过程中，起着相当大的作用。古人类学和考古学对历史科学和历史教材的影响之广，可以说无所不包，涉及政治史、经济史、文化史、民族史、对外关系史等各个方面。假如说其影响之大，则又可大到影响我国整个历史的全貌。

先从政治史的角度说，兹举殷商史为例。这一时期的文字材料极少，春秋末年的孔子，就已发出了史料不足的慨叹："殷礼，吾能言之，宋不足征也，文献不足故也。"因此前人研究殷商史，仅仅能依据《尚书》中的寥寥数篇，以及司马迁在《史记》中只能知其大略的《殷本记》。有关商代的世系、人物、阶级关系，尤其是经济情况，一直是不甚了了，信史可征者极少。但自19世纪末20世纪初，由于殷墟甲骨文的大量发现，以及殷商墓的发掘，这一时期的考古资料大大丰富起来。据有关统计，80多年来出土的甲骨文已有15万片以上，经过从1960年起历时20年我国考古学家和古文字学家的整理和研究，目前已编出了《甲骨文全集》，按其内容共分为奴隶和平民、奴隶主贵族、官吏、军队刑罚监狱、战争以及经济生产和思想文化等20大类，这些甲骨文记录了丰富的政治生活和阶级斗争内容。

再如，我们之前讲到秦始皇兵力的强盛，只能举出《史记》中《始皇本纪》以及白起、王翦、蒙恬列传等描述的情况，而这些离我们毕竟很遥远，很难绘出一幅那时的壮美的战争画卷。然而，从 1974 年以来，我国考古工作者在陕西临潼秦始皇陵陆续发现了三个大型兵马俑从葬坑，出土陶制兵马俑约 8000 件和数以万计的青铜实战兵器。这些兵马俑阵势雄伟，形象栩栩如生，排列整齐，使我们真切地看到了当年秦兵的势不可挡的军威，也使我们对当时秦王朝的政治强盛有一个十分明确的估计。上述这些考古学上的丰硕成果，直接影响了我们对各朝政治史更深刻的了解和分析，很自然，这些从地下重见天日的珍贵资料，也理应编进中学历史课本，以丰富思想教育的内容。

考古学成果对教材中经济史方面内容的丰富，尤其有重要的影响。可以说，在中学历史教材中，每一历史阶段每一朝代有关经济生产内容的叙述，莫不引进新中国成立后考古学的新成果。比如，在原始社会氏族公社时期，课文断定我国是“世界上最早培植粟的国家”和“世界上最早栽培水稻的国家之一”，就是以 1954 年开始发掘的西安半坡氏族文化遗址中所发现的数斗谷（粟米）皮，和从 1973 年开始发掘的浙江余姚河姆渡氏族遗址中所发现的人工培植的稻谷、谷壳、稻秆等遗物作为依据，得出结论的。战国农业的发展一节中，所列的战国时期的锄、斧、铲、犁等铁工具示意图，也是以河南辉县、山西长治、浙江绍兴等地出土的铁农具为基础仿绘的。西汉时期生产的发展一节中，提到了纺织技术的进步，特别举例说有的纱衣，“薄如蝉翼，做出来的单衣，重量还不到一两”，说的就是湖南长沙马王堆汉墓的出土品。这充分说明了考古学的研究和进展，对中学历史教材中经济史部分的重大影响。

文化史部分和考古学的关系尤为密切。敦煌石窟宝藏的发现，曾经给我国文化史的研究以巨大影响，其涉及面包括文学、哲学、宗教、艺术、科技等，中学历史课本中所提到的我国现存最早的雕版印制品——唐懿宗咸通九年（868年）的金刚经卷子，就是敦煌石窟重见天日的若干珍贵文书之一。除此之外，在敦煌石窟中还发现了唐末韦庄的《秦妇吟》和若干俗讲文学作品，这都是研究唐五代文化史不可多得的材料，具有极大的文献价值。敦煌还发现了一批已经失传的古代医学和天文学的资料，这些对后人研究我国古代的科学史，也是非常珍贵的。1972年至1974年我国考古工作者对马王堆汉墓的发掘和研究，更大大丰富了我国古代文化史的内容，在马王堆汉墓里不仅发现了最古的《老子》写本、精美的帛画，还发现了稀见的古代医书（《导引图》《足臂十一脉灸经》等）、我国现存最早的天文学专著（《五星占》《天文气象杂占》）和2000多年前我国战国的古地图等。这些考古新成果，都堪称我国古代文化花圃中的奇葩，它们使我国的古老文明显得更加绚烂多彩，当然也极大地丰富了历史教材中文化史方面的内容。在现行中学历史教材中就叙述了马王堆彩绘帛画的内容，在教学参考书中还提到了马王堆汉墓《老子》的写本。

我国民族史研究，还是一门比较年轻的学科。由于较长期来汉族居于主导地位，其他各民族的有关史料一般都比较缺乏，在正统的二十四史中，大部分民族史的资料，只在占篇幅很小的四夷传中可以见到一些轮廓，因此，少数民族地区考古学的进展就显得特别重要，尤其是对历史上各边疆民族经济、文化、社会生产的具体情况的了解，常常都要通过考古学的材料来大大丰富。新中国成立后，我国考古工作者为此做了大量的工作，取得了民族考古的丰硕成果。所以，在许多通史和专史著作中，关于我国少数民族政治、经济、文化等各方面的情况，比以前有了极大的丰富。

中学历史教材里，我国各民族历史的内容，也比以前有更为充分的反映，有不少就吸取了民族考古的新成果。比如，唐朝时期我国统一多民族国家有一个极大的发展，这时无论是我国边疆各族自身的发展，还是各族之间友好交融的进展，都比以往任何一代具有更显著的特点，构成一幅丰富多彩的历史画面。如在米兰地区发现了唐时吐蕃的大量木简和文书，对研究前期吐蕃的社会经济历史情况有极大的价值。关于北方匈奴、高车、突厥等民族古老文明的考古资料，在新中国成立后也有极为丰富的发现。如绵延于内蒙古中南部的阴山，从 1976 年始，我国考古工作者和民族史专家在那里发现了大量岩画，这些岩画反映的经济文化内容，上至新石器时代，下至铁器时代，画面共达一万多幅，为我国北方民族的历史研究，提供了十分丰富的素材。① 我国东北各族的民族考古，也取得丰硕成果，比如黑龙江绥芬河畔大城子遗址、宁安东京城遗址的考古发掘，为解决肃慎族、渤海国早期的历史渊源，提供了有力的佐证。② 又如，在中学历史课本中提到的契丹文字插图，也利用了 1975 年出土的辽宁阜新《许王墓志》的研究成果。此外，在我国西南、东南也都有若干民族考古的新发现，都大大丰富了我国民族史的内容。这些，对我们编写一套真正反映我国统一多民族国家的历史课本，是极

---

① 盖山林：《从阴山岩画看内蒙古草原古代游牧人的文明》，《中亚学刊》1983 年第 1 辑。

② 孙秀仁：《黑龙江历史考古述论》，《社会科学战线》1979 年第 1 期。

有利的条件。

关于研究中外关系史，考古资料也有很大的帮助，有不少史实的确定和丰富，最后是靠新的考古发现来完成的。这里仅举一例。比如，学术界传统的看法，日本三角缘神兽镜都被认为是三国魏时，由中国魏朝皇帝赠送给日本邪马台国女王卑弥呼的礼物。这种意见，不仅在我国，而且在日本学术界也长期占有很大优势。但是，随着这种铜镜从日本古坟中陆续出土，已有300余枚之多，远远超过了魏帝诏书中所说的“铜镜百枚”之数。这就给中外学者提出了新的疑问：这些铜镜究竟是否皆为魏国所造然后赠至日本？有没有可能是日本本土仿制的？还有没有可能从中国的其他地区传入？经过近些年来中日两国学者的互相切磋，共同研究，目前已打破旧说，有的学者认为这些铜镜大部分是三国时吴国流落到日本的工匠在日本所作。① 这一考古学的新成果，大大开阔了人们的眼界，使学术界对魏晋时期中日经济文化交流有了进一步的理解。在我国中学历史教材中，也适当地反映了中外关系史考古方面的成果，例如，谈到了在阿拉伯半岛上发掘出大批中国唐三彩和其他器皿等。

综上所述，我们可以毫不夸张地说，考古学的进展，与历史研究和历史教材的编写，有着极为密切的关系，它会影响教材的部分内容，甚至某些重要的历史结论。因此，教材编写者必须对古人类学和考古学给予特别关注和重视，才能把历史教材编写得更好。

---

① 王仲殊：《日本三角缘神兽镜综论》，《考古》1984年第5期。

三

我国的现代化建设欣欣向荣地发展，相应地我国考古学、古人类学和历史学的研究也在发生日新月异的变化。作为历史教材的编写工作者，应当时刻注意学术界的新动向，掌握新信息，预见学术研究的新方向，使编写的历史教材能尽量跟上科学发展的新潮流，不至于和古人类学和考古学方面的新成就脱节。在这方面，我们应注意下面两个问题。

首先，应当经常注意弥补历史教材中的不足，不断地把当前已被学术界所定论的内容增添进去，使历史教材适应当前史学界、古人类学和考古学界的新水平。这里举两个例子。第一，关于我国原始社会的历史，近年来古人类学方面和考古学方面又有许多重要的发现，其中从1974年至1978年在辽宁营口开始发掘的金牛山遗址，是最为丰硕的成果。金牛山遗址所发现的猿人遗骨化石种类齐全，遗物十分丰富，有不少遗骨（如脊椎骨、尺骨和腕骨）是世界上首次发现，这对研究从猿到人骨骼变化的过程具有极为重要的价值，通过金牛山猿人手、足骨的研究，便可以更确切了解当时猿人手的抓握能力和制造工具的功能及他们行走时的步态。因此目前我国考古学家们认为，金牛山猿人化石的发现，将开始我国早期人类历史研究的一个新时期。[①] 这样极为重要的内容，因为时间的关系，我们还没能及时反映到目前的历史教材中去，今后当努力弥补这一空白。还有一个例子，是湖北大冶铜绿山古矿冶遗址

① 吕遵谔：《金牛山猿人化石发现记》，《文史知识》1985年第4期。

的考古新发现。铜绿山遗址，是我国古代古矿冶的大型遗址，经过1973年至1980年的考古发掘，发现不同时代、不同结构的古代矿井达到数百座，遗址南北长达2000米，东西宽约1000米。根据碳-14测定和文物年代鉴定，这些矿井最早有达到西周晚期和春秋早期的，即离现今达2800年以前。其中已经发掘出土的早期炼铜竖炉，结构科学，据测定，当时炼出的铜锭，含铜量达93%，说明当时冶炼水平是相当高的。铜绿山古矿冶遗址，反映了我国古老文明的璀璨，同时也从一个方面证明了自西周春秋时候起，我国南方的楚文明，已经相当发达，对我国整个历史的进程，起有极为重要的作用。① 上述这一考古学的重要发现，在将来的课本中，也当然要有所反映的。

其次，还有一类是属于目前学术界还没有定论，但是属于历史上的重要内容，在课本中将来必然有所反映的考古成果。比如说，考古学界争论颇为热烈的河南偃师二里头文化和偃师尸乡沟遗址，这两处涉及夏商历史的重要历史内容，对我国了解夏朝的范围、规模和商朝初期历史，有着十分重要的作用。有的同志认为二里头发现的一座大型宫殿遗址，应当就是桀都斟寻。② 而尸乡沟遗址，则有不少同志主张它就是《汉书》中班固所说的“尸乡，殷汤所都”，即为汤都西亳。③ 这两处遗址极大地丰富了文字记载中一向阙如的夏、商史的内容。可以肯定，上述这两处遗址的发现，和对它们的研究，必然使我国奴隶制早期社会的历史极大地丰富起来。另一个是楚文化的例子。楚文化作为我国考古学

---

① 夏鼐、殷玮璋：《湖北铜绿山古铜矿》，《考古学报》1982年第1期。

② 参阅黎虎：《夏商周史话》，北京出版社1984年版。

③《偃师尸乡沟发现商代早期都城遗址》，《考古》1984年第4期。

家和历史学家关注的专题，它的重要性不仅仅是在这一地区总共已发现了 3500 座以上的古墓，出土了像商代的造型庄重的人面方鼎、音色悠扬的战国编钟、光彩夺目的越王宝剑、色泽如新的彩绘木雕，和云梦秦简、长沙马王堆汉墓许多珍贵文物，等等，更为重要的是这些遗址和文物构成了一条重要的线索，说明了我国南方，包括湖北、湖南、安徽、江苏等地，另有一种和中原文化不同的土生土长的文化系统。这种文化是我国长江流域的人民辛勤创造的，它具有浓厚的地方色彩，而且在某些方面超过了同时代的中原文化。假如楚文化的研究得到更进一步的发展，学术界一致承认长江流域也是我国传统文化的一支干流，承认这一地区曾经是我国古老文明的一大摇篮，那么我国历史上传统认为的黄河流域是我国人民唯一文明摇篮的说法就将受到挑战，我国历史的编写就应该有所改观。因此，作为一个称职的历史教材编写工作者，必须随时洞悉考古学界的新信息，而且对未来的学术方向具有预见性，只有这样，才能通观全局，高屋建瓴，勉力使历史教材的编写达到新的水平。

文化史教育的回顾与展望

——历史教材学十论*

一

文化是什么？按照我国古代传统的说法是“观乎天文，以察时变；观乎人文，以化成天下”，意思就是按社会习俗来进行教化。而西方学者对文化所下的较为普遍的定义则是“作为社会一个成员所获得的，包括知识、信仰、艺术、音乐、习俗、法律以及其他种种能力在内的复合体”。① 我比较倾向于下一种意见，即“把文化的含义限制在意识形态的范围之内”。② 也就是说，文化是上层建筑的范畴。这样的限定，可以使真正的文化史内容叙述得更为集中，更加深入，同时更可以从中看出上层建筑对经济基础所产生的巨大反作用，充分估计文化在促进人类

---

* 载《课程·教材·教法》1985年第6期。

① ［英］E. B. 泰勒：《人类早期历史与文化发展之研究》。引自《祖国文化（一）》，人民日报出版社1983年版，第1页。

② 李侃：《关于中国近代文化史的几个问题》，《近代史研究》1984年第1期。

社会发展中的重要影响。

我国是一个历史十分悠久的国家，也可以说是当今世界上文化典籍保存得最为完整丰富的国家。我们的祖先，有不同一般的重视文化史的优良传统。孔夫子教给学生的“五经”——《诗》《书》《礼》《易》《春秋》，几乎全可以称得上文化史；他还教给学生“乐”，也是远自几百年前周公留下来的音乐史料。以后，各朝各代的官修“正史”，其中的《礼乐志》《律历志》《艺文志》《经籍志》以及《儒林传》《文苑传》等，也都属于文化史的专章。宋元之际马端临写的《文献通考》，是一部卷帙浩繁的大部头古代制度通史，该书348卷中竟有176卷为文化史的部分，其《经籍考》多达76卷，关于礼制、音乐、选举、学校、宗庙诸考，各约10卷、20卷不等，属于文化史范畴的几乎占全书一半左右。此外，有关文化史的典籍，古人为我们存下的还有很多，如专述学术思想演变史的《宋元学案》《明儒学案》，专述科技发展历史和人物的《畴人传》，专述我国传统史学的《史通》《廿二史劄记》，以及专述古代绘画的《图绘宝鉴》，专述佛教人物的《高僧传》《续高僧传》，等等。有的学者认为：“我们伟大祖国的文化，是世界上少数古老文化之一。有人用‘半个世界’来称赞它的价值和影响，绝不是故意夸大其辞。”①中华文化，深根茂叶，繁花硕果，正是由于我们祖先世世代代用心培植、精心保护的结果。我国拥有这一份十分宝贵的文化史遗产，是我们中华民族整个民族的骄傲，它使我们研究普及和发扬光大祖国文化史，有一个十分可靠的凭借和依据。

---

①《祖国文化（一）》，序言。

二

我国近代意义的中学课程中，包含文化史教育的内容，始自清末。1905年，由维新学者夏曾佑主编，商务印书馆出版的我国第一套《最新中学教科书中国历史》中，第二章《化成时代》讲春秋时期的课文共12节，竟有10节为文化史的范围，其中标为“孔子以前之宗教”者2节、老子1节、孔子4节、墨子1节。从这一比例，可见夏氏这套历史教科书对文化史的重视程度。

新中国成立前流行的几套重要历史课本，其文化史部分亦受到十分重视。比如，由杨东莼编写的开明书店《高级本国史》，古代史部分共34章，有12章文化史的内容，而其“中古史”（秦汉至隋唐）部分共为13章，其中有5章为文化史内容，分量占整个中古史部分的38.5％。作者杨东莼在这套课本的编辑大意中说，编书目的在于说明“各支族在血统上与文化上的混合情形及其相互依存的关系……使学生对于中华民族有整个的认识与爱护”。新中国成立前另一本通行的由姚绍华编辑，中华书局出版的《初中适用中华本国历史》，文化史部分也受到特别重视，其隋唐宋元部分共11章，有4章，即《隋唐之社会与宗教》《中国文化之东被》《宋之学术思想与社会概况》《中国文化之西渐》专述文化。新中国成立前一般中学通行的世界史教科书中，文化史部分也相应受到重视，比如由商务印书馆出版的何炳松编辑《新撰初级中学教科书世界史》，其中古部分，有两个专节叙述佛教，一个专节介绍回教，一个专节介绍基督教，另外有三个专节叙述中世纪的寺院制度、中古文化和文艺复兴的内容。有不少内容为目前世界史课本所不及，例如建筑学方面谈到了“罗马式”和“哥特式”的特点，教育史方面谈到巴黎大学、波仑亚大学、牛津大学、剑桥大学之始建等。

中华人民共和国成立以来，我国由人民教育出版社编写的三套全国通用中学历史教材中，文化史部分也是受到重视的。1955 年出版的由教育部组织编写的《中学历史教学参考提纲》中，关于文化史部分的重要作用，这样叙述道：“在讲述中国古代史的过程中，应该使学生认识：中华民族是一个富有光荣的革命传统和优秀的历史遗产的民族。在中国数千年悠久的历史时期中，出现过许多伟大的思想家、科学家、发明家、政治家、军事家、文学家和艺术家，又有着很多的民族英雄和革命领袖。古代中国的发明，如指南针、印刷术、火药、造纸、制瓷等，都是对世界文化的伟大贡献。必须使学生认识中华民族为求自己的生存、自由、独立而进行的一切斗争事迹，认识祖国在文学、科学、艺术等各方面的成就。通过这些来发展并巩固学生的爱国主义精神和民族自豪感，从而培养学生热爱祖国，忠于人民革命事业的共产主义品质。”1956 年由教育部正式颁布的初、高中《中国历史教学大纲》(草案）中，在写到古代史的各章各节时，也都特别把文化史内容作为历史教材的重要组成部分。1978 年始颁的《全日制十年制学校中学历史教学大纲》中，对文化史部分也给予了高度重视，在大纲中国古代部分的几点说明中提到“我国各族人民是聪明、勤劳、勇敢的，历史上出现过许多杰出的科学家和能工巧匠，出现过许多杰出的思想家和文学家，创造了灿烂的古代科学文化。我国是世界文明发达最早的国家之一，对人类做出过巨大贡献”。在大纲的中国近代部分的几点说明中也提到“中国近代曾经产生过一些杰出的思想家和科学家，但是，在半殖民地半封建的社会里，由于外国资本帝国主义的侵略，封建统治的压制，影响了中国科学技术的发展”。根据大纲的要求，在课本里，相应地把各朝各代、各个时期的科技文化内容，各作为专章或专节叙述。

应当指出，新中国成立以后，在我国中学历史课本中讲述文化史，与西方资产阶级学者编写文化史，以及新中国成立前历史教科书（部分进步史学家用马克思主义观点编写的除外）中讲授文化史，在观点上有所不同。资产阶级学者大部分用唯心的文化史观来叙述文化史，把文化当作万能的，当作社会发展的动力和社会发展的唯一依据，这是本末倒置的说法。

马克思主义的史学观认为，一定的文化、一定的意识形态，是一定的社会经济在上层建筑的反映，历史文化是以往的一定社会制度的产物，是为当时的社会制度服务的。因此，新中国成立以后的教科书，在讲到以往各朝各代的文化时，都和那一时期的经济、政治有机地联系起来。比如，新中国成立后的几种中国历史课本都指出，战国时期“百家争鸣”的出现，是和当时社会政治的大变革密切相关的，是当时社会上各个阶级、阶层的政治斗争在意识形态上的反映，诸子百家的观点实际上都代表一定阶级或一定阶层在说话。再比如，谈到明末清初王夫之等三大思想家时，也指出，这是封建社会走向没落，专制主义制度已经走向末路，新兴的市民阶级民主思想在意识形态方面的反映。这一点，和资产阶级或是封建阶级叙述文化史，有根本观点的不同。

三

新中国成立以来，我们在利用祖国悠久丰富的文化史内容，对青少年进行爱国主义教育方面，已经取得了重要的成绩。这应当给予充分的肯定和足够的估计。但是，我认为，目前，尤其当中央提出我们要在建设社会主义物质文明的同时，建设社会主义精神文明的要求以后，中学历史教学中文化史内容的教育，便显得很为不足了，远远不能适应新的时代所赋予的要求。这就需要在现有的基础上，对文化史在中学历史教材中所占的比重，对中学文化史教育中所应讲授的内容，甚至对整个课程设置，进行必要的调整。下面谈谈我的一些粗浅意见。

第一，在今后新编的中学历史教科书中，应大大加强文化史方面的内容，这是时代和未来的需要。我们所面临的巨大任务是建设一个具有高度的社会主义精神文明和高度繁荣的学术文化的国家。必须要发挥我们民族的优势，以我国深厚的历史文化积累作为依凭，作为借鉴和营养，不然，就不可能完成时代所交给的任务。

在文化史教育方面，我们应当扩大视野，尽可能地发掘和向青年们介绍我们祖国、我们民族历史文化方面一切美好的东西，对今天社会主义现代化建设有利和可以借鉴的东西，向青年们进行教育。凡有利于陶冶人民高尚情感的，都应当大力提倡。比如，我们以前比较疏忽在中学历史教育中，关于古人的高尚的传统美德和古人的欣赏能力、审美观念的介绍，而这对于陶冶青年的道德情操和丰富他们的精神生活，是大有促进作用的。有一位教育家曾提到，应当用司马光的《训俭示康》、吕祖谦的《论勤劳》、孟轲的《舜发于畎亩之中》等文章的精神，来培养青年们勤俭朴素、艰苦奋斗的作风，用韩愈的《师说》、郑燮的《与舍弟墨书》、刘义庆的《周处除害》等文章，来教育青年们养成尊师重学、勤学好问、宽厚待人、严格对己的道德规范。[①] 这些意见，是值得我们重视和参考的。至于我国历史上那许许多多健康、美好、善良的表达了先贤们高尚情操的格言，像“老吾老以及人之老，幼吾幼以及人之幼”“富贵不能淫，贫贱不能移，威武不能屈”“先天下之忧而忧，后天下之乐而乐”等熠熠发光、光照万代的语言，更可以作为我们在文化史教育中发扬光大的内容。

随着人民物质文明的提高，人们也相应需要了解我们古代人们衣食住行、器物用具、典章制度、风俗习惯，以及古人的文化生活、我国传统节日、古老游戏宴乐等方面的常识，有些可以作为今人的借鉴，有些可以用来丰富今天的精神和物质生活内容。最明显的，例如：人们根据敦煌壁画的舞姿，创作出令人喜爱的敦煌乐舞和仿唐乐舞；根据湖北随州出土的编钟等古乐器，编出了具有特别风貌的楚国乐舞。研究服装设计的专家们也根据我国古代服饰资料，制作更加符合我国民族特色的美观大方的新颖典雅的服装样式。这些古代传统，也正是我国文化史的范围。我们应当在对青年们的文化史教育中，适当增加这方面的内容。

第二，要编好文化史的内容，还必须继续肃清多年来“左”的观念在人们思想中残余的流毒。文化史部分是整个历史中比较敏感的部分之一，一些文化史上的人物，一些古代哲学家、文学家，一些历史上的文

---

① 辛安亭：《辛安亭论教育》，湖南教育出版社 1983 年版，第 240—247 页。

化思潮，常常需要我们用马克思主义的观点方法，慎重地、实事求是地作出正确的恰如其分的评价。而恰恰在这一点上，由于长期形成的偏见，使我们不可能真正客观地肯定这些历史人物和社会思潮在祖国历史上的重要地位，而是或一叶障目，或吹毛求疵，总是以对今人的要求来要求古人，把他们贬得太低。结果，便不可能使这些传统文化在现实生活中起到应有的积极作用。比如汉代的董仲舒，目前我们通用课本中，基本上是把他作为一个封建卫道士的面目来写的，但是这个人在当时汉武帝一统天下的过程中，究竟有没有进步作用？这是应当认真考虑的。中学历史课本中避而不谈。现在，学术界也有了新的见解，由侯外庐、邱汉生等主编的《宋明理学史》，把宋明理学和先秦诸子、两汉经学等，并列为“中国思想学术史上并开的不同花朵”。对重要的理学家，如周敦颐、二程、朱熹、王阳明，过去在中学历史课本中，或避而不提，或加以挞伐，现在看来如课时允许，对这些人物也都应该实事求是地重新研究和评价。比如，周敦颐《爱莲说》中的“出淤泥而不染”的洁身自好精神，朱熹在教育史上的重要地位，王阳明对近几百年我国乃至整个东方思想界的重大影响，我们是不能够全盘否定的，也是不应该回避和忽视的。当然这决不能用形而上学的观点，好就是绝对地好，坏就是绝对地坏，而是应当吸取其精华，剔除其糟粕，来汲取我们古老民族文化中珍贵的东西。

第三，我们的中学历史课本中，对我国文化的世界地位，已经比较突出了，这对提高我国青年的民族自豪感和自信心，无疑具有重大的意义。但我认为写得还不够，还有许多内容可以充实。基本的一条，我觉得，是要把中国文化和世界文化的发展，更为有机地结合起来，即把中国文化的那个“半个世界”的影响，说得更为透彻和令人信服，把我国文化对东西方各国历史发展的重大影响写得更为清楚。比如，中日文化交流，我们课本中仅在隋唐时代较细地叙述了，其实中日文化的相互影响，尤其是中国文化对日本社会发展的影响，远远不止于此。举例说，明代思想家王阳明和朱舜水，在日本就有巨大影响，其作用常常是我们所想象不到的。再如，我国四大发明，实际上是欧洲从封建社会走向资本主义社会的一个重要因素，对当时欧洲社会的变革，起着强有力的推动作用。近代科学的奠基人英国的弗兰西斯•培根，在1605年就认识到了这一点，他说：“印刷术、火药和指南针……这三种东西已改变了世界的面貌。第一种在文学上，第二种在战争上，第三种在航海上。由此又引起了无数的变化。这种变化如此之大，以致没有一个帝国、没有一个宗教教派、没有一个赫赫有名的人物，能比这三种发明在人类的事业中产生更大的力量和影响。”中国的文化，对欧洲文艺复兴和资产阶级兴起时代的代表人物，如伏尔泰、歌德、达尔文等人的影响，也是众所周知的。当然，我们在谈到中国文化对世界进展的贡献时，一定要实事求是，切切防止盲目自大的大国主义情绪。与此同时，还应当相应地叙述我国文化所受到的世界各国优秀文化的影响。实际上，我国历史上几个文明最为昌盛的时代，比如两汉，比如隋唐，无一不是广泛吸收了外来优秀文明的结果。

第四，我国是一个统一的多民族国家，除汉族外，还有55个少数民族。我国悠久的和丰富的文化，实际上是56个民族共同创造的。我们在中学历史课本中讲文化史内容时，一定要特别注意和重视少数民族历史上对中华民族文明的巨大贡献。例如，棉花是我国新疆各族人民首先栽培出来的；现在全国各地不可缺少的品种，如大蒜、黄瓜、蚕豆、胡萝卜，亦皆由西域首先开始而后传入内地的。现在衣、食、住、行各方面形成的习惯，其实都是各族人民互相学习、互相交融共同形成的。例如，现在汉族普遍食用的烧饼、水饺、馄饨，全国大部分地区普遍使用的桌椅小凳，在许多地区仍作为畜力运输主要牲畜的骡、驴，等等，最早都不是汉族首先开始，而是由北部、西部诸少数民族食用、使用而后才在全国传开的。我国历史上还涌现过许多少数民族的科学家、文学家、艺术家，例如元朝著名农学家鲁明善（著有《农桑衣食撮要》）就是维吾尔族人，清代著名数学家明安图是蒙古族人，隋唐著名画家尉迟乙僧是西域于阗人，著名音乐家白明达是西域库车人，金元时期著名杂剧散曲家李直夫为女真族人，贯云石为维吾尔族人，清代著名词人纳兰性德和著名小说家尹湛纳希，分别为满族和蒙古族人。这些伟大的名字，也属于我国古老文化领域中的灿烂群星。而我们过去对这些人物的介绍和叙述都显得很为不足。我以为，在今后的历史教科书的文化史部分，上述内容都是应在考虑之列的。我们应当把我国的文化史，写成一部真正的中华民族 56 个民族的文化史。

四

怎样在中学历史教育中加强文化史的部分呢？一种办法是调整教材各部分的比例，加强文化史的部分。我认为，现在的课程设置是不利于整个历史教学与历史教育的要求的，当然更不利于文化史部分的教学。如果把中学历史分为初中和高中（包括部分职业高中）两个阶段循环教学，那么文化史部分的内容会安排得充分和合理得多。比如说，在初中历史中多讲些文学艺术和一般科技等更能为十二三岁的少年接受的东西，而在高中历史中则可侧重于思想、哲学以及较高深科学技术史的教育。另一种办法则是在高中阶段开设中国文化史和世界文化史的选修课。此外，根据不同程度需求，编写适合初中和高中学生阅读的中国文化史和世界文化史课外读物，也是可以考虑的。

开设文化史的课，是有先例与借鉴的。新中国成立以前，曾经流行过五六种中国文化史的读本，这些读本有的适用于初中（如中华书局出版的《中国文化小史》），有的适用于高中或大学（如北新书局、世界书局、钟山书局、商务印书馆印行的文化史）。其中杨东莼的《本国文化史大纲》、柳诒徵的《中国文化史》和陈登原的《中国文化史》体例较为完整，材料详备，很有参考价值，在许多方面也有学术建树。这些都可作为我们今天编写文化史课本和读物的参考。

新中国成立以来，虽没有一部用新观点写成的文化史专著，但许多专家学者一直是文化史教育的热心传播人，像几位前辈史学家郭沫若、范文澜、翦伯赞、吕振羽、侯外庐等，都有关于文化史方面的论文。吴晗主编的《中国历史小丛书》，有许多种本身就是文化史的内容。邓拓的《燕山夜话》，很多篇幅也属于文化史的范畴。文化史引起人们越来越大的兴趣，这门学问的探讨与研究，方兴未艾，很多文章大大开阔了人们的眼界，丰富了文化史知识的内容。有不少文史刊物，率先开辟了文化史知识的专栏（如中华书局的《文史知识》杂志），人民日报出版社则编出了《祖国文化》第一辑，分别介绍祖国名山大川、历法货币、宫殿陵寝、诗词曲文、神话绘画等各个方面。正如有些同志所美誉的，这些都可称为“文化园圃中的一枝报春鲜花”。此外，还有不少老前辈和历史专家，大力提倡和呼吁加强文化史的研究，著名学者周谷城正准备主编一套大型的《中国文化史丛书》。这些，都是我们今天编写中国文化史课本或在中学历史教材中充实文化史内容的十分有利的条件。我相信，在新的历史条件下，随着社会主义现代化建设的需要，文化史教育在中学教育中会越来越显示其重要地位。

乡土历史教材与教学纵横谈

——历史教材学十一论*

一

美国的著名历史教学法专家约翰生·亨利在他的名著《历史教学法》中说："本地地理的环境，本地的遗迹，同本地的习惯，无论什么地方总有材料预备在那里使本地的过去成为真的……不但对于研究较大的过去的真实有一种感情上的贡献，而且能够供给特种的元素，为重新建设较大的过去的材料。这不但各地方的教师同学生应该知道各地方的过去同现在唯一的理由，而且是一个充分的理由。"① 苏联著名历史教育学家卡尔曹夫也有相同的意见，他说："我们的周围尽是过去事物的遗迹。如果能够看到它，哪怕是局部看到它，如果能够直接接触它，感觉它，对于发展爱护历史、并且主要是爱护祖国的情感，有很大的意义。为了帮助儿童感觉过去，教师在叙述整个祖国历史时，应当在可能地方使其

---

* 载《课程·教材·教法》1987年7期。

① [美] 约翰生·亨利著，何炳松译：《历史教学法》，商务印书馆1926年版，第212—213页。

中具有充分的地方史料，仿佛以插图说明似的”。他举例说，在列宁格勒各学校讲述十月革命历史时，一定要对与当地历史密切相关的事件，讲得“特别详细、具体”。“须知在这里，儿童熟悉每一广场、每一街道、每一桥梁、与这战斗有关的每一建筑物；对于他们说来，‘列宁和斯大林在斯莫尔尼’一语不仅是事件，而且是明确的视觉形象”。①

对于乡土历史教学，世界各国政府都给予了足够的重视。约翰生·亨利在书中曾介绍了 1909 年美国的一个统计，结果在 53 个大城市里，有 27 个城市中学的不同年级，都开有地方史的课程。② 在美国的 50 个州里，有 30 个州在法律上严格规定，在学校中必须开设本州的州史课程。日本也较为重视乡土历史的教育，在文部省制定的初级中学和高级中学的有关历史的教学大纲中，明确要求在教学中“让学生参观、调查乡土史迹及其文物，以具体地掌握我国的历史”或“着眼于与那个地区的各种条件……列举史迹及其他的遗址、遗物、风俗、传说等文化遗产，培养学生对这些遗产的认识和尊重的态度”。③

我国自清末以来，就把乡土历史教学和乡土历史教科书的编写，体现在教学大纲或中学堂章程的要求中。现存由“国学保存会”于 1907 年出版的一本《广东乡土历史教科书》，就是按当时清政府的《奏定初等学堂章程》的规定编写的。该规定要求：“初等小学第一二年历史学科，讲乡土之大端故事及本地古先名人之事实。”④ 根据要求，该会第一批

---

① [苏] 卡尔曹夫著，贝璋衡译：《小学历史教学法》，人民教育出版社 1953 年版，第 183—184 页。

② [美] 约翰生 · 亨利著，何炳松译：《历史教学法》，商务印书馆 1926 年版，第 161—162 页。

③《中学校指导书·社会编》及《日本高级中学教学大纲》。

④ 国学保存会：《乡土历史地理教科书》，编辑说明。

先出直隶、江宁、安徽、江西、湖北、广东共六种地方历史教材。可惜这些地方乡土教材大部分散失，现在笔者所能见到的仅有广东这一本了。从内容安排看，这套地方教材完全是按照清政府在 1903 年《奏定初等小学堂章程》中规定的原则编写的。该原则明确规定，小学历史中应将重点放在“略举古来圣主贤君重大美善之事”，而尤当先讲乡土历史，“采本境内乡贤名宦流寓诸名人之事迹”。1907 年 7 月首次出版的广东乡土历史教科书，正是按上述精神编纂的。该书第二册为隋唐五代时期卷，共开列 18 课，讲隋末唐初广东形势、唐时广东民生风俗、学术文章和对外交通、五代十国时南汉始末等。“乡贤名宦”部分则重点讲宋璟、杜佑、张九龄，以及南汉名臣杨洞潜、黄损、邵廷琄等著名人物。① 除上述一套六省的乡土历史教材外，据《中国教育年鉴》戊编《教科书之发刊概况》记载，1907 年广西学务处还编过一套乡土教科书，其中有广西乡土历史教科书一种。② 可惜未见到该书，具体内容不详。除此之外，新中国建立前的我国中小学的乡土历史教材所见甚少。笔者曾查 20 世纪三四十年代国民党政府统治时期各年度的中小学课程标准，在历史科内部未见重视地方乡土历史教材的任何内容，最多（如 1936 年）在教育部颁定的历史课程标准中写上“学校可于学期中就附近古迹，作考查的旅行”一句。③ 可见国民政府时代对地方乡土历史教学的重视程度，还不如清朝政府。

---

① 黄晦闻：《广东乡土历史教科书》，光绪三十三年印行。

②《第一次中国教育年鉴》，戊编《教育杂录》，开明书店 1934 年版，第 121 页。

③《初级中学历史课程标准》，国民政府教育部 1936 年修正颁行。

二

我国真正重视地方乡土历史内容的教学和教材编写，是在新中国成立后。新中国成立以来由国家教育部先后颁布的几套中、小学历史教学大纲，都明确阐述了地方乡土历史教育的重要意义。1956 年初版、1958 年三版的《小学历史教学大纲》（修订草案）就具体指出了“乡土历史教材的学习可以帮助学生熟悉本地的历史，从而加深他们热爱家乡的爱国主义思想。教师可以根据具体情况，在历史教学的过程里，适当地安排一些乡土历史教材，对学生进行教学”。1963 年制定的《全日制小学历史教学大纲》（草案）和《全日制中学历史教学大纲》（草案）也都写明：“在完成教学大纲规定的教学任务以外，各省、市、自治区可以自编乡土教材，补充教学。”1978 年版《全日制十年制学校中学历史教学大纲》（试行草案）也有类似规定。

遵照国家教育部颁行的历次教学大纲的规定精神，从 20 世纪 50 年代起，我国各省、自治区、直辖市大部分都自编了一套地方乡土历史教材。从现在收集的情况看，这些乡土历史教材的编写，大致集中在两个时期。第一个时期约在 1958—1959 年，这是为配合 1956 年开始使用的那一套国家统编历史教材而编写的，有上海、山东、浙江、山西、辽宁、甘肃等地方历史教材等。第二个时期从 1979 年始，一直到 1985 年仍在各省陆续编写，这是为配合 1978 年开始使用的统编历史教材而编写的，这批乡土史教材种类较多，有北京、上海、浙江、河北、广东、四川、吉林、甘肃等省、直辖市。此外，1961—1963 年也间或出现了几本地方历史教材，如浙江、河北、青海等省的中学补充乡土史教材等。

迄今为止，对地方乡土历史教材还没有一个统一的要求和规格。因此，所见的各种乡土史教材，从体例到内容，是各具特色的。几批乡土史教材编写的体例和课程安排是很不相同的。一般说，20 世纪五六十年代的乡土史教材，是穿插在统编课本的各章节中讲授的。所以这些乡土教材就不重系统，只写几个点。如 1959 年甘肃省高中使用的乡土教材，古代史部分安排了五课，指定安排在统编教材的第一章第一节原始社会部分，第九章第二节西汉部分，第二十二章隋唐文化部分，第二十四章宋金和战部分，以及第三十二章反清斗争部分讲授。1959 年出版的《高级中学适用山东乡土历史教材》也是在前言中规定："各校可根据历史教学的实际情况，分别插入全国通用教材的有关章节之后，进行讲解。"20 世纪 70 年代末 80 年代初的乡土历史教材，面目大有改变，一般都讲得系统全面，以面（时期）而不是以点（一件事）为主。如 1982 年出版的《河北乡土历史》，就是按时间和朝代顺序自古至今来编写的。上海市的历史较短，乡土史着重在近现代，也是按近现代的先后次序编成的。1984 年出版的四川省乡土史教材近代部分，共四大部分，是按鸦片战争和太平天国、戊戌变法、辛亥革命、"五四"前夕四个时期编排四川地方历史的。1981 年编成的《浙江乡土历史（试用本）》和 1985 年版的《吉林省历史（乡土教材）》也均自古至今系统地讲述地方史。上述这种安排的好处，是可以将乡土史集中在一段时间讲授，使学生对家乡有较系统全面的印象。

综上所述，可以看到新中国成立以来我国对地方乡土历史的教学是比较重视的，前后各地所编写的地方史教材不下数十种之多。可惜的是，还没有对这些教材进行客观的总结、评价和分析，对中小学的乡土历史究竟如何讲授，也没有统一的要求，当然也还谈不上形成科学的体例。这是今后我们历史教学界的同行们应当加以注意的。

三

地方乡土历史教学和教材的编写，具有重要的意义。我以为，这是中小学历史教学全过程中必不可少的一个环节，应当引起我们高度的重视，从思想教育和知识教育的角度给予充分评价。

地方乡土历史教学究竟有哪些重要作用呢？首先，乡土史的教学可以帮助我们大大丰富历史教学的内容。比如，在教材中，由于篇幅所限，有关圆明园和英法联军对圆明园的焚毁，只能写上短短的四行。在北京教师讲授这一段历史时，就会感到远远不够，而 1977 年编的北京乡土历史补充教材，就可以很好地弥补这一不足。该课本单写了一节《圆明园的焚毁》，把圆明园的建筑史、优美华丽的建筑风格和特色，以及英法联军令人发指的强盗行径，作了比较细致的介绍。这样，就大大丰富了教学的内容，使学生有身临其境之感。河北省是我国古老的一个省，有许多古代文明的遗迹。但这些在统编教材中是无法一一列举的，1982 年编成的《河北乡土历史》用六个课题，即《河北境内的原始人类》《商族人在河北的活动》《战国时期的燕、赵和中山》《隋唐时期河北繁荣的经济和文化》等，提到了中华民族的祖先黄帝在涿鹿、怀柔一带的活动，燕昭王改革政治和军事，赵武灵王在邯郸胡服骑射，隋唐邢州、定州经济的发展等具体内容，这些无疑会大大加深学生对中国古代社会的认识。① 浙江是我国古老文明的又一摇篮，课本里曾将余姚河姆渡文化作为重点叙述，但毕竟不能详细介绍。浙江的中小学生们，对此无疑是不会满足的。浙江教育学院编成的《浙江乡土历史（试用本）》弥补了这一缺陷。该课本比较详细地介绍了浙江省内的原始氏族公社，对河姆渡遗址和遗物作了比较具体的叙述，介绍了他们的干栏式木结构房屋，遗址中出土的稻谷、稻壳、稻秆、稻叶等，明确提出“这是亚洲最早的水稻遗存”，从而进一步证明了教材中所叙述的“我国是世界上最早栽培水稻的国家之一”。除河姆渡遗址外，浙江乡土教材中还提到了氏族时代浙江的马家浜遗址和良渚遗址。② 这些遗址有力地证明了我国“从很早的古代起，我们的祖先不仅在黄河流域，而且在长江流域也孕育着中华民族的原始文化”。这就使我们对教材中所述的我国氏族时代文化内容有更深一步的理解。一般历史教材中对鸦片战争后五口通商和我国半殖民地化的过程，只能作极为概略的说明，不可能说得很形象、很具体，《上海乡土历史》就有条件较细地介绍这一方面的内容。在第三课《上海开埠和“租界”建立》中，具体地叙述了西方列强在上海建立“租界”的过程，以及西方侵略者在上海横行霸道、为非作歹的行为，使学生对中国半殖民地化有个形象的认识。③

其次，乡土史的教学可以培养学生热爱自己家乡的深厚情感。而从热爱家乡开始，又可以大大加强历史课的爱国主义思想教育的内容。我

① 《河北乡土历史》，河北人民出版社 1982 年版，第 1—6 页。
② 《浙江乡土历史（试用本）》，浙江人民出版社 1981 年版，第 1—2 页。
③ 《上海乡土历史》，上海教育出版社 1979 年版，第 11—16 页。

国已出版的一些乡土历史教材在这方面起的作用是相当明显的。《上海乡土历史》中有很大篇幅叙述了上海人民的反帝爱国斗争，如反对拆除四明公所的斗争和1905年反美爱国运动等，这对上海市的青少年了解本地区的光荣历史传统，增强热爱家乡、热爱祖国的感情，继承前辈的革命斗争事业，是会有很大帮助的。同样，《吉林省历史（乡土教材）》也以较大篇幅叙述了本乡本土的近代革命斗争史，如叙述了忠义军和六合拳的抗俄爱国斗争，义勇军和东北抗日联军的抗日战争等，这都会使吉林的中小学生增强爱国之情。地方乡土历史教材中，还有很大篇幅列举了本地区发生过的重大历史事件和本地区历史上的优秀人物。我国现存第一本乡土历史教材、1907年印行的《广东乡土历史教科书》，就有许多这方面的具体内容，第二册、第三册或讲广东本土人在全国的治绩，或讲外乡人在广东本地的文化经济建树以及他们在广东的英雄表现。这些内容，对激发广东青少年对乡土的自豪感，以及由此而产生的爱家乡爱祖国的感情，肯定是有促进作用的。1981年编写的《浙江乡土历史（试用本）》，明确指出东汉唯物论者王充，北宋抗金名将宗泽、杰出学者沈括，南宋爱国诗人陆游、思想家陈亮，明末清初思想家黄宗羲，皆为浙江人，并为他们在乡土史课本上列了专目。无疑，这些内容的安排，会大大激发本省中小学生热爱家乡本土的感情，他们会为自己家乡在历史上曾出现过这么多英雄豪杰、名家学者而感到自豪，而且也会增强他们对历史的亲切感。有些乡土历史教材还着重介绍本省本地区的名胜古迹和历史名特产，比如，河北乡土教材重点叙述了邢台瓷器的洁白可爱，浙江乡土教材着重谈到越州的青瓷和杭州灵隐寺、天台国清寺、舟山普陀寺在国际上的声望。全国通用历史教材曾简单提及北宋时期山西境内城乡居民“已经用煤作燃料”，山西乡土历史教材进一步说明“煤炭的作用”在山西可以一直上溯到6世纪时，到北宋时候政府已将山西煤炭作为一项重要赋税收入来源。[①] 上述种种，都可使学生加深热爱家乡和热爱祖国之情，从而起到加强历史课堂教学的效果。

再次，地方乡土历史教材的教学，还可以唤起学生对历史的真实而亲切的感情，这种感情的印象之深，是任何空泛的理论概念难以达到的。地方乡土历史教材和历史教学，起着直观性和亲临性的教育作用。用美国教育学家约翰生·亨利的话说是“使过去成为真的”，使学生感觉到教师教的史实“宛然在目”“栩栩如生”。[②] 显然，这样的教育是深刻的。我国现在各省使用的地方历史教材，是紧紧把握这一特色的。比如，四川乡土教材，在重点叙述具有四川特色的保路运动的历史时，在课文中特别指出“辛亥秋保路死事纪念碑”，就在现在成都的人民公园中，详细地介绍了辛亥革命胜利后建碑的经过。[③] 上海乡土历史教材还具体指出了1899年西方各殖民主义者在上海占据“租界”的地段“北起小沙渡（今西康路北端）、南至洋泾浜、东到顾家浜（今军工路平凉路口）、西抵静安寺附近的广大地区，都成了公共租界的范围，面积共达三万三千五百余亩”。教材还具体指出了当时帝国主义压迫中国人民的“老闸捕房”“会审公廨”等所在地。[④] 这些使上海的青少年能更真切地了解中国人民苦难的过去，在学过这段历史后，只要站在上述地

① 《初级中学历史上册山西乡土教材》，山西人民出版社1958年版，第7页。

② ［美］约翰生·亨利著，何炳松译：《历史教学法》，商务印书馆1926年版，第212页。

③ 《初级中学乡土教材四川历史（下册）》，四川教育出版社1982年版，第42—43页。

④ 《上海乡土历史》，上海教育出版社1979年版，第14—15页。

段，脑海里立刻就会显现出百年来中国人民受外国侵略者欺凌侮辱的过程。《广东历史（乡土教材）》重点讲述了 1926 年毛泽东同志在广东主办的农民运动讲习所。《河北乡土历史》重点谈到了承德避暑山庄和外八庙的建置和规模。《河南历史乡土教材》在课文中特别点出了张衡家乡南阳的张衡墓、赵匡胤进行黄袍加身政变的地点陈桥驿。这些内容，无疑都能极大加强当地历史教学的效果，使这些省市的学生能对过去的历史产生“宛然在目”和“栩栩如生”的感觉。

最后，各省、自治区、直辖市的地方乡土历史教材，还能起到加强民族团结教育的作用。中华民族是一个大的整体，是由我国 56 个民族共同组合而成的。中华民族的历史，是各族人民共同的历史。各民族不论大小，都对祖国历史作出过贡献。但是，全国通用教材毕竟篇幅有限，不可能把各民族的历史和贡献全部编进课本，只能列举在历史上起有重大影响的部分。但是，地方乡土历史教材，却有条件弥补这一不足。比如，吉林省的乡土历史教材，有许多篇幅叙述我国历史上在吉林省活动过的高句丽、靺鞨、契丹、女真的遗迹，列举了东汉时期高句丽在今集安县建立的古都、公元 5 世纪的好大王碑，唐朝时候渤海国在今敦化建立的旧国都城、著名的渤海古墓群，契丹族在今农安所建的古塔，女真阿骨打当年誓师伐辽的得胜陀颂碑（在今扶余县），以及反映清朝早期历史的乌拉古城、辉发古城等。① 这些史迹，这些乡土教材，生动地向人们说明了我国自古以来就是一个统一多民族国家，各族人民都是祖国历史的缔造者。1963 年出版的《中学补充教材青海历史》，也

①《吉林省历史（乡土教材）》，吉林教育出版社 1985 年版，第 6—10 页。

生动地叙述了这方面的内容，较详细地谈到了羌族、鲜卑族、吐谷浑族、藏族、蒙古族、土族在青海地区的繁衍，以及在经济开发、文化建设等各方面的贡献。① 这些内容也都以大量事实生动说明祖国自古以来是一个多民族国家，祖国的今天是由中华民族全体共同奋斗建设起来的。黑龙江的两位历史教师说：“乡土史中也有许多事件是学生没有听过、但发生地点是在自己的家乡，虽然没有到过那个地方，但和其他历史知识比，也容易产生亲切感。如靺鞨族、女真族等在黑龙江省范围活动的少数民族，黑水都督府、奴儿干都司等政权机构，雅克萨之战、《尼布楚条约》的签订等事件，黑龙江省的学生听起来自然感到亲切并予以关心。”② 很自然，他们学习了这些历史内容，会牢固树立起祖国是各民族大家庭的概念。

地方乡土历史教育，目前越来越引起有关部门的重视。何东昌同志在全国中小学教材审定委员会成立大会上曾提到：应加强适宜不同特点的民族教材和乡土教材的编写，鼓励各地专家、学者、高校、科研单位都来关心。③ 希望我们在贯彻执行新的九年义务教育的同时，能把乡土教育真正提到研究的日程上来。

① 《中学补充教材青海历史》，青海人民出版社 1963 年版，第 6—21 页。

② 詹海、金春兰：《乡土史在加强历史教学中的作用》，《课程·教材·教法》1986 年第 1 期。

③ 《中国教育报》1986 年 10 月 7 日第 2 版。

历史教材的选择与应用

——历史教材学十二论*

历史教科书的选择

只有在许多种教科书同时被应用时，才有选择的可能。我国自清末一直到新中国成立前，都有教科书的选择问题。因为那时候有许多家书局和印书馆都供应教科书，国家教育部门只有一个课程标准，按照这个标准，可以同时通行各种版本的课本，比如前面介绍过的商务本、中华本、北新本、开明书局本、正中书局本等，各学校便面临一个选择的问题。那时课本和编辑自由度较大，可以编成纲要式的，也可以编成内容很细的，也有“便览”格式的。所以在 20 世纪 20 年代时，史学家何炳松在文章《历史教授法》中，便提到过教科书的选择标准，他说：“普通历史教科书可以分作三类：一类是大纲，一类是较详的便览，一类是详尽的课本。各有各的长处，各有各的用途。它们的好不好，看我们如

* 载《历史教育学新论》，广东教育出版社 1993 年版。

何使用它们而定。”他提出教科书好与不好的几个标准，一是看“它是否明白而确切”，二是要“研究书中的观察点是什么”（就是观点正确与否），三是“所附的地图、图画等好不好”，四是“所附的参考书是否适当”，五是“所附的问题或大纲是否有用”，等等。① 写得好的教科书，备受欢迎，可以一直印到100多次；写得不好的教科书，往往出一两版便寿终正寝了。大体上新中国成立前的历史教科书，以商务印书馆、中华书局等几家编的水平最高，使用时间最长。有的教科书，“编者既乏教授上之经验，即有经验，亦不得从容研究，惟知按课受酬，事实如此，殊觉可笑”。②

目前世界上有不少国家与地区，都有许多教科书同时使用的情况，可以自选教材。日本的历史教科书，小学有7种，初、高中共有20多种，选用什么教材，由县、市、区自行决定。我国香港地区，中小学都有政府规定的课程标准，按此课程标准可以各编适合各种不同情况的课本，课本的选择由各校的任课教师决定。中国香港的中国历史教材共有10家左右。苏联原先是由国家规定统一的教材，自近年实行改革后，教育和教材制度也有重大革新，后来苏联国家教委发布了《关于编写普通中学教科书公开征奖的决议和条例》，其中包括20世纪苏联史的教学大纲和教科书，看来他们也在鼓励多种课本的编写了。③

我国自20世纪50年代以后，长期在教学上实行一纲一本制，即全

---

① 《何炳松论文集》，商务印书馆1990年版，第373页。

② 蒋维乔：《编辑小学教科书之回忆》，《中国近代教育史教学参考资料》上册，人民教育出版社1986年版，第648页。

③ 北京师范大学历史系编：《史学选译》1990年总第16期。

国由教育部制定统一的各科教学大纲，在这个大纲的规定下，编写一套全国统编通用教材。这样做的好处是在教育思想和教学方法上，可以有比较统一的要求，可望达到比较统一的水平，这在新中国刚刚建立的几年，用统一的马克思主义的观点和社会主义的教育思想改造旧的资产阶级的教育制度和教学思想，是必要的，而且实行多年来，实际上也起了较好的作用，已经初步在我国形成了社会主义的教育体系。但是，过度的统一，毕竟容易束缚思想，尤其在我国目前经济、文化发展不平衡的状态下，教育方面的千篇一律、千人一面，常常忽视因材施教的原则。针对这种情况，国家教委对教学大纲的制定和教材的编写，提出了“一纲多本”的新设想和新原则。就历史教科书来说，自 1989 年至 1990 年，我国正在施行试教或即将试教的，共有八种，即前面提到的人民教育出版社、北京师范大学、四川、广东等各家。我国各省、自治区、直辖市，都可根据自己的情况，自行选择这些课本，在本地区使用。

历史教科书选择原则

选择什么样的教科书，有一定的原则。这一原则，是根据多方面条件决定的，最重要的是要受到时代、地区、人力物力等实际情况的制约。

一般说来，选择教材至少应当遵循下列几个原则。

第一，编出的教材是否符合国家教委制定的历史教学大纲的要求，是否符合《九年制义务教育全日制初级中学历史教学大纲》的要求。这个要求，应当是全面来衡量的：从总体上，备选的教科书，是否符合教学大纲提出的教学目的要求；在处理教材中一些重大观点问题时，是否遵循教学大纲所提出的几项重大原则；在教材安排上，是否符合大纲所规定的古今中外的比例；等等。从教学内容上，是否在教科书中都叙述到了；大纲里所列的知识点是否有遗漏和是否恰当；是否考虑了教材的思想教育内容和能力培养的要求。比如具体到中国历史的第一册课本，包括了我国从原始社会到南北朝的历史，大纲中要求这一部分思想教育应有七个要点：爱国主义思想；维护国家统一和民族大团结的观念；社会发展的观点；人民群众创造历史的观点；阶级和阶级斗争的观点；历史的、辩证的观点；品德情操修养。上述这些内容在教科书中是否都有体现？关于正确计算历史年代、识别教科书上的历史插图、解释重要的历史概念等方面的能力培养要求，是否在教科书中都有反映？假如上述大纲中所要求的内容，在待选的历史教科书中没能正确体现和反映，那么这样的教科书便被认为是不合格的教科书，当然不能选择这样的教科书。

第二，备选的教科书，是否反映了学术界最新成果。假如编出的教科书，仍然沿袭已经过时和陈旧的观点，那就不能算作一本好的课本。比如，对孔子的评价，教科书依然用“儒法斗争”“评法批儒”的错误史观，那这本教科书肯定是不合格的。而假如编者不去熟悉考古学界新的发现、新的成果，依旧套用几年或几十年前旧的结论，也不能认为这样的教科书是合乎要求的。例如，假如课本中仍把北京人的距今年代说成40万至50万年前，而不用新近的考古结论20万至70万年前，也说明这一课本缺乏科学性。再如，新大纲关于两汉历史的知识点中有一“匈奴的强大和两汉与匈奴的关系”的条目，大纲这样写是反映了近年来我国民族关系史研究的新成果的，表明了不应该再把匈奴史当作汉族史的一个附篇来处理，而是也应把匈奴族看成是中华民族历史发展的主人翁之一，所以在教科书里就应正面写进匈奴一些杰出人物的事迹。如果课本中依然是过去的汉族正统的观点，便是有缺陷的。此外，教科书里是否适当地容纳了社会史、文化史的内容，以充分反映当前史学界在这些领域研究中的新成就等，都是正确评价教科书的标准。

第三，教科书在编写时，是否考虑了学生的心理特点和接受能力，也是衡量教科书好与不好的重要标准。知识都是有层次的，小学、初中和高中的学生，接受知识的层次都不应该一样，因此在叙述每一历史知识点时，都要认真考虑这一点选什么样的材料来说明，写给什么年龄什么层次的学生看。同是孔子，在高中教科书和初中教科书里，选的有关知识可以大不一样，初中可着重写他的教育成就和部分政治思想，还可以写一点孔子的道德情操。高中则可以在孔子的仁、礼学说和哲学思想方面多写一些。司马光这个人物，在小学教科书中，可以只写他“打破缸”的故事，说明他自幼聪明机智；初中教科书则可在史学方面介绍他有《资治通鉴》这一杰出著作；在高中教科书里，除史学成就外，还可进一步叙述一下他在王安石变法中所扮演的角色。编写历史教科书最难的也是最重要的是正确和恰当地选材，选择什么样的材料说明历史，可以看出编者的水平，也可以看出教科书在考虑学生的心理接受能力方面的努力。教科书的成功与否，这也是一个极为重要的评估标准。

第四，评价一本历史教科书，当然也要看编者的文笔、插图的优良与否和书籍装帧设计等。赵恒烈教授曾专门写过一篇《历史教材和历史教师的言语》，要求历史教科书的文笔应当有文采，要“雅”，要“简洁流畅”，要“生动活泼”，反对用词刻板或拖泥带水。[①] 插图的配备恰当和美观也是很重要的，插图用得多，常常可以起到代替文字叙述的作用，如人民教育出版社九年义务教育教科书《中国历史》第一册中讲到曹魏屯田和经济恢复发展时，用了甘肃嘉峪关魏晋画像砖的《屯田》《农垦》几张插图，就起了这样的作用。人们常用“图文并茂”来形容一本书的内容丰富和美观。在我国经济文化有所发展的今天，教科书需要在外观上有所进步，也是很自然的事。

第五，在选择一本是否适用的历史教科书时，当然还要考虑到本地区的特点：是大城市还是县镇地区？是沿海地区还是边远地区？具体的师资和教学设备如何？有无必要的资料？经济条件怎样？在选择什么样的历史教科书时，必然要联系到这些客观条件。

历史教科书的使用

教科书选定以后，便面临如何使用的问题。我们认为，使用所选的历史教科书，至少应当注意下面几个问题。

第一，任课教师必须对所选教材有比较深透的了解，这就是我们常说的“吃透教材”。“吃透”哪几个方面呢？首先，应当熟悉所选教科书的全貌，最好能知道这套教材各册的规划，至少也应当对每学期所讲的这册教科书有一个整体印象，这样才能计划好自己在教课时每章每节所需的课时，哪些课准备重点讲，哪些课可以不作重点，这样统筹安排

① 赵恒烈：《史苑传艺录》，山东教育出版社 1985 年版，第 33—34 页。

后，心中有数，好使教学可以有计划有规则地进行。其次，应当了解所选教材的编写特点。比如：这套教材是什么格式体例？有哪些特殊的要求？对“三基”都有哪些具体规定？等等。目前，根据新的九年义务教育大纲，各家所编的教材，可以说面目各异，都有自己的特色。教师们在使用所选教科书时，便应当深刻体会编者的意图，把各家教科书的长处讲出来，这叫作“发挥优势”。比如，北京师范大学编的教科书，它的一个最大的长处是，把历史知识和当前人们日常生活紧密结合起来，常常叙述到一些我国现在民俗、成语的来源，使学生对历史产生亲切感，和日常生活更为接近了。比如，当该教科书讲到战国商业时，提到魏国大商人白圭的“人弃我取，人取我与”的经商之道，还说到他因此被后世商人尊为“祖师”。书中讲到春秋战国文化时，叙述围棋，这样说：“早在春秋时期，弈已在贵族中十分流行。人们在平时说话中，就常常把某些人的犹疑不决，说成‘举棋不定’。”其他如讲到扁鹊，便说了“起死回生”成语；叙述楚汉战争时，提到了“破釜沉舟”的成语故事。教师们在选用这些教科书时，就应当在讲课时，充分利用这些有趣的成语故事，发挥教科书的优势。由西南师范大学出版社出版的九年义务教育历史教科书，有自己的特色，其中之一是有每一章的提示，提示写得比较活泼，有的是提问式的，有的介绍了外国对我国传统文化的赞美，这种提示的写法，最利于教师在教学时用以导入新课，一开始就使学生被生动的内容吸引住，进入角色。四川版教科书还利用了大小字的写法，小字一般故事性较强，教师在讲课时可以充分利用这些内容，将课讲得生动。广东教育出版社出版的沿海版九年义务教育历史教科书，印刷得比较精致，具有广东本地区的特点。像讲到秦朝历史时，着重叙述了秦对南越地区的开发，讲到两汉历史时，专门有一节《汉和越族的关系》，比较详细介绍了两广和福建地区早期的历史。人民教育出版社的九年义务教育中国历史教科书，体例和特点前面已经谈过，作为选用该教科书的教师，在讲课时当然应当注意到该教科书宋体字和楷体字的使用法，插图和楷体字史料的要求以及思考题在培养学生能力智力方面的作用。了解和熟悉教科书的编写特点，才能在讲课时处理教科书得心应手，讲得顺当自如，否则便会无所适从或举措失当。1990 年，全国一些地区的教师在试教人民教育出版社版的新教科书时，都经历了一段不熟悉新教科书的过程，但当试教了一段时间后，逐渐熟悉了新教科书的特点，慢慢便会越教越有兴趣，深深感到了新教科书有讲头。这说明教师熟悉教科书的编写特点，是十分必要的。

第二，使用所选的历史教科书时，最好同时参考与此书配套的各种教学参考书籍，尤其是专为教科书编写的历史教师教学用书或教学手册。因为在教师教学用书中，一般都讲清了教科书的基本要求，讲清和分析了每一课的教学目的、重点难点、教科书课文编辑时的意图，甚至编辑内容中各个部分的用途，什么地方该讲，什么地方不要求学生掌握等。如果教师在使用所选教科书备课时，同时细致参考了教师教学用书，会有很大的帮助。另外，一般来说，每当新的一套教科书问世时，都有配合此书的使用说明或编辑意图介绍。历史教科书的编辑说明，一般在全国性的历史刊物《历史教学》《中学历史教学参考》等杂志刊载，人民教育出版社出版的《课程·教材·教法》一般也刊登该社出版的教科书的介绍文章。教师们在使用所选新的历史教科书时，不妨把这些文章找来读一读，会有助于历史教学的顺利进行。

第三，在使用教科书时，教师还应发挥自己的教学特长。教学参考书固然也介绍了某一些教法，介绍了板书提纲的写法，或作了些教学建议，但毕竟最了解教法是否适用的还是教师自己。教师在吃透教科书特色和充分利用教学参考书的基础上，还应自己根据教科书的每一课不同类型，根据自己的教学条件和学生接受能力，设计出一套自己最优的教学方案。1989 年 8 月，在上海曾召开了全国第一届中学历史课堂教学研讨会，会上，“流派纷呈，百家荟萃”，“各种方法，都因教材、学生、教师而异”。“教学流派是教学方法在教师身上个性化的体现，是教师创造性劳动的结晶，也是一个教师本身特有素质升华”。当然，形成自己的流派需要长期艰苦的劳动和教学实践，但是也并非高不可攀。

目前，在“百花齐放、百家争鸣”的各有特色的多种历史教科书互争长短的形势下，在使用这些教科书的过程中，当会形成更多的教学流派，历史教育园地定能迎来五彩缤纷、繁花似锦的春天。

历史教科书的编排结构

——历史教材学十三论*

历史教科书的编写体裁和编写原则，前者侧重在编写形式，后者更多偏重于选取内容。经过若干年的探索和经验的积累，世界各国的历史教科书无论在体裁上和选材原则上，都已形成了自己独特的体系和较为完整的一套编写理论。这为 21 世纪各国历史教科书的进步与发展，提供了良好的基础。我们期待着更完美的各种历史教科书问世。下面将要谈到的是，历史教科书编排方面的更为具体的结构构成。

关于历史教科书各部分的具体构成，欧美各国学者作了许多专门研究。苏联学者曾对教科书的总体结构进行过系统和深入的研究。后来，美国布鲁纳“学科结构论”的一批教育家也在教育观念更新的启发下，就如何利用教科书本身来强化学生自学的能力这一问题，在教科书结构方面作了许多有益尝试。比如，教育家们提出：“一部体裁结构合理的优秀教科书，还含有笔记的性质和教学指南性质，具有反馈与便览（年

* 载臧嵘、周瑞祥：《历史教材学和史学论丛》，星球地图出版社 2006 年版。

表、索引、辞书等）的要素，并可充当史料选集的作用。”也就是说，一部历史教科书从结构本身上，既是教师的教本，又是学生自学的读物，还是集基础知识、进一步学习的索引、史料选集及辞书为一体的一部历史读本。欧美有些国家的历史课本，已经演化为“作业课本”，让学生更多地参与教学，更多地自学，而不是被动地听教师讲授。一部题为《岁月的流逝——欧洲历史（1890—1945）》的英国高中历史教科书就是如此尝试的。该书在许多课中，都要求学生做读书笔记，解答数量众多的练习题，以自学为主。课本只在正文中提供极为基础的史实，主要靠学生分析史料，参考必要的读物，回答课本上的练习题，并在每一阶段写出一篇论文。很明显，这是一种相当有胆识的历史教科书新结构的设计，它对于培养学生的自学能力肯定大有裨益。但是，像这样全新的历史教科书目前在世界各国尚属少见，这应当是属于前沿的试验。不过，通过上述这样一种历史教科书，的确可以促使我们认真地思考，有利于我国历史教科书从体裁到结构以至编写原则各方面的观念更新。下面我们还是从通常情况下和一般的教学条件下，探讨一下历史教科书的编排结构问题。

编、章、节和课标题

有些史著标题写得十分醒目，看到标题就不由想看该书的内容，这就是作者的成功之处。我们试举伯恩斯、拉尔夫等人合著的《世界文明史》第一卷为例，该书的第一部分的标题为《历史的黎明》，第二部分的标题为《古典时代的世界》。在第二部分的章节中颇有耐人寻味、引人入胜的题目，如第八章《希腊文明》中有《斯巴达的兵营生活》《黄金时代的雅典生活》，第九章《希腊化文明》中则有《第一个伟大的科学时代》《近代作风的预感》，而第十章《罗马文明》中，更有十分风趣的《罗马变得老于世故》《罗马人的遗产》等。这些标题设计得既生动新鲜，又能准确地说明章节目的基本内容。历史教科书虽说是比较严肃的历史读本，不可能过于活泼，但是有些历史教科书的章节、课、目标题仍然是生动有趣、吸引读者的。像人民教育出版社的九年义务教育初中《中国历史》第二册，某些标题就设计得颇具匠心，用《从“贞观之治”到“开元盛世”》和《盛世经济的繁荣》来反映唐朝封建盛世的辉煌，用《“和同为一家”》来说明唐朝时中华民族大家庭各族人民的亲密无间，用《“海内存知己”》来形容隋唐时期我国和周边国家以至远到西亚非洲地区的友好关系。第二册第22课用《稀疏的资本主义萌芽》来形容我国明清时期资本主义的脆弱。这些都是用得很好的。

一般来说，历史教科书的标题，不管是课标题，或是编、章、节、目的标题，要求具有四大特点：第一，教材内容的定位准确。比如日本三省堂版的高级中学课本《高校世界史》，在编标题上，把全书明确分为三部分：《Ⅰ部　近代以前的世界》《Ⅱ部　近代的世界》和《Ⅲ部　现代的世界》。日本实教出版社1984年版《高校世界史》分为第1部至第4部，相当于我们通常所用的编，下面各分为若干章。第1、2部各章也是按地区方位来分别叙述历史的，如东亚、东南亚、南亚、中东等。上述这两种日本历史教科书，从编章的标题上明确规定了本编、本章、本节所要写的课文主要内容，各部分为古代中世纪史、近代史和现代史，各章则按地区分别叙述亚洲和欧洲各不同地域不同时期的历史，从标题上一目了然，既方便教师教授，又方便学生自学。

历史教科书在编、章、节（课）标题上，都是标得很明确的，其内容限定十分严格。这是教学规律所要求的，决不能含糊。如果在一本教科书的标题上叙述得十分含糊或模棱两可，那就无法进行正常的教学，教师会认不准教学的基本内容和教学重点，学生在学习时也会感到莫名其妙。我国的历届历史教科书，在编章节和课标题的设计上，都是几经斟酌的，最后确定出既准确又科学的编章节和课标题的表达词语。

我国是社会主义国家，历史教科书的编章节是按马克思主义的科学的社会发展规律的分期模式而设计标题的。从 20 世纪 50 年代开始的第一套初高中中外历史课本，基本上都将课本的第一编题为《原始社会》，以后依次为奴隶社会、封建社会等，在编下再划为各朝各代的各段各章。这是一个大的原则。但是自 20 世纪 50 年代到 20 世纪末，一些编章节和课标题也随着大时代的发展和历史界考古学的新发现，有所更新和变化。比如在 20 世纪 50 年代，我国云南地区的元谋人和陕西的蓝田人尚未发现，那时候的《中国历史》第一编第一章第一节标题为《中国猿人和山顶洞人》，“中国猿人”指的就是北京猿人，简称“北京人”，因为在 1929 年就发现了第一个完整的头盖骨化石。到 20 世纪 80 年代，人民教育出版社出版的初中《中国历史》第一册课本，就把这一标题改为《我国境内的原始人群》，这是由于内容不仅包括北京人了，还包括新发现的元谋人和蓝田人。这一标题的变动是根据课文中新的编写内容来确定的。20 世纪 50 年代后期同时出版的初中和高中《中国历史》第一册，由于课文内容讲授的幅度深浅不一样，在讲同样内容的节标题时，表达方式也不相同。初中第一册《中国历史》第一篇第一章第二节，节标题为《我们祖先的氏族公社生活》，课文重点讲述氏族公社和磨制的新石器，而在高中《中国历史》第一册第一编第一章里，却使用了《灿烂的彩陶文化和黑陶文化》，这是因为在高中教科书里，层次应当比初中高，内容自然要比初中丰富，相应在高中教科书里，比较详细地介绍了“黄河流域的彩陶文化”和“东南沿海的黑陶文化”。

从上述这一比较，我们可以知道，历史教科书的编章节和课标题，虽然只是极短的一行字，确定过程却有着很深的学问，它需要科学的界定，涵盖学术界的新成果，同时科学地规定着教科书各章节目和课文的具体内容。所以，当我们拿到新的历史教科书时，首先应当仔细翻看课题目录，研究其中的变化，发现在标题上有无新特点，这样会总体地了解一套历史教科书的水平。

从历史教科书的标题上，还可以了解教科书编写者的宏观和微观的学术和政治观点。这套历史教科书是如何处理历史分期问题的？对某一朝代的历史地位如何评价？对某一事件、人物是褒是贬？在历史教科书的编章节和课标题上，编写者常常都能表达出来，这就会有利于我们对某本教科书总体把握。上面我们已经谈到，我国的历史教科书大的原则观点是毫不含糊的，确定马克思主义的科学历史观作为编写教科书的总的原则。所以，在各册历史教科书的编章节和课标题上，鲜明表达了历史唯物主义的社会历史分期观。整个一套中外历史教科书，长期以来分为原始社会、奴隶社会、封建社会、资本主义社会（半殖民地半封建社会）和社会主义社会五编，在编标题上有时明确标上（如 20 世纪 80 年代课本），有的在编、章、节标题上明确写上“我国的原始社会”“夏商的奴隶制国家”“中央集权的封建帝国——秦帝国”等。20 世纪 90 年代的历史教科书虽然已经不使用编章节体例而采用课题体编写，但在课题中仍鲜明坚持马克思主义的科学历史分期观，如1989年初版的初中《中国历史》教科书中，课题上仍沿用“夏商奴隶制王朝”“奴隶制发展的西周”“封建文化的高峰”等写法，表明编写者把人类社会历史仍然看成一部有规律可循的，依次表现为原始社会—奴隶社会—封建社会—资本主义社会—社会主义社会的发展史。这一点，我想应当是我们社会主义国家历史工作者编写历史和历史教科书坚定不移的原则。确立这一大的原则之后，在我国历史和世界历史上，还有若干不同的历史分期问题，这些分期原则也必然会反映到具体的历史教科书的编、章、节和课标题的写法上。一个最为明显的例子，是我国学者们争论了数十年的我国奴隶社会和封建社会从什么时候划分的问题。

我国一共有七种不同的分期法，我们历史教科书上采用的是战国分期说，也就是当年郭沫若等老一辈马克思主义史学家将战国（或公元前475年）作为我国封建社会开始的说法。新中国成立以来的历史教科书中，也一直将这一学术看法明确反映在课本的章节或课标题上。如20世纪80年代的初中《中国历史》第一册，在《封建社会》一编里写有“封建社会的形成和初步发展——战国、秦、汉”，而该编第一章的标题则醒目写有“封建时期的形成时期——战国”。20世纪90年代的九年义务教育初中《中国历史》第一册第9课，把春秋战国社会形态的转变，用“大变革时期的社会经济”作标题，来显示教科书是赞成战国封建说的。

教科书的标题也鲜明地表现出课本编写者的政治和学术观点。比如和我国有深厚友谊的当代日本进步史学家吉田悟郎、铃木亮、鬼头明成、二谷贞夫等诸位先生编写的《高校世界史》，在课本的标题上是明确写上“日本对中国的侵略和中国的抗日运动”的，这一点可以说是对日本军国主义分子一伙在日本教科书中将对中国“侵略”肆意篡改为“进入”的严正抗议。吉田先生等的这本教科书，还在标题上明显歌颂了近现代各国的民族解放运动，谴责了帝国主义体系的建立，在课本标题上鲜明公正地表露了作者们的观点。我国香港地区的历史教科书，在标题上也可以明显地看出编写者对某些学术观点所持的看法。比如他们对夏朝是否在历史上真实存在过，一直表示存疑，他们慎重认为只有有文字可考的商朝，才可作为我国文明史的开端。一直到 1998 年出版的《中国历史》教科书，在第一册第一编和第一章的标题，仍不将夏朝列入。上面所举可以说明，在历史教科书的标题处理上，一些大的政治观点和学术观点都可以明确体现，我们不可小看这些标题。

此外，在历史教科书的另一些标题处理上，我们还可以看出编写者对某些事件的基本评价和对一些历史人物的好恶褒贬。前举香港文达版《中国历史》第四册上，有两个标题《王莽篡汉及其亲政》和《唐之盛世》，很明显编者对王莽这位历史伪君子是贬大于褒的，而对唐朝作为我国封建时代最辉煌的工朝颇为赞叹。人民教育出版社版九年义务教育初中《中国历史》，从标题上反映出的对历史的评价，态度尤为鲜明，如第二册讲唐朝文化，前后用“科技发达、宗教兴盛”“光耀千古的文坛”“五彩缤纷的艺术”三处感情浓郁的表述，来赞誉唐文化的盛况。这些都足以说明，在教科书的标题上，大有学问可做。

教科书的标题还有促使历史课本更为生动的作用。历史本身是无比生动的，但长期以来历史教科书却写得相对死板，教科书的标题也显得索然无味。我觉得不妨专门研究一下历史教科书标题的生动化。前面我们已经提到了《世界文明史》标题的鲜明特色。下面再看看另两本史话体史书的部分章目标题。一本是史学家张广智写的《克丽奥之路——历史长河中的西方史学》，这是一种通俗写法的西方史学史，其标题的新颖生动有趣，令人赞叹。我们试举该书的前 10 个标题：《欧赫麦鲁斯化：神话与史诗》《“史学之父”》《求真的人》《“希腊化”：难以泯灭的光辉》《史学的魅力》《“惩罚暴君们的鞭子”》《“阿莉阿德尼的线”断了》《在神学的桎梏下》《新的开端》《交递•过渡•其他》。这 10 个生动的标题，概括了荷马、希罗多德、修昔底德、普罗塔克、凯撒、李维、塔西佗、布鲁尼、马基雅维里、波丹等一大批西方古典时代和中世纪的优秀史学家和他们的名著。本来史学史是一门比较容易使人感到枯燥的学问，但经张广智先生这样一写，仅从标题上就给我们一种清新悦目的感觉，吸引着人们去阅读全书。另一本是黎虎教授编写的《夏商周史话》。夏商周三代史史料奇缺，这一段历史往往也很不容易写得生动，但黎先生这部史话却使人十分爱读，就其标题来说，就设计得既生动而又简洁。该书商朝政治史一章，节标题是这样书写的：《玄鸟生商——商族的兴起》《成汤灭夏——商朝的建立》《成汤居亳——亳都与郑州商城》《盘庚迁殷——商代历史的转折》《武丁中兴——商王朝的鼎盛》。假如只有下面的副标题，自然历史的脉络也已很清楚，但一加上四字一句的正标题，顿使商朝历史妙趣横生，大大增色。相比起来，我们深深感到长期以来我们的各类历史教科书，在标题的设计上，常使人有过分严肃之感，即使是给十几岁的少年写的初中历史教科书，也常常严肃有余、活泼不足。这是今后的历史教科书仍须大大改进的地方。

可喜的是，历史教科书的编者已经开始注意到这一问题，如 20 世纪 90 年代人民教育出版社编写的九年义务教育历史教科书，在这方面已大为改进，出现了如《氏族公社时代的居民》《中华文明的勃兴》《大变革时期的社会经济》《动荡中发展的南朝》，以及前面曾经提到过的《“和同为一家”》《“海内存知己”》《对外交往的活跃时期》等新鲜活泼、表述确切的标题，这是历史教科书编写技巧的一大革新。这样的标题，会大大增强学生对历史课的兴趣，我们衷心希望，将来的历史教科书在这一方面会有更大的进步。

历史教科书的课文

课文本身通常是教科书的主体。历史教科书的教育任务，包括政治思想教育、基础知识的传授和对学生能力的培养，主要是靠教师讲授或指导学生学习课文来完成的。所以，在历史教科书的编排结构中，课文本身应当是重中之重。一部教科书编写得好与不好，是否体现国情和时代精神，是否体现了当前学术界的新水平，最主要的也是看课文本身。

般对历史教科书课文的分析与评价，有如下几项标准：第一，看课文的观点是否正确，这又包括政治观点和学术观点两方面；第二，课文的选材是否得当，是否能确切地说明历史的真实性，是否符合青少年或儿童心理和接受能力；第三，课文的编排是否合理，前后内容是否零散芜杂，次序是否有条理；第四，课文和图表搭配是否适当。

关于课文政治观点，一般比较易于处理。其实，任何历史教科书，其政治观点都十分鲜明。有些中外学者曾企盼所谓“还历史本来面貌”，实际是一种不可能实现的空想。因为每一位史学家、文学家或作家都不是浮悬在空中的人，他要生活在特定的某一个国家某一段历史国情中，他的思想和他的政治观点不可能不受到当时当地的影响，他们写出的历史或文学作品必然会带有时代和所在国情的烙印。所以一切历史作品的政治观点都是明显的。通过之前对清末民国中学历史教科书的纵述，可以使我们更好地看清历史与政治的关系。历届政府总是力图使教育为他们的当时政治服务，如清末《奏定中学堂章程》中明确规定历史教学必须“先讲中国史，当专举历代帝王之大事，陈述本朝列圣之善政德泽，暨中国百年以内之大事；次则讲古今忠良贤哲之事迹”。封建统治者组织编写的历史教科书，希望能培养顺从的封建奴才，而帝国主义侵略分子则企图通过他们的历史课本，在中国造就一批汉奸亡国奴。第二次世界大战结束至今，日本法西斯投降已经过去许久，至今尚有少数军国主义的余孽在历史教科书上大做“侵略”偷换成“进入”的文章。遑论其他！所以，我们评价一本历史教科书的课文，首先要考察其政治观点是否符合我国国情，是否符合我国人民和国家的利益，是否符合马克思主义的科学历史观，是否有利于培养下一代成为社会主义建设事业的接班人。这是千万不可忽视的。

至于课文中的学术观点，在历史教科书中一般也是要求慎重的、严肃的、科学的，力戒哗众取宠、轻易采用一些尚不成熟的观点。比如文学界和史学界曾经掀起一股为曾国藩、李鸿章翻案的风潮，对此，著名史学家刘大年说过：“一些论者反其道而行之，把帝国主义、封建主义统治及其代表人物的假恶丑，像变戏法一样，描绘成真善美的化身。”我们对此应该慎重对待，不可在严肃的历史教科书中随意采用不当的观点。

课文的选材是否得当，包括几方面的问题。首先，所选的一段史料能否正确反映科学的真实的历史面貌；其次，这段史料对于中学生来说，是否过于深奥难懂。对于前者来说，“文化大革命”十年的一些“评法批儒”的所谓历史文章、历史作品和历史教科书，给了我们最为明显的反面教训。硬是拼凑一些史料把孔子思想中进步的“仁”学，歪曲成虚情假义，甚至比封建专制还要坏。硬是把历史上的“清官”批成比酷吏还恶毒。硬是把在宋王朝残酷压迫剥削下举起反抗义旗的农民英雄宋江说成“投降派”。还有，一切历史都以某一人物为区分标准，讲述王安石变法时，凡对他的不当做法提出过异议的人全都一律打成“保守派”，不仅有司马光，甚至还包括同样也主张变革的苏东坡等人。有一个时期，一些伪造的考古“成果”也被写进历史课本。如“文化大革命”期间，有人假造了一份据说是古代畏兀儿人写的“古来汉人为吾师”的诗抄，曾一度写进了中学历史教科书。后人证明，这是“文化大革命”十年中好事者的伪造，目前在历史教科书中已经删去了。

以上说明，取材和选材的不慎重，会给历史教学带来严重后果，会把谬误的知识传授给青少年。课文的选材，还有一个是否符合教育原则的问题。史料说明一个历史结论一个历史观点，可以有许多选择，而对十几岁的青少年来讲，则应当选取他们最容易接受的。这里举一个商鞅变法的例子。商鞅其人其事内容极为丰富，《史记》专有《商君列传》，古籍还存有专载他变法主张的《商君书》。今人所写的专著中有关商鞅变法的事迹写得也极为丰富，因为这是我国古代历史上一件划时代的历史事件。当代史学家杨宽先生的《战国史》用了整整 11 页的篇幅，详细记载了商鞅一生，从商鞅出身和入秦写起，写到他受到秦孝公的重用，然后有商鞅和守旧贵族甘龙、杜挚的争论，再写到从公元前356年至前350年的两次变法，最后叙述到商鞅变法的成功和他本人遭到残酷杀害。就变的内容来说，杨先生的《战国史》至少列举了两次变法中的十余项。另一本由秦汉史专家林剑鸣先生所著《秦史稿》，商鞅变法的内容也写了1.7万余字，内容包括商鞅入秦、变法前的争论、发布垦草令、编造户籍实行连坐、奖励军功、鼓励耕织、厉行法令、普行县制、迁都咸阳、统一度量衡、商鞅被杀、商鞅的功过是非等，仅子目就有十多个。这么多内容，不可能在薄薄的一本历史教科书一篇短短的课文中面面俱到，中小学的历史课本只可能选择其中最重要的、最说明本质，而又可能为青少年学生所容易理解的内容。若干年来的历史教科书，对选取什么样的内容已经形成共识，这就是自20世纪50年代至90年代的中学历史教科书中所列进的几乎内容完全一致的商鞅变法四项主要内容：废井田开阡陌，实行土地私有制度；奖励耕战；军功授爵，削弱旧贵族特权；推行县制。这几项是商鞅变法中最具有重大历史意义的内容，从此秦国的封建土地所有制代替了奴隶主国有土地制，新兴地主贵族代替了旧的奴隶主贵族掌权，而县制的推行则直接加强了君主中央集权政治，使秦国强大起来。为了使学生更易于接受，人民教育出版社20世纪90年代出版的九年义务教育初中《中国历史》教科书，在小字中附写了商鞅舌战保守派的内容，还增加了商鞅秉公执法、刑罚太子两位老师的故事。而在20世纪90年代以前使用的小学历史教科书中，还增加了商鞅“立木赏金”的故事，来加强小学历史课的生动性。上面以商鞅变法为例所谈的历史教科书安排课文的选材原则，是比较典型的。

其他历史教科书上课文选材的原则，大致如此。

下面再简单谈谈课文的安排是否合理的问题。一般来说，各类通史都采取将各历史阶段分为政治、经济、文化等几大块先后编写的安排方法。目前我国的中国历史教科书，无论高中或初中，通常都依照这种方法去处理几大块的内容。例如九年义务教育初中《中国历史》第一册，讲春秋战国和秦汉史，都是先安排政治，后安排经济，最后安排文化史，分成几课来集中叙述课文。形成“春秋五霸”“战国七雄”“大变革时期的社会经济”“空前繁荣的春秋战国文化”一组，和“秦始皇统一中国”“秦末农民战争和楚汉之争”“西汉的兴盛”“东汉的统治”“两汉的经济和社会生活”“昌盛的秦汉文化”另一组。近年来由于民族史和中外关系史备受重视，各册课本便又加上这两方面的内容，如在两汉史大单元中，加上“两汉与匈奴的和战”以及“两汉经营西域和对外关系”等。初中《中国历史》讲述隋唐宋元明清各代，一般也都是这样的课文内容安排模式。我国著名历史教育专家赵恒烈先生对上述课文内容的分类安排讲授，比较肯定，认为：“中学历史课本用通史体裁编写，把每一历史阶段分政治、经济、文化、少数民族、中外关系方面来叙述。把同一性质的相似历史现象归纳起来，分析其变化，比较其异同，就能发现历史上的某种必然性，探求到客观规律，这是认识历史的一种科学的方法论。”我们认为，上述这种分各种专史来综合各段历史的课文安排方法，是目前最好的安排方法，先讲政治，可使时代有较清晰的脉络；再讲经济、民族关系、社会生活，可以使各段历史丰富起来。最后讲文化，就可以将整段历史各个视角都看清，有利于讲清目前史学界所提倡的使历史“全方位化”“立体化”。而这一点，我国 20 世纪 90 年代以前的历史教科书照顾得不是十分周到，尤其是20世纪60—70年代，历史著作和历史教科书常常只注重政治史，甚至一部历史仅仅写成阶级斗争史，这就是明显的大缺陷。进入21世纪，我国历史教育界和历史教科书编写界蓬勃发展，历史教科书的编写方面面临着大变革的趋势，课本的面貌也日益更新。21世纪初使用的全日制普通高级中学教科书《中国古代史》在课文的安排格局上，也有两处比较大的革新。一处是将原先传统的秦以前的历史，统一为第一章《祖国历史的开篇——先秦》，将原先分属于原始社会、奴隶社会编章节的部分和原分属于封建社会一编第一章的战国史课文内容统一写在“先秦”这一章里。这样章节内容的安排有利于集中在课文中编写奴隶社会夏、商、周的政治、经济和制度、文化史。尤为重要的是原先为了表示春秋和战国分属奴隶制和封建制两个不同性质的社会，在课文安排上硬行将春秋和战国史截然分开，结果把明显互有联系不可分割的春秋战国经济上的大变革割裂开来，如管仲改革、鲁国初税亩和李悝、吴起、商鞅变法等历史事件，本为一根红线有机地串联起来，反而在课本里变得十分零散和不协调。《中国古代史》在第一章第六节《春秋战国时期的社会经济和社会变革》里，合起来用“春秋战国时期的改革和变法”作为目标题，这样就比前合理科学多了，可以给学生一个鲜明的春秋战国时期在制度上大变革的完整面貌。春秋战国史课文统起来安排，还对这一时期的文化史章节的合理安排有重要作用。原先把老子、孔子安排到奴隶社会的春秋史部分，而作为他们继承者的庄子和孟子，却硬行安排到下一个编章封建社会的战国史部分去，这是极为不合理的人为划分。《中国古代史》课本将上述课文内容安排合为一节《春秋战国时期的文化》，就合理和科学得多。"在新教材里，无论从社会经济、生产力的发展、社会改革运动、文化的相承，都把春秋战国合在一起叙述，可以给人一种十分清晰鲜明的感觉，觉得这是一条十分合理、合乎科学的发展线索。"我们觉得这样说是有说服力的。高中《中国古代史》在课文安排上，第一版还有一处成功的变动，就是将原来五代、辽、宋、西夏、金、元一编中的元史部分拿出，改为和明清史合为一章的课文安排方法，使新教材形成为"统一的多民族国家进一步发展和封建社会由盛而衰——元、明、清（鸦片战争以前）"。这种课文内容安排的改变，也是有充分理由的。主要理由有二：第一，元朝根本不属于民族分裂时期，过去把明明是我国历史上最为大一统的元王朝归在"封建国家再度分裂和几个民族并立"标题下，是不合适的；第二，应当从整个中华民族历史上突出由我国蒙古族建立的元朝的重要历史作用，这样才真正体现出在编写我国历史教科书过程中做到各民族一律平等对待。现在将元朝放在"统一的多民族国家进一步发展"的元明清时期的开头，对元朝历史的处理就公平多了，《中国古代史》上这一段课文的安排也就更为科学了。上述这些例子都说明，编写历史教科书过程中，一段课文的安排，次序的先后，编排的格局，是很重要的。它表明着一种观点，体现着编写者的历史看法。因此，历史教科书课文安排得当与否，也是评价教科书水平的一项重要标准。

下面我们要专门研究一下历史教科书课文的大小字编排问题。所谓大小字编排，实际是编辑上的不同字体编排体例。这是 20 世纪 90 年代开始的，在我国历史教科书里推行起来的一种新的体例，先是在人教社版的九年义务教育初中历史教科书中试行，后来扩大到其他一些出版社的各类历史教科书，现在在全国推行的人教社版新一轮普通高中历史教科书也继续使用这种编排体例。追根溯源，这种大小字体例早在几十年前甚至百年前我国早期的历史教科书就曾经使用过。1926 年有一本名为《初中本国史》的教科书，就有大小字的先例，大字用以叙述历史概略，小字作注释补充。据马执斌编审考证，我国更早的大小字历史教科书体例，见于 1903 年商务印书馆出版的《国史初级教科书》。但那时小字比例很小，约占整个课文的 1/10。而目前的历史教科书，以 20 世纪 90 年代人教版的课本为例，约占整册课文的一半。

这种大小字体不同的课文编排，其优点是明显的。人民教育出版社的芮信同志，曾为此专写了一篇题为《九年义务教育初中历史教科书中小字的使用》的论文，列举了这样编排的长处。他在文中举引了《中国历史》第一册“祖国境内的远古人类”的例子，说义务教育新教科书比 20 世纪 80 年代的原课本知识面扩展了许多。旧教科书所无法列入的北京人发现挖掘过程和山顶洞人具体情况说明，在义务教育教科书中用小字都可以给以弥补。所以芮信同志说：“新教材由于使用了大量小字，使得这些内容可以恰当地放入课文中，较好地解决了知识点与知识面的矛盾，从而扩展了学生的知识面。”

大小字的编排，究竟有些什么好处呢？它在整个历史教科书中和一篇整体课文中究竟起了什么作用？我们可以归纳出以下四大优点。

第一，小字体和不同的字体可以解释正文或大字部分的不足之处。我们以沈其炜、林丙义先生主编的上海市七年级历史教科书为例，该书《十六国与北朝》一节“北魏孝文帝改革”一目正文中，对北魏鲜卑拓跋部叙述文字极少，仅有“在五胡中鲜卑原来发展比较缓慢，鲜卑拓跋部直到前秦统治瓦解之后，才建立了自己的政权”一句。很明显，作为中华民族整体的历史，对我国历史上曾经起过重要作用的鲜卑族，这样叙述是极为不够的，不符合“中国的历史是中华民族各族人民的历史”这条重要原则，必须写有一些鲜卑族本身历史的内容。上海版教科书用不同字体的编排方法，成功地解决了这一困难，弥补了正文的不足。在课文的小字部分，上海版教科书介绍了早在公元前 1000 多年，鲜卑族在我国大兴安岭活动，公元前 2 至前 1 世纪，他们南迁至呼伦贝尔大草原，在那里的一个山洞里建立了祖庙——嘎仙洞石室。课文用不同字体进行补充，不仅科学地体现了在编历史教科书时平等对待各民族的原则，而且也将嘎仙洞石室这一近年考古界新成果巧妙地应用到教科书上。这样的例子，在人教社的各册教科书中也常有体现。比如人教社出版的九年义务教育初中《世界历史》第二册中，正文不可能叙述许多第二次世界大战中斯大林格勒保卫战的详细经过，但在小字中则可以较多地介绍苏联红军和苏联人民英勇反抗法西斯侵略者的可歌可泣的英雄事迹。小字课文中有这样激动人心的场面描述：“在巷战中，苏军为保卫每一条街道、每一幢房屋甚至每一个房间，都要反复争夺……许多老年人、妇女甚至孩子，自愿驾驶船只，参加战斗。”这些内容，无疑使整篇课文增辉生色，弥补了由于字数所限的正文所无法解决的缺陷。

第二，小字部分的另一种作用，是作为正文文字的注释，起着对一些专有历史名词或制度史专用词汇进行解释的作用。比如近年使用的人教社出版的全日制普通高级中学教科书《中国古代史》，在正文谈到西周宗法制时，仅仅提到“宗法制是一种以血缘亲疏与嫡庶来确定继承关系和名分的制度”，不可能详细解释宗法的层层关系。而在楷体字（小字部分）中，则较为详细地说清了宗法制的关系："周朝宗法制规定，就周王室说，周王为大宗，王位由嫡长子继承；其余诸子为小宗，分封为诸侯。在诸侯国内，诸侯为大宗，侯位由嫡长子继承；其余诸子为小宗，分封为卿大夫。卿大夫封地内，卿大夫为大宗，职位由嫡长子继承，其余诸子为小宗，为士。西周森严的等级制度，由此形成。"另外，在讲到战国时期的李悝、吴起变法时，正文宋体字只点到二人各为魏国和楚国的变法。要了解这两次变法的较详内容，则在楷体字里都可见到，诸如李悝变法发生在魏文侯时，内容有"尽地力之教""制定《法经》"等。吴起变法在楚悼王时，内容有整顿吏治、限制贵族权力等。小字部分恰好起到对正文的解释作用。

第三，小字部分还有扩大知识面的重要作用。这一方面，上海教育出版社出版的那套历史教科书处理得十分成功。在前面提到的沈起炜、林丙义先生所主编的七年级用《历史》课本第一章《我国历史的开端》中，在"人类的起源"一目的小字部分饶有兴趣地讲到了女娲捏泥偶造人和《圣经》中上帝创造人类的故事，还叙述了第一颗古人类化石爪哇人头盖骨出土的情景。这些叙述扩大了初中学生的视野，让他们知道除了科学的从猿到人的学说和我国第一颗北京人头盖骨化石外，还有宗教和神话中人的起源说法以及世界其他地区的古人类生活情况。该书在谈到孔子"仁"的理论和学说时，除了在正文中科学地论证孔子的"仁即爱人"的含义外，还用不同字体列举了孔子反对殉葬、不信鬼神的进步思想，从而使学生从更多方面了解和认识孔子的杰出伟大之处。人民教育出版社的历史教科书，在使用不同字体时，也常常含有扩大知识面的作用。例如高中《中国古代史》，在谈到唐末农民战争的伟大作用时，除在正文中列举了使唐王朝分崩离析、沉重打击地主阶级的首次提出的平均思想外，还用不同的字体，专门谈到了唐末农民战争“彻底扫清了士族势力”的伟大作用。文中还说：“唐朝时，江陵是士族门阀势力较大的地方，经过唐末农民战争，许多衣冠士族都被起义军镇压。又如，唐朝的崔、卢、李、郑等家族，世代显著，至宋朝‘绝无闻人’。”

第四，课文中的小字部分，大大激发了学生阅读历史的兴趣。许多在小字部分详加叙述的课文，生动有趣，引人入胜。这方面的例子很多，如人教版九年义务教育初中《中国历史》第一册在“吴越争霸”一目中小字部分的课文里，引用了越王勾践忍辱负重，终于复国雪耻的生动故事，“夫差强迫勾践和夫人一同到吴国，为夫差驾车养马，打扫宫室，忍受各种屈辱。三年以后，他们才被遣送回国，勾践立志雪耻，发愤图强，在室内悬挂苦胆，出入都要舔尝，还自问：‘你忘了亡国的耻辱吗?’他粗衣蔬食，和百姓共甘苦同劳作，争取人心，操练兵马，积极准备攻吴”。这一段文字，虽然不是很长，但将越王所受的奇耻大辱描绘得淋漓尽致。就是这种令人难堪的处境才迫使他回国后能卧薪尝胆，立志复仇。这个生动的历史故事，无疑会使学生从情感上十分激动，产生共鸣，加深对历史事实的了解和认识，甚至不用教师讲授，看过这一段记载，就会牢记这些史实。另外，像上述同一册教科书中东汉时期班超投笔从戎的故事，“不入虎穴，焉得虎子”的故事，秦汉鸿门宴“项庄舞剑”成语的来历，战国时代以庞涓、孙膑为主角的“围魏救赵”的故事和孙膑马陵之战中“减灶计”的故事，等等，都用不同的字体在课文中以生动有趣的文字出现，引起学生对历史莫大的兴趣。上面谈到了历史教科书课文中采用大小字体例的一些实例和这种体例的重要作用。但是，应当了解，不同字的体例不是随意使用的，它应当经过编写者精心策划，对史料认真筛选，才能使这些文字起到它们应有的效果，要注意决不能因此无限制地增加学生不必要的负担。更为重要的是，一定要坚守一条原则：这些小字内容不是要求学生“必须掌握的内容”，教师在教学中应掌握尺度。对于此点，人教社初中和高中历史教科书中，都作出了明确规定。九年义务教育初中历史教科书，在书前说明中明确指明“书的正文部分为基本要求，是学生必须掌握的内容”，而“本书上的楷体字、图画说明和注释，不属于基本要求”。高中《中国古代史》也郑重指出：“课文分正文部分和阅读部分。正文部分用宋体字排印，为基本要求，是学生必须掌握的内容。阅读部分用楷体字排印，为学生阅读参考内容，不做统一要求。”

关于历史教科书上的注释

注释，是我国古代史书和其他一些文科著作中通常使用的编排体例，朱熹的《四书集注》，就是把各名家对儒家四部经典《大学》《中庸》《论语》《孟子》的集中诠注。二十四史中的前四史《史记》《汉书》《后汉书》《三国志》在每卷卷末或卷中都排有“索隐”“集解”“正义”等名家的考证和订证以及校勘的成果，亦可算为注释之类。现在中华书局版的二十四史，也把这一体例正式排在书中。可见注释这种编排体例是我国历史读物悠久的传统用法。现在的一些通史著作或大学、大专通用历史教材，也沿袭注释的做法，大多为页下的脚注，一般用来引用史料出处，间或有某些对文中难懂之处的解释和学术的争论观点，像郭沫若主编的《中国史稿》、白寿彝先生的《中国通史》和作为中学教师培训教材的詹子庆先生等主编的《中国古代史》，也都使用这种体例。作为近代意义的我国历史教科书，这种注释用得也很早，至晚民国初年的各类历史课本，便有滥觞。20 世纪 20 年代的一本初中《本国史》，课本正文提到西夏元昊建号称帝，仅仅 11 字，而注释就详到八九十字。解放前的中学历史课本，基本沿用注释的编排体例。

新中国成立后，20 世纪五六十年代的中小学历史教科书曾一度一律去掉注释，使课文十分单一。但在 1978 年以后，中小学各类历史教科书中，已逐渐将注释恢复。直到 20 世纪 80 年代末以前，在课本中注释内容依然较少，只在每页课文的脚注中对一些历史专有名词、历史地名作极简的说明。如 20 世纪 80 年代的初中《中国历史》第三册《鸦片战争》一章中，注释仅用于：解释课文中的历史名词，如“天理教”“洋行”等；注解职官名称“湖广总督”“两广总督”“水师提督”等；古地名今译，如侯官为今福建福州；某一皇帝在位时间，如嘉庆“1796 年至 1820 年在位”等。到 20 世纪 90 年代以后的九年义务教育初中历史教科书和新高中各册历史教科书，注释的内容才越来越丰富。多到如高中《中国古代史》原始社会和夏商周史部分注释达 40 条。

我国香港和台湾地区的历史教科书，是比较重视注释部分的，长期以来它们的教科书不用大小字体例，但用注释形式弥补正文中不足的内容。香港历史教科书中每课的注释很多，但编排格局各个不同，有的置于节、目之后，有的排在课文正文的左边或右边。如香港现代教育研究社出版的黄福奎先生等编著的《中国历史》，注释就统一置于一段历史大节之后。如上述《中国历史》第一册第三章《周之封建》第一节《西周》，共有“西周的建国”“西周的政局”“平王东迁”三目，注释统一置于一节三目之后，共有 17 条之多。而香港文达出版公司出版的《中国历史》第一册，同为《西周兴亡》一节，注释则放在课文同页的左边或右边，仅有“封建制度”和“领主”两个注释。

除我国之外，世界其他一些国家，在各类中小学历史教科书里，也常常使用注释这种编排体例，如日本的三省堂、实教和日本教育出版社出版的《高校（高级中学）世界史》《中学社会·历史》等，也都在课文页的底部附上注释，如日本教育出版社《中学社会·历史》，在其第三章《历史上最大的帝国——蒙古帝国》一节中，就有与朱子的儒学等有关的脚注两条。三省堂《高校世界史》中的《东亚和南亚》一章，关于中国古代史的部分，亦有涉及王莽改制、五胡十六国、南北朝和唐朝三省六部制等内容的 15 条注释。马来西亚《初中历史》也用注释的编排方法，在其第三册有关法国大革命的课文中，共在脚注处列出“三级会议”“巴士底狱”等 9 条注释。

从上所见，在历史教科书中应用注释这种编排体例，是中外各类历史课本一条共同的特征。这种体例在历史教学中所起的重要作用，是十分明显的。大体上可以归纳为以下几条。

第一，它可以起释词的作用，具有类似辞书的功能。例如，历史上的官制、政治经济文化制度的某些专有名词，如中国历史上的井田制、宗法制、三省六部制、均田制、科举制等内容，在课文中无法详细展开叙述，便用注释来补充和诠释这些内容。前面我们提到的日本三省堂《世界历史》教科书，便用注释来解释唐朝三省六部制、两税法等具体内容。香港现代教育研究社出版的《中国历史》第二册《唐朝的开国和盛世》一节，在注释里就罗列了三省六部制、租庸调制、府兵制等的具体内容。人民教育出版社出版的我国九年义务教育初中《中国历史》第二册唐朝部分，在脚注中亦用若干条注释解释中书省、户部、国子学等政治制度、官制和学校制度方面的具体内容。

第二，历史教科书的注释部分，还常常更多地用来单纯地解释难词，这就起着一般字典的作用，如人教社《中国历史》解释唐太宗所说“天下英雄，入吾彀中矣”，注释中专字解释这一“彀”字：“彀，圈套。入彀，这里有被收罗和笼络的意思。”注释的这一作用，在新编高中《中国古代史》里体现得更多。因为高中《中国古代史》层次较高，选用了不少较有难度的古文，释词释字的任务比初中教科书要多。比如，在《夏、商、西周的更替和制度》一课的课后“阅读与思考”中，引用了一段《史记》中武王伐纣的原文，难字较多，在注释中不得不用 7 个注释来解释“师尚父”“百夫”“燔”“臆”“鄉”“蹶”“履”等字词。后面讲“社会生活”时也用了较多的注释，来解决平日不常见的“八珍”中的古代烹饪专有名词“炮豚”“捣珍”“渍”等。可以说，这些历史教科书中的注释，已与语文课的释词释字无异了。

第三，历史教科书中的注释，还常用于古今地名对照，起着历史地理辞书的作用。香港现代教育研究社出版的《中国历史》唐史部分，曾在注释里解释“晋阳，今山西太原西南”“灵武，今宁夏宁武”“马嵬，今陕西兴平境内”。人民教育出版社九年义务教育初中《中国历史》第二册也在注释中解释古地名，如“尼婆罗，即今尼泊尔”“波斯，今天的伊朗”等。因为人教社教科书另有历史地图，在地图中做了古今地名对照，所以在注释中古地名今释相对减少。

第四，历史教科书中的注释部分，在一些教科书中，还起着某一历史人物或历史事件知识点的扩充作用。香港现代教育研究社版《中国历史》第二册中的初唐、盛唐部分，在17条注释中，有6条为房玄龄、杜如晦、魏征、姚崇、宋璟、张九龄六个历史人物一生经历的简介，3条为玄武门之变、唐和突厥战争经过史料的扩充。人民教育出版社出版的九年义务教育初中历史教科书注释中，也有很多重要历史人物的定性或扩充介绍。如第一册《中国历史》的注释中，有“武丁是商朝后期有作为的国王”“妇好，商王武丁的妻子，是当时的一名女战将”“齐襄公是公子小白和公子纠的长兄”“蒙恬，？—公元前210年，秦国名将”“班固，东汉时期杰出的史学家、文学家”。第二册《中国历史》的注释中，有“李靖，唐初军事家，太宗时，任兵部尚书”“李勣，本姓徐，名世勣，字懋功，参加瓦岗军，后归唐，成为唐初名将”“韩世忠（1089—1151年），延安人，南宋著名抗金将领”等。注释和课文中不同字体体例的分工，前者一般比较简练，带有人物的定性性质，而后者则情节比较丰富生动，带有一定的故事性。当然，像我国香港地区课本中没有不同字体体例的写法，注释也就代替了课文的作用。

除上述几个功能外，历史教科书中的注释，有时还起着另外的特殊作用。人教社历史教科书中还有一种注释，写着“见彩图××”，即将教科书前的彩图和课文内容联系起来，说明这条注释可以同教科书前的彩图对上号，与教科书文字内容紧密联系起来。还有一种注释，全文为课文中的古文或古诗的白话翻译。如人教社初中《中国历史》第一册，竖体字引用《孟子》“民为贵，社稷次之，君为轻”，下面注释写道：“这句话的意思是：民众是最重要的，国家次之，君主最轻。社稷代表国家。”两汉史部分竖体字引用了司马迁一句“人固有一死，或重于泰山，或轻于鸿毛”，页下脚注说：“这段话的意思是，人当然都有一死，但有的死得比泰山还重，有的却死得比鸿毛还轻。”这些古人名言和传世名句，因其具有格言和座右铭的意味，在教科书的注释部分特地用白话注释，可使学生理解得更容易。有些古文和古诗的白话注释，则不用全释，只将重要难词难句进行相应的分析，如人教版九年义务教育初中《中国历史》第一册，谈到卫青、霍去病大破匈奴，匈奴人失去河西地区，生活蒙受了巨大损失，当时有民歌唱道：“失我祁连山，使我六畜不蕃息。失我焉支山，使我嫁妇无颜色!”页下脚注是这样写的：“蕃息，意为生长繁盛。焉支山出胭脂，失去胭脂的产地，出嫁的女子不能打扮得漂亮了。”另一处《汉书》的记载，昭君和亲后，“边城晏闭，牛马布野，三世无犬吠之警，黎庶无干戈之役”，页下脚注为：“边关的城门很晚才关闭，处处都是放牧和贸易的牛马，好几代人不再听到报警的狗叫声，老百姓再也没有战争之苦。”这里注释的成分更重了。

历史教科书的注释，究竟以多少为宜，编写者的看法各有不同。有的倾向于多，这是从使教科书化难为易和扩大学生知识视野的角度来主张的。但也有专家力主少用，甚至主张教科书里一概不用注释。如我国20世纪五六十年代的历史教科书的做法，这是从减轻学生学习负担的角度来考虑的。我们对比研究了中外各类历史教科书以后，觉得这一问题第一要做得适度，注释过简或过繁都对学生全面理解和科学吸取历史知识不利。适度适量的注释既扩大了学生的知识面，启发他们对历史的思考，引发他们学习历史的兴趣，又避免了过于烦琐，避免增加学生的课业负担。第二要主张百花齐放，各套教科书保持自己的特色，不妨有的采用大小字的格局，有的用注释来丰富自己课本的内容。在这一问题上不必强求一律，因为参阅各国各地区不同形式的历史教科书，的确也是各有特点，互有长短。目前我国各地的历史教科书在形式上都不断改进，20 世纪 90 年代我国台湾和香港地区的历史教科书，与 20 世纪六七十年代的教科书在形式外观上便大不一样。我国台湾地区的历史教科书的注释部分正在逐渐减少，而相反，我国大陆历史教科书近年来在注释部分的量上，却在逐年增加。这说明教科书的编写者们，都从不同的角度和不同的出发点，各自改进和逐步完善。编写者们一定会在教科书的注释格局方面有更科学的安排。

历史图片和地图的编排

——历史教材学十四论*

我们先谈谈图片。之所以不像以往那样把历史教科书的图画称为插图，而改称为图片，主要在于目前无论我国和国外的历史教科书，所编排的历史写真、照片和图画篇幅都大大增多，再也不是以前很少量的插图、插画了。根据杨云同志的统计，仅人教社出版的九年义务教育初中《中国历史》第一册，所编进的各类历史图片就有 300 多幅，该书近 200 页，也即平均每页有 1.5 幅图片。① 其次，历史图片本身就是历史教学内容的一个重要内容，这些图片不是仅仅为了课文而配备的。所以，我们把现在历史教科书的插图，一概改称为图片。

历史教科书中的图片，从色彩来分，分为彩色图片和黑白图片两大类。从所反映的历史内容来看，可分为文物图片、实物图片、古迹图片、人物像图片和想象图片等类。另外还有一种综合图片，如人教版九年义务教育初中《中国历史》第一册第一课的《历史涉及人类社会生活

---

* 载臧嵘、周瑞祥：《历史教材学和史学论丛》，星球地图出版社 2006 年版。

① 杨云：《谈谈新编初中历史教材图画的使用》，《新编历史教材教学指导》，第 165 页。

的各个方面》综合图，和我国香港地区文达出版有限公司《中国历史》第一册导言中《中国历史告诉我们什么》综合图。下面重点谈谈中国古代史部分图片的功能和特点。

（一）文物图片。这是历史教科书中最常见的一种图片，有时用摹绘的文物，有时用文物照片。在人教版九年义务教育初中《中国历史》第一册所编排 34 幅彩图中，有 25 幅是各朝各代的文物彩照，其中包括半坡彩陶、夏商周三代铜器，战国编钟、铜坊、秦汉漆器，秦始皇陵的兵马俑、铜车马，南北朝的青瓷器和男女侍俑等。这一册的黑白图片，在总数 300 余幅中，文物图片有 148 幅，几乎占一半左右。可见在我国历史教科书中，图片部分的文物图片所具有的特殊地位了。我国香港地区的历史教科书，尤为重视文物图片，文达出版公司出版的《中国历史》第一册 1997 年第二版，仅在导言中，编排文物图片就有 9 幅之多，该书第六章《两汉国力之发展》，所用文物图片共有 25 幅，占图片 43 幅中的 55%左右。我国的历史教科书中文物图片之多，在世界各国历史教科书中独树一帜，形成一个重要特点。与日本历史教科书相比，其文物图片就比我们少得多，更多地用古建筑和绘画作品等。我国历史教科书形成这一特点，我们认为有自己的国情。首先，我国是世界上少有的历史悠久的国家，现存和考古发掘的文物国宝极多，已故史学家周谷城先生曾说，我国近年来所发掘出的地下文物宝库，有些可以在欧美国家成为一座颇具规模的大型博物馆。无论是以秦始皇陵兵马俑为例，还是以殷墟、马王堆汉墓等为例，都丝毫不夸张。所以秦始皇陵兵马俑，被称为“世界第八大奇迹”。我国既有这一笔丰盛的文化遗产，把它们运用到历史教科书里对后世进行爱国主义教育，是很自然会被大家认可的事。其次，我国又有优良的重视古文物的历史传统。自古以来就有不少政治家和学者关心古代文化遗产的收藏与保护。唐太宗命萧翼赚王羲之兰亭序的故事，被后世流传为佳话。乾隆皇帝专为收藏我国的古书法墨宝建一“三希堂”。自古以来，在我国学者里面，就有一大批金石学家，他们为古代文物遗产的收藏保护，殚尽心血，形成了我国具有独特风貌的一门特殊的文物学支派——金石学。我国近代历史教科书里，文物图片也早为编写者们所重视，1913 年始出版的赵玉森编撰的《共和国教科书本国史》里，就配备了若干幅文物、人物插图，包括石鼓文、殷周青铜彝鼎和宋瓷等。文物图片在历史教科书中的特殊作用，可以归纳为以下五点。

第一，有些文物图片几乎能帮助我们为一个时代定性。比如，我们可以根据在云南元谋遗址和北京周口店遗址发现的原始打制石器，科学地判断我国最远古的居民元谋人和北京人已经再不是猿而是人，人类社会已经从此开始。河南二里头出土的一批青铜器，又使我们判断我国夏朝的确已进入青铜时代，进入文明社会，我国有了历史上第一个国家。原先我们在河北兴隆等地考古发现了若干早期铁制农器，曾使我国肯定战国已是铁器时代的开始，而最新课本上又采用了最新发现的河南三门峡市古虢国墓地的西周晚期的铜柄铁剑图，把我国用铁时代提前了三四百年。我国文化史上的许多最新判断，也是通过出土文物来证明的。比如原先长期认为东汉蔡伦开始造纸，这是后汉书上载明了的。但是 20 世纪 50 年代西安灞桥出土了西汉时期的纸，使我国科技界和史学界确认我国造纸术发明可以提前至西汉武帝时，而 20 世纪 80 年代甘肃天水放马滩出土的绘有地图的纸，又使人们认定我国纸的发明更早在西汉文景时期。这些在教科书上出现的文物图片，都能对我国历史一些大的分期、大的发明，甚至社会性质，作出更为科学准确的判断。

第二，有一些文物图片，还可以向我们展现古代社会关系、阶级关系的生动情景。我们在教科书上用商代带枷奴隶俑反映商朝奴隶制的压迫，用西周刖足奴隶守门的青铜鼎来说明周朝奴隶主统治的残酷。香港历史教科书还用一幅穿刺绣花纹衣服的人物雕像文物图片，来说明商朝奴隶主贵族的高贵身份，该教科书在课堂活动中用这幅文物图片对学生提问："左下角人形雕像的衣服有刺绣花纹，你认为他是什么身份?"①人教社的九年义务教育初中《中国历史》第一册教科书上，还用表现出当时劳动人民的艰难生活的东汉陶俑，来反映汉代封建统治下广大农民所受的沉重的压迫和剥削。用新疆出土的汉代锦袍和一双袜子，反映出当时新疆地区汉族和当地民族共同生活、水乳交融和汉文化传向边疆地区的史实。而教科书上《朝鲜古墓出土的青铜镜》和《在日本发现的中国古代铜镜》文物图片，更形象地反映出秦汉时期中朝和中日人民进行经济文化交流的史实。

第三，大量的文物图片，还向人们展示了我国古代丰富的社会生活情景，使我们对历史有一个多角度和全方位的认识。历史教科书里，我国教材编者更多地叙述了古代社会经济和社会生活史，教科书上许多日常生活的画面，都是通过文物图来增添生色的。比如，教科书上用一幅《汉代木牛车》文物图片，来反映汉代人们简陋的交通工具，同时还说明由于秦朝的暴政和秦末长期战争，使汉朝经济处于一种困难境地，贵

① 《中国历史》(一)，香港文达出版有限公司 1997 年版，第 39 页。

族人家都不能乘马车，只能乘牛车。而秦朝一课的一幅《匈奴骑兵铜像》图片，则反映了北方草原民族彪悍勇武的性格。南朝一课中，用一幅《南京出土的南朝莲花尊》，反映我国南北朝时南方瓷器手工业的发达。而《汉代贵族住宅模型》《汉代百姓住宅模型》《汉代陶猪圈模型》一组文物图片，既鲜明地显示出当时贵族和普通百姓尊卑富贫的不同生活，又向学生展示了汉朝住宅建筑的风貌。而一幅《战国铜壶上的水陆攻战图》，尤为形象地展现出战国时期惊心动魄的战争场面。《战国铜器上的楼房图》和彩图《战国的铜房屋》，则都表现出距今 2000 多年前我国住宅建筑的风貌，早在战国时期我国已经出现了高大的楼房。

第四，大量的文物图片，还给学生美的教育、美的感受。马王堆出土的《汉代帛画图》，工艺精美，绘图格局奇特；战国瓦当文物图片，又不禁令人惊叹于早在 2000 多年前我国建筑工匠的艺术造诣。无论是商朝的四羊方尊，还是西周的牛尊、铜盘，其工艺水平都是举世绝伦的，这是距今 3000 多年前我们先祖的劳动创造。这些文物图片，自然会加强历史课的爱国主义教育效果，增强学生的民族自豪感。

第五，一些精美绝伦或气势磅礴的古代文物图片，可以再现古代历史风貌，使学生有身临其境之感。规模雄武壮观的始皇陵兵马俑，使人自然会想象到秦始皇当时统一六国时，叱咤风云雄绝一时的气概。商朝的司母戊鼎，想想它的数以千百名工匠的雄伟制造场面，也不由得让人惊叹。《东汉铜车马》和秦始皇陵的《铜车马》，也会令人想起昔日皇帝和贵族们出巡时的威武壮观场面。难怪刘邦会发出“大丈夫当如此矣”的感叹。

（二）古代遗物图片。有些古代遗址或古墓中出土的物件，称不上文物，但可以叫作遗物。如北京人遗址出土的被火烧过的朴树籽，火烧过的兽骨和有裂纹的石头，还有半坡遗址的粟粒、河姆渡遗址出土的大量稻谷稻秆。别看不起这些遗物图片，放进历史教科书里，却能告诉人们大道理。前述朴树籽和烧有裂纹的石头，说明了北京人已会用火，我国先民进入用火的时代。而半坡粟粒和河姆渡稻谷稻秆，则向人们显示，我国先民是世界上最早的稻、粟的人工培植者。因此，当我们深入学习历史时，不要轻易放过一个细节，远古的遗物图片，在历史教科书里，也自有它的一席之地。

（三）古迹和古代建筑图片。这些图片在历史教科书里，基本可分为三类。第一类为现存古迹图片。如香港教科书里屡次出现的据说是周幽王烽火戏诸侯的烽火台遗址，此图片见于香港文达公司版，题为“骊山烽火台遗址”，这是一座明显的经过近期修建的遗址，巍峨高大；另一张见于香港现代教育研究社版的《中国历史》(一)，却是一幅烽火台遗址照片，题为“烽火台”。这两张遗址图片，都可以令读者产生无穷的遐想，回想当年周幽王和褒姒站在烽火台上嬉笑的情景。第二类为遗址地基图片，如殷墟发掘现场的照片、河姆渡出土遗址的照片等，这些照片会给人以真实感，了解当年王宫的规模和古代先民的原始生活状况。第三类为古遗址复原图片，如课本里所通常见到的《半坡村落复原图》《二里头夏宫室复原图》《商朝宫殿复原图》等。这些经过后人想象恢复当年风貌的古建筑复原图，给人的感受仍是真实的，令人可以了解当时人的生活。就古迹种类讲，遗址和古建筑又可分为以下几类。第一，古代宫室遗址类。如上述的二里头夏宫遗址和商代亳都遗址，包括后来的汉代未央宫遗址、唐朝麟德殿遗址，都可算此类。第二，寺院古迹类。课本上曾用过汉代白马寺古迹图和宋元时期泉州伊斯兰教徒墓地，以及开封铁塔、吐鲁番高昌佛塔遗址、印度那烂陀寺遗址、山西太原晋祠、五台山佛光寺和西安大雁塔古迹等的图片。上述遗址古迹图皆在人教版初中《中国历史》第一、第二册中出现。第三，陵墓类。在我国历史教科书中通常出现的这类古迹遗址图片有秦始皇陵、岳飞墓、成吉思汗陵、苏禄王墓、李自成墓、史可法墓等。一些名人的故居和纪念祠，如文天祥祠、三苏祠、醉翁亭等，亦可算在其内。这些古迹图片在教科书中出现，除了加深学生对课文的印象外，对乡土史的教育，亦可增加不少内容，可以增强学生热爱故土热爱家乡的情感。第四，古城等类。包括我国闻名世界的万里长城和一些古城市、古城堡以及它们的平面图。在人教社初中和高中中国历史教科书中，对我国首都北京古城的面貌，其图片是用两种方式配置的：九年义务教育初中《中国历史》教科书中出现的是一幅《明朝的北京城》的平面图，教师们认为这幅图正好可和隋唐都城平面图的格局相对比。高中《中国古代史》教科书则换一种编排：选取北京鼓楼和钟楼两幅照片。第五，民居和其他类。如半坡居民遗址、历代战争遗址等。古建筑和古迹遗址图，在历史教科书图片中所占分量也较多。高中《中国古代史》先秦、秦汉史两章，共编进图片 86 幅，古建筑、古迹遗址部分有 14 幅，占全部画图部分1/6 左右，这两章所有遗址、古建筑图片内容包括半坡姜寨遗址复原图、商代车马坑、安阳殷墟宫殿宗庙遗址、马陵道遗址、长平之战遗址、杏坛、孟子故里、灵渠分水坝址、秦阿房宫后人摹绘图、陈胜墓、汉武帝茂陵、西汉交城故址、南越王墓、白马寺等。前面曾提到，以古迹、遗址为历史教科书的大宗图片，日本比较兴盛。三省堂版《世界历史》前面的综合彩图20幅中，古迹遗址类的图片，竟占了12幅，包括埃及金字塔、中国长城、古罗马竞技场等，文物图则极少。这可以看出，中日两国历史教科书在编选图片方面的风格之不同。

（四）历史人物画像和影照类。历史人物画像的众多，亦是我国历史教科书编辑方面的一大特色。在我国内地各省使用的历史教科书中，大体上人物像又分为三类。第一类为古人所绘传统的历史人物画像，如教科书经常使用的唐代画家吴道子绘的孔子像，又有历代帝王像和历代名臣像，如汉武帝、汉光武帝、隋炀帝、唐太宗、宋太祖、明太祖像等。这些人物画像因为流传已久，虽不尽真实，但已被历朝历代文人墨客认可。第二类是现代名画家所绘或采进我国比较权威的《中国大百科全书》里的有关历史人物像，比如屈原、孟子、荀子、韩非等人物像。这些图像也正在逐渐被人们认可。第三类则为近现代和当代人物的写真、照片。这是绝对可靠的，一般没有异议。上述三种人物像，我国内地历史教科书中，都在普遍使用，无论中国历史和世界历史教科书，一概如此。但我国香港地区的历史教科书，对此则持较为慎重态度，他们的编写者规定，凡不是近现代和当代照片的历史人物头像或其他形象，一概不用。所以，他们的教科书里只有近现代和当代人物写真、图像，古人画像一概不收。间或有一些写意的创作画，也是以全景故事画为主，不出现虚构的历史人物个体画像。这是我国香港地区教科书在选图方面的一大特点。历史教科书里使用人物像，其意义不过为了渲染历史气氛。比如通常使用的秦始皇像，原为中国历史博物馆展出，是经过现代名画家根据当年服饰冕冠和史书中记载的秦始皇像设计绘出的，气象不凡，姿态威严，和历史上的秦始皇很相似。通常采用的唐太宗像，也基本和历史相符。如今作为我国历史上极少几位杰出帝王，收进历史教科书里，原也无可厚非。当然需要强调的是，这些画像毕竟不如当代人的照片，面貌究竟孰是孰非，毕竟已是无法考证的事。但既经众多学者认可，也就当其是真就行了。不然，在国际科学家博物馆里，总需要几幅有关蔡伦、祖冲之的图像，付之阙如终是遗憾。我国各册历史教科书中，收入人物画像较多。九年义务教育人教版《中国历史》第二册，共有彩色、黑白图片 36 幅，收进松赞干布、文成公主、玄奘、唐太宗、武则天、鉴真、黄巢、一行、孙思邈、宋太祖、岳飞、秦桧、成吉思汗、黄道婆、明太祖、李自成、于谦、戚继光、王夫之、李自成等人的图像。这些人物像，几乎全是后人创作的。《世界历史》课本第二册编进的马克思、恩格斯、倍倍尔、卢森堡、列宁、马克·吐温、希特勒、罗斯福、丘吉尔等人物像，都是可信的。日本历史教科书引用人物像极少，三省堂版的《高校世界史》中，几乎没有一幅属于个人的人物像。对于采用人物像的问题，我们觉得也是应遵从、尊重各方的原则，尊重各国各地的特殊情况，不必强求一律。

（五）绘画类。这里的所谓“绘画”，包括原始社会的岩画、我国古代最早的绢画、帛画、历代画像砖、画像石、石窟寺壁画和后来文人的创作画和当代人的创作画等。这一类绘画，在我国历史教科书里数量也是较大的。仍以人教社版的初中《中国历史》第一册为例，图片中就收进了历史名画顾恺之的《洛神赋图》、文物画类的北魏木板漆画、当代名人画《昭君出塞》、现代人创作画《鸿门宴》和《北京人的生活》想象绘画 6 幅之多；有些绘画，本身就是文物，如《两汉经营西域和对外关系》一课中有一幅《张骞拜别汉武帝出使西域》，就出自敦煌壁画。

还有一幅《汉朝的饮食加工》图，则摹自汉画像墓。《汉代冶铁画像石》，出自南阳汉墓画像石。这些绘画，编进历史教科书里，有进一步了解古人生活、认识我国古代劳动人民巨大创造力的作用。从《汉朝的饮食加工》绘画中可以看出，当时我国的饮食文化和烹饪技术已很发达！从汉代《采桑画像砖》，我们可以了解早在汉代，我国的内蒙古地区已经学会种桑养蚕；从《东汉牛耕图》中，我们更可了解汉代人使用二牛抬杠究竟是怎么一回事：而在出自汉代画像石中的《汉代讲学图》中，我们又可知道当时儒学兴盛的程度。更不要说马王堆汉墓那幅神奇的帛画中所描绘的内容丰富的情景，和顾恺之的《洛神赋图》中曹操的公子曹植对甄后的缱绻恋情了。这些图画是我国的国宝，我们既可从中了解古人的生活情趣和社会活动，还可以作为精彩绝伦的名画来欣赏。一幅《韩熙载夜宴图》，既可使我们欣赏到古代画家对人物神情惟妙惟肖的刻画，又可从中获悉当时人的服饰以及长腿椅子在五代时已初步盛行。

历史教科书中的图片编排，基本上都可以归在上述五大类中。此外，还有一类是更为专门的，即我国文字自成系统的一种艺术，人们称之为书法。历史教科书中涉及这方面的图片也不少，古有甲骨文字、金文，之后有钟繇、王羲之的墨宝，唐有欧、虞、颜、柳数大家，宋有苏、黄、米、蔡，明朝还有唐、祝、文、周，他们的书法也都在历史教科书中有所体现。这是我国的又一传统国宝，理应使中学生有所了解。

上面是关于历史教科书里的有关历史图片的基本分析。这些分析显然是不够全面的。比如，在历史教科书的中国古代史、中国近代现代史、世界历史三大部分，在图片选取方面就肯定有各自特点。中国近代现代史和世界近代现代史部分图片不太可能有像中国古代史那样拥有众多的文物图片和古遗址图片，而更多的是近代现代工农业、科技文化和战争的场面，这些图片常常是以照片的形式出现。在中外近代现代史部分，还可能出现不少当时人创作的漫画，以增强历史课的生动性和趣味性。如《中国近代史》中一幅《时局图》，就把西方列强侵略中国的事实用漫画方式表现出来，把帝国主义列强比喻为虎、熊、鹰、蛤蟆等；在《世界近代现代史》课本中，《垄断资本家的贪欲》和《美国的“中立”》漫画以及《胡佛村及其“村”民》，也是独具风趣的。世界史课本上像斯大林格勒保卫战的场面、经济危机期间在美国街头上那些排起长龙等待救济面包的队伍，以及职业介绍所前的长队等镜头，也是震撼人心的。这些内容，由于篇幅的关系，我们就不细说了。

下面谈一谈历史教科书的历史地图的配置。和教科书中的各类图片一样，历史教科书中的历史地图，在中国古代史、中国近代现代史、世界历史三大部分中，特点也各不相同。两个近现代史教材更多的是战争示意地图和各时代的国内形势和国际形势地图，比较单一，中国古代史部分相对来说，历史地图门类较多。下面我们具体把这一部分历史地图作一简单分类加以叙述。为了方便起见，我们以新编高中《中国古代史》所收历史地图为例。教科书共编进历史地图约 60 幅，大致可分为历代疆域图、历代战争形势图、历朝民族关系图、历朝经济地图和一些古代城市平面图等五大类，还有另一类较为特殊的，如丝绸之路、造纸术传播路线的地图等，比较少量，也可归为第六类。下面分别予以分析。

（一）历代疆域图。这是在《中国古代史》教科书中，使用较多的一类历史地图，基本上各朝各代都有。从夏朝开始，历经商、西周、春秋、战国、秦、西汉、东汉、三国、西晋、东晋、南北朝、隋、唐、五代、北宋、南宋、元、明、清，大朝代几乎一个不少，小朝代如南朝宋、齐、梁、陈，北朝北魏、东魏、西魏、北齐、北周也都各有一幅疆域图。这些图总数约 30 幅，占《中国古代史》教科书中地图总数的一半。疆域图编进历史教科书的意义，主要是使学生认识我国疆域不断开拓发展的历史，了解我们祖先开发祖国边疆的伟大历史作用，了解我国边疆各地自古以来就是我国领土不可分割的一部分，尤其是新疆、西藏、东北广大地区和海疆台湾、南海诸岛等，有的从秦朝，有的从西汉，有的从唐朝和元朝，就成为祖国大家庭的一部分。这些各朝各代的疆域图，很明白地显示这一发展过程。疆域图还可以向我们展示自明清以来我国疆域的基本发展形成过程，对比近代以来帝国主义国家掠夺侵略我国神圣领土的史实，教育学生认识帝国主义和殖民主义的侵略本质，激发爱国主义感情。历代疆域图还可以使学生为中华民族感到自豪。在世界历史上，我国早就是一个东方大国，殷商和西周的统治区域已经向我们展示了这一点。秦汉大一统封建王朝建立后，疆域不断扩大，为现代中国的广大疆域奠定了基础；唐宋以后，我国统一的多民族国家进一步发展，到清朝最后确立我国领土辽阔的统一的多民族国家的疆域。上述地图主要使青少年了解我们国家的疆域和统一多民族国家的发展过程，培养他们的爱国精神。

（二）历代战争形势图。这类图在高中《中国古代史》教科书中分量不少，共有 14 幅之多，内容包括春秋争霸形势、战国兼并形势、东汉末年军阀割据形势、赤壁之战、安史之乱战争形势，以及各朝各代重要农民战争，如秦末、唐末、明末农民战争形势等。战争形势图重点要注意战役的发生地点的标志以及进军路线，绘制时一定要线索清楚。这类历史地图可以训练学生的读图能力，教师可有意识地培养学生这方面的能力。

（三）历朝民族关系图。我国自古以来就是一个统一的多民族国家，我国的历史教科书十分重视在图文方面表示这一点。因此，在新编高中《中国古代史》教科书里一些重要朝代都有各自的民族关系图，如编有《商朝统治区域和周围属国图》《西周王朝和周边民族形势图》《战国时期各民族分布示意图》《西汉边疆各族》《东汉边疆各族》《西晋末年各民族分布与流民迁移示意图》《唐朝前期的疆域和边疆各族的分布》等。历代民族关系地图的编制，目的在于告诉学生，我国自古以来就是一个多民族国家，我国历史并非中央王朝和汉族的单一历史，而应当包括边疆其他各民族的历史。我国的广袤土地是由中华民族各族人民共同开发而发展的，祖国的文明也是祖国境内 56 个民族并包括历史上存在过现已消失的民族共同创造的。在历朝民族关系图里，可以向学生强化这一思想，培养他们为维护祖国统一而奋斗的思想。

（四）历代经济分布和发展图。目前社会经济史和生活史普遍受到历史界的重视，在中学历史课本尤其是高中历史课本里，社会经济史和生活史的篇幅大大增多，在新的一轮高中《中国古代史》教科书里，几乎每一个大的时代，都有社会经济史和生活史的专节。很自然，关于各朝各代经济分布情况的历史地图也会跟着增多。高中《中国古代史》教科书中，两汉时代有《汉代关中水利工程示意图》和《西汉手工业分布图》，以后又有《魏晋南北朝重点水利工程》和《隋唐时期手工业分布和大都会》，以及《元朝的陆海交通》和《元代大运河》等。这些社会经济分布图，用各种图例显示商业、手工业和交通的发展状况，使学生对各朝各代经济特色和南北方经济的发展速度和特色一目了然，在图上看得一清二楚，有利于对课文的理解。

（五）历代古都城市平面图。新编高中《中国古代史》对历代古都平面图，重点表示了《西汉长安城平面图》《唐长安城平面复原图》和《隋唐洛阳城平面想象图》《元大都平面图》等，体现出我国历史名城尤其是都城布局前后的变化，以及由政治中心逐渐变为商业大都市的过程。在初中《中国历史》教科书中，还有一幅《明朝的北京城》，更可前后比较出汉、唐和宋、元、明城市布局和商品经济的不断发展和变化。从这些都城平面图，还可看出我国古代城市的繁荣，这是我国封建社会不同于西方封建城市的一大特色。所以，无论是汉唐的长安、宋朝的东京开封，还是元明清的北京城，自然都会成为世界各国商人文化人荟萃之地。这是我们在教学生认识、理解历史教科书中历代都城平面图一类历史地图时，所必须强调的。

上面是我们简单总结我国现行历史教科书，在图片和历史地图方面的特色和几大分类。前面已经提到，这仅仅是从中国古代史部分的角度来总括的，若从中国近代现代史和世界历史的角度来综述，则不够全面。读者可以此举一反三，自己总结。不过，我们还愿意在此谈一谈我国香港在教科书编图方面的一些值得效仿和学习的长处，有待以后改进。第一，香港历史教科书在每册教科书的封面、封二或封三，都喜用一批文物图片或历史遗迹图片集中编排，以突出概括本册所要讲述的历史内容。例如，香港现代教育研究社出版的《中国历史》第二册封面，就用丝绸之路的大幅图片和小幅唐朝骆驼胡人俑、宋代花鸟画、元代杂剧俑、明皇后凤冠，来分别代表本册所要讲述的唐宋元明各代历史。第二，香港历史教科书在讲述每朝历史或某一具体历史事件时，也通常集中采用一批典型文物和遗址，以及有关人物和遗物来统一印证和渲染历史史实。如香港龄记出版有限公司《新编中国史》(一)，用了整整两组图片来组成“商代建筑、货币和文字”和“商代手工艺品”的专题内容，用实物来充实商朝历史内容。在课文中的汉代部分，则编排整整一组两汉青铜器实物彩图，包括甘肃武威铜车马、博山炉、马踏飞燕铜奔马、南越王玺、鎏金铜牛等，来加重汉代历史的绚烂色彩。第三，香港历史教科书中，还有一类从历史的纵的发展脉络反映古人某种社会经济形态或经济社会生活的系列彩图或黑白文物图片，集中反映古人生活面貌。例如，香港教育图书公司版《中国历史》(二)，用了一整版各朝车马文物图片，来给学生讲解我国交通发展史。第四，香港历史教科书，还有一种颇有特色的编图方式，是在每一章前配备一整幅那一朝代或那一时期典型特征的文物或历史场景来作为一朝一代一时期的标志，给学生一种特别醒目的感觉。例如他们的教科书，在《传疑时代之中华民族》一章中，配一幅山西壶口大瀑布的图片，作为中华民族永生不息、永葆青春活力的的象征。《商代——信史之开端》，用殷墟出土的龟甲上文字说明“信史”由此而始等。这些图片的安排颇有特色和符合中国国情，我们其他地区是有条件借鉴学习和仿效的。

下　编

历史教材比较研究

浅谈香港历史教科书的编排特色*

20世纪20年代，历史教学界的老前辈何炳松先生，写过一篇《历史教授法》，文中提出许多卓越见解，至今对我们仍有借鉴意义。他提出，要看一本历史教科书的质量好坏，“第一步就是看它是否明白而确切。此外要研究书中的观察点是什么，所附的地图、图画等好不好，所附的参考书是否适当，所附的问题或大纲之类是否有用，目录好否，文字如何，等等”。何先生还提到教科书里应有各类“表解”，以及“养成学生自动研究的习惯”的引导方法，获得一些“批评史材同组织史事的知识”。① 这些建议要求历史教科书不仅要文笔浅显易懂，还要求在编排上有启发学生自学能力提高的特色，也就是现在我们经常强调的启发式，从教材本身就提供学习者自动发挥智能的条件。著名学者钱穆，在一本历史教科书的“弁言”中，也提出“教历史者，首贵能于此分析指点，可以使学者长见识，增修养，此乃历史教育最大之功能”，他还说过“能知事变、人物与时代，此乃历史之初步入门，亦为历史学之主要

---

* 载《历史教材纵横谈》，人民教育出版社 1999 年版。

①《何炳松论文集》，商务印书馆 1990 年版，第 16、26、373—374 页。

骨干”。要完成这一社会功能，达到以上教学目的，无论是在历史教科书的内容还是编排上，都要有足够的保证。下面就我所见到的几本香港地区出版的《中国历史》教科书，从它们的编排特点上，提出我的一些不成熟的看法。同时也谈谈这些教科书的编排特色，谈谈对我们编写教材的启示。

浅评甲、乙两部课程的编排

香港历史教科书编排上一个重要特色，是将历史课程内容分为甲、乙两部。这是根据回归前原香港政府教育署统一颁布的课程纲要决定的，据有关教科书解释：“甲部课程主要叙述中国历朝的治乱兴衰，历史大事的转变及其影响，使学生对中国历史发展，有一基本认识。乙部课程介绍中华民族五千年来文化发展沿革，中国学术思想的演进，及科学技术的伟大成就，使学生认识中国优秀的文化传统，及其对世界文化发展的影响。”① 对比了几种不同出版社不同版本的《中国历史》教科书，概括起来，大体乙类课程所含内容几乎包括所有中国古代和近代文化史、科技史、制度史和部分社会经济史，以及若干年以来的考古成就。

这样编排的长处是什么呢？可以概括为三个方面。第一，香港历史教科书以比较多的篇幅讲授社会生活和文化史的内容，符合当前史学界重视这方面历史、把历史写成全方位的整体历史的时代精神。法国年鉴

① 《中国历史》，香港教育图书公司 1985 年版，编辑说明。

学派的代表人物费弗尔提出“只存在作为整体的历史”，历史应当是“包罗万象的”。[①] 英国著名历史学家屈威廉也提出应当重视“政治以外的历史”。[②] 通观香港地区各家历史教科书，属于乙部的文化史、社会史、经济史和制度史内容所占的比重相当大。香港教育图书公司《中国历史》第二册乙部课程占全册内容的1/3左右；[③] 香港人人书局有限公司《中国历史》第三册约190页课文中，乙部课程内容占90页，所占比重几近1/2。[④] 现代教育研究社所编中学五年级适用的《中国历史》乙部课程也占到全书的一半以上。[⑤] 而最近出版的香港文达出版公司的《中国历史》(五)，全书内容都为乙部课程，共有205页之多，书中罗列中国历朝重要制度、经济发展、中外交通、学术思想和宗教传播各类“政治以外的历史”。[⑥] 我们先不去谈这些教科书选材的内容与观点，就其对于政治以外历史所重视的程度，在试图将历史教科书写成全方位的历史的教科书方面，是应当值得称赞的。这说明编著者的意图，是在向着时代潮流靠拢。

第二，将中国历史教科书，分为甲、乙两部课程，乙部课程中，把各类制度、学术、文化和社会经济史以时间先后为序纵贯各朝各代来系统叙述，也方便于学生对某种制度、某种文化学术现象和某类社会经济生活，有更为整体全面的了解，便于他们对前后内容作出对比，从而得

① [法] 勒高夫：《新史学》，引自蔡少卿主编：《再现过去：社会史的理论视野》，浙江人民出版社1988年版，第95页。
② 庞卓恒主编：《西方新史学述评》，高等教育出版社1992年版，第39页。
③《中国历史》(二)，香港教育图书公司1985年版。
④《中国历史》(三)，香港人人书局有限公司1980年版。
⑤《中国历史》(五)，香港现代教育研究社1993年版。
⑥《中国历史》(五)，香港文达出版有限公司1997年版。

到完整的历史知识。例如，香港教育图书公司版的《中国历史》第二册，在乙部课程中，第二章有我国教育制度史和科举制度史两项内容，自周秦以来教育制度的变迁一目了然，环环相扣，从西周教育谈到孔子的私人办学“讲学传道”，然后说到“秦代以吏为师”、汉建太学、唐代的国子学、弘文馆、宋明的书院，一直到清末的京师大学堂，衔接十分自然，叙述有序。我国人才选拔制度自先秦的“世卿”，到汉代的察举，又到魏晋的九品中正，然后是隋唐划时代的科举考试、宋元明清科举制的发展变化，直至1905年科举制的结束。尤其是从唐到明，科举考试的利弊，从选才“良策”演变为“祸害”，前后叙述得清晰明了，十分有说服力。[①] 学生经过这样的学习，也会对中国的科举制，有更为准确全面的认识。关于历代政治制度的前后相承关系，甲、乙部课程的处理方法，最为有利于学生系统认识和了解。现代教育研究社《中国历史》第五册乙部课程“重要制度”之第一节《秦汉之宰辅制度》至第五节《唐、宋、明、清之重要兵制》，叙述各朝各项官僚体制、选官制度和兵制，一览无余。尤以宰辅制度前后一脉相承，前后变化叙述清晰，封建王朝的中央集权制度从秦汉到隋唐到宋元明清一步一步地强化：从主相三公九卿至三省六部，而枢密院、三司，再到内阁制、军机处，皇权逐步加强，相权逐步削弱。[②] 这样从纵的方面给学生一个十分系统的知识，从认识论上也是顺理成章的，比割裂到各朝历史中去分别叙述，效果要好得多。

第三，历史课程分为甲、乙两部，还有利于将在正课时不容易写到

① 《中国历史》（二），香港教育图书公司1985年版，第137—154页。

② 《中国历史》（五），香港现代教育研究社1993年版，第102—108页。

的或易于忽略的日常文化和社会生活现象作为补缺写在乙部教材里。例如，在香港现代教育研究社版的《中国历史》(一) 乙部课程的第二章，内容为我国"文字、文具之演进"，从纵的方面列举我国文字的起源，包括西安半坡彩陶刻画符号、商朝甲骨文，和西周以后钟鼎文、战国大篆、秦代小篆的发展，直到隶书、草书、行书、楷书的流行。① 有的香港历史教科书还一直讲到中华人民共和国成立后的简体字和文字改革。在这本教科书里，最值得推崇的是在乙部课程专门设置了《文具之演进》一节，对我国纸的发明史、笔的起源、墨和砚的制造，都作了专项介绍。这些内容中小学生最为熟悉，在思想上又可以进行祖国文化悠久传统的教育，常常因为其内容偏小而为历史教科书所忽略。有了乙部课程，这些常见的文化现象就便于写成系统的历史了。还有一些内容也经常容易被疏忽，如我们决不会忘记写万里长城、大运河，但因为课文的篇幅所限，不太容易写到秦朝、隋朝的驰道和西周以来就开始的我国驿站、邮传。而这些内容在古代人们生活中却又意义重大。用夸张一点的话说，驰道相当于现代的"国道"和高速公路，而驿站便是今天邮局，都和人们生活非常贴近。香港的中学历史教科书在乙部课程中专章专节写进了这些内容，不能不认为他们想得周到。而从历史观上说，他们在这方面将历史看成全方位的社会史，认识比我们全面。

但是，历史课程分为甲、乙两部的做法，也有它不可克服的矛盾和缺陷。

第一，常常会出现同类知识的重复。比如，上面提到的现代教育研

① 《中国历史》(一)，香港现代教育研究社 1991 年版，第 156—163 页。

究社版《中国历史》(二）的《运输及交通的演进》一章，比较详细地提到秦隋的驰道和隋朝的大运河，而就在同册教科书叙述隋朝史时，也用不少篇幅谈到隋的驰道和大运河，而在同套教科书的第一册，讲到秦代历史时，仍要谈到修治驰道的内容。这就可能给人以叙述相重的感觉。

第二，历史课程分为甲、乙两部，甲部仅“介绍历代兴衰因果之概略”，即只从政治史着眼，专讲历朝政治兴亡得失。这样写的一个最大遗憾是我们看不到当时历史的全貌。比如，中外史家一再称道的“汉唐盛世”，汉朝鼎盛到什么程度？唐朝又如何繁荣？因为甲部课程中缺乏社会经济史的内容，人们看不到汉朝东、西二京的繁荣，也看不到两汉手工业的兴盛。而这一点，在现行的人民教育出版社出版的《中国历史》教科书里，却显现着鲜明的容貌。该教科书的第二册《盛世经济的繁荣》一课里，到处洋溢着“忆昔开元全盛日，小邑犹藏万家室。稻米流脂粟米白，公私仓廪俱丰实”的绚丽色彩。[①] 在那套教科书里，秦汉政治、经济、民族、对外关系、文化，隋唐政治、经济、民族、对外关系、文化，是紧密结合一体化地给予叙述的。

第三，香港历史教科书分为甲、乙两部的写法，还有一些具体的问题需要弥补、解决。比如，将我国最早的原始社会的历史——从元谋人、北京人到仰韶半坡文化、河姆渡文化到大汶口、二里头文化，仍旧放到乙部课程内，在甲部课程的远古社会史，只写三皇五帝和黄帝、尧、舜、禹的神话传说。这样的割裂是否合适，我当然只是提出个人意

① 参见九年义务教育初中《中国历史》第一、二册，人民教育出版社 1993 年版。

见，香港编写教科书的专家自有认真的考虑。还有一点，无论在甲部和乙部课程内容中，对我国历史上各少数民族的活动和他们对整个中华民族的贡献叙述比重过小。比如，唐朝时缺乏对吐蕃、南诏、渤海政权的介绍；宋朝历史实际上仅以两宋为中心，身居传统文化所在地中原的辽和金朝，经济文化几乎无一字描写。这对把中国历史看成整个中华民族各民族的历史，不能不认为是很大的遗憾。假如在乙部课程中除现在的历代制度、历代社会经济、历代中外交通、历代学术文化而外，再增加一章历代民族关系，定将使教科书更为完美。

培养学生自学能力的编排特色

通过教科书，加强对学生自学能力的培养，香港各家历史教科书，采取了若干可取的做法，可以说是各具匠心。

一种最通常的编排办法，是在课文各章各节中的“问题讨论”和“教学活动建议”中，精心设计许多可以启发学生自己动手、独立思考的内容。例如，香港朗文发展有限公司版《中国历史》第一册，在学完商朝历史以后，问题讨论中有两项：一个是“试设计一个以商朝社会生活为主题的壁报”，另一个是“试搜集或摹写甲骨文图片”。[①] 我深为佩服编者的思路，通过这两个历史活动，不仅可以使学生自觉地重温商朝青铜时代的生动历史，而且通过自己办壁报和摹绘甲骨文，又可把历史课上所学的商朝内容系统化和立体化，更深刻地认识和理解距今 3000 年

---

① 《中国历史》(一)，香港朗文发展有限公司 1985 年版，第 15 页。

前的那段遥远的历史。另一本香港龄记出版有限公司《新编中国史》第一册在学完我国远古神话传说后，有这样两份问题讨论和习作：第一，“搜集本章有关的人物故事，大家在课堂上进行交流”。第二，“尧舜禅让是怎样的一种制度？近代史家的看法怎样？”① 这两道题既可让学生敞开思路，自由发言，培养他们自学的积极性，又有一定深度，鼓励学生去阅读有关的参考书。而最后的目的则是使学生科学地认识古代神话传说的真正含义。同时，尤为重要的是通过第一道题的课堂讨论交流，大家会更多地认识和了解自己是炎黄子孙，因而感到自豪，更加热爱中华民族和自己的祖国。

有的香港课本还设有规定阅读参考书的课堂讨论题。明太祖朱元璋是一位既有功又有过、既英明又专制的君主。著名明史专家吴晗先生在1954年和1965年写了两个稿本的《朱元璋传》，可见评价这个人物是有一定难度的。② 恰如其分地全面地评价了这个历史人物，科学的历史观就会向前大进一步。香港人人书局有限公司出版的《新编中国历史》第二册明史部分却出了一道“人物评论”，其“论题”为“朱元璋是一个怎样的人？”并指定参考书为吴晗所著《朱元璋传》。③ 通过这道题的课堂讨论，学生在辩证观点的掌握、参考书的阅读、史料的选取和辨别、观点的论证等能力方面，都会有较大的提高。香港现代教育研究社《中国历史》第三册也有一道精心设计的课堂讨论题“南京大屠杀为什

① 《新编中国史》，香港龄记出版有限公司1990年版，第10页。

② 参阅李华等主编：《吴晗文集》第二卷，北京出版社1988年版。

③ 《新编中国历史》（二），香港人人书局有限公司1986年版，第110页。

么说是现代史上最不人道的一页?”① 这道讨论题好在两点：第一，学生在讨论课题时，必须去搜集许多日本军国主义强盗屠杀中国人民的罪行资料，或去参观有关博物馆或访问老人等，这本身就会受到一次活生生的教育，有些过去中国人民所受的灾难痛苦，是学生闻所未闻的。第二，学生们还要回答为什么这次大屠杀是现代史“最不人道”的一次。这就又要求他们与世界各国现代战争罪恶进行对比，他们会看到德国法西斯在欧洲犯下的罪恶、日本法西斯在香港和东南亚犯下的罪恶，美英新老殖民者在世界各地犯下的其他罪恶。然后从屠杀人数上、残酷的屠杀手段上，得到“最不人道的一页”的结论。这次讨论既可对学生进行深刻的思想教育，又可锻炼培养学生搜集资料、综合、对比、评价、议论、判断等多方面的智力。朗文版《中国历史》第一册还设计了很有意思的练习，让学生参照课文，绘制一幅汉代疆域图，并同时参照现代中国地图，比较一下汉代疆域和现代疆域的大小，使学生了解我国版图发展的历史。② 上述香港教科书在练习、课堂讨论和教学活动方面的编排设计，活泼而不呆板，有深度而不浅薄，十分有利于学生智能的培养，值得参考。

香港各种历史教科书，在编排方面有利于培养学生智力能力的另一种做法，是加强课前预习。这在文达出版有限公司的几册《中国历史》教科书中，表现最为鲜明。该版《中国历史》第四册（下）第一章《隋之建设与衰亡》中，“预习”部分有三道题：第一道题提示有隋朝开国

① 《中国历史》(三)，香港现代教育研究社 1991 年版，第 93 页。
② 《中国历史》(一)，香港朗文发展有限公司 1985 年版，第 66 页。

之功，又进行改革政治、民生之措施，颇有功效的文帝统治时期，史上称许为什么?（答案：开皇之治）第二道题问隋朝的五大建设包括哪几项?（答案：营建两都、设置仓窖、重修长城、修筑大道、开凿运河）第三道题则问为什么隋炀帝四出巡游是导致隋朝灭亡的原因之一。这三道预习题实际上囊括了课文讲到的重要历史内容。先使学生预习思考，有助于他们对教师授课的理解。同册第三章《南宋偏安》，课前亦有两道需要学生认真思考的预习题：金人在政治、经济、文化上均落后于北宋，为何金还能灭宋?南宋有岳飞等若干历史名将，为何北伐还不能胜利?这两道预习题不仅可以帮助学生预读课文，还有助于启发他们的分析思考能力。有这样的预习内容，可以避免学生在课堂上仅能靠教师灌输的学习上的被动局面。

有一类预习题更能帮助学生回顾先前所学的历史内容，培养他们的历史比较能力。如文达版《中国历史》第四册（下）中，第六章《明之政局与衰亡》的第一道预习题：史家多称汉、唐、明的宦官跋扈专权，说明明朝宦官专权的情况。这道题使学生回忆以前所学过的东汉和唐朝的宦官专权，还可能引起他们对三朝宦官专权的纵向比较。同章还有一道有趣的预习题，用的是东林党人写的一副忧国忧民的对联，上联是“风声雨声读书声，声声入耳”，要学生在预习时找出课文中的下联“家事国事天下事，事事关心”。[1] 在历史课教学环节中，首先安排预习一项内容，我认为有较大的好处，而且并不难做。目前世界上不少发达国家已逐渐把发展学生自信心和鼓励他们自发学习列为教育发展方向。从

---

①《中国历史》（四）下，香港文达出版有限公司 1997 年版，第 222 页。

20世纪60年代起，美国就有“个人计划专题”的历史课考核办法。历史教育专家们认为“对聪明的学生而言，则自己发现答案，也许更有吸引力”，这种方法“比常规的学习方法更能产生较好的效果。其本质上是‘以学生为中心’的”。① 课前有预习，和美国式的“个人计划专题”自然不是一个层次。但是，从激发学生自发学习知识这一点讲，二者效果是一致的。香港历史教科书的这一编排模式，对我们应当是有益的启示。

香港历史教科书中，练习题活泼，具有趣味，有利于学生独立思考和个性发展，也是一大编排特点，值得参考。比如，现代教育研究社版《中国历史》第二册元朝一章有一道“问题讨论”：“元代速亡因素很多，你认为哪一项最重要？试说出你的理由。”课文中讲了政治、经济、民族三方面，都很重要，学生的回答一定各有千秋。若有课堂讨论，一定是争论十分精彩的。这样的争论，会引起学生对学习历史的极大兴趣。同书乙部课程还有这样一道别开生面的讨论题：“英国学者李约瑟曾把中国古代的发明西传，比喻为‘定时炸弹’，每次都使西方的政治和社会发生巨变。试分组讨论下面三项发明，在西传后所造成的重大影响：（一）罗盘，（二）火药，（三）印刷术。”这样的题既使学生了解了李约瑟这位“中国通”的英国学者，又从西人的书中更加证实了中华民族之伟大。同时这样的题涉及中外历史知识。要回答这样的问题，学生势必要自己去查阅一些相关资料，尤其会主动翻阅课本上的大量“注释”。② 这样，无疑增强了他们自学的兴趣和能力。该课本还有一道设计得很有

① 王铎全等：《比较历史教育学》，上海教育出版社1995年版，第177页。

②《中国历史》（二），香港现代教育研究社1991年版，第72—74页、118—119页。

水平的思考题："中国的地形是西部多山，地势较高，东部多平原，地势较低。运河的建设对这种地形有什么特别的作用?"① 回答这道题需要有经济、地理和历史各方面综合的知识，无疑会较大提高学生分析问题的能力。文达出版有限公司出版的《中国历史》也常有生动有趣、别具风格的题，如其第四册《安史之乱与唐之衰亡》的预习题，大段引录了白居易的《长恨歌》，然后提出问题：谁是诗中的"汉皇"？杨玉环入宫后，"汉皇"有何改变？这样的题，自然会激发起学生对历史的极大兴趣，加强他们自学的动力。②

对资料注释的简评

香港历史教科书的另一大特色，是对补充史料的普遍重视。一章一节课文，常常有一二十条的"注释"，释文字数达到正文的一半到 3/4，有时释文字数还可能多于正文。以现代教育研究社版《中国历史》第五册为例，"五四运动"一节，正文约为 3000 字，释文有 5000 字左右。这一节的 21 条释文中，介绍我国早期留美、留法、留日学生约 300 字，五四运动领袖人物陈独秀、蔡元培、李大钊个人经历各 200—250 字。华盛顿会议、傅斯年等人组织的新潮社、邓中夏等组织的平民教育讲演团、毛泽东的新民学会，都在注释中给予专题介绍。③ 这样，学生学习《五四运动》一课，除了课文以外，还可以从教科书的注释部分得到更

---

①《中国历史》(二)，香港现代教育研究社 1991 年版，第 130 页。

②《中国历史》(四) 下，香港文达出版有限公司 1997 年版，第 152 页。

③《中国历史》(五)，香港现代教育研究社 1993 年版，第 17—25 页。

为丰富的历史知识，历史课本就可以避免成为干巴巴的教条。同样，在香港历史教科书的古代史部分，也有甚为丰富的史料注释。如香港教育图书公司版《中国历史》第二册盛唐时代两节，正文大约3000字，注释多至2500字，仅武则天一个注释就近400字，介绍她从太宗才人到感应寺为尼到立为皇后，一直到参预政治，称为“二圣”，最后称帝建周，等于一个武则天小传。这两节的注释里，连杨玄感起兵，杜如晦、房玄龄、魏征的简历，韦后和太平公主的政争，全都一一写进，内容翔实。① 有时，注释中也用图表的形式。香港现代教育研究社《中国历史》第三册有一关于洋务运动推行的主要设施表，细到包括晚清的所有重要洋务，如设同文馆，设洋炮局、江南机器制造局、福州造船厂、水师学堂，筑旅顺港，办漠河金矿、天津医学堂等，一概在表内。②

历史教科书课文作注释的编排处理，在民国时期的课本里就出现过。至今我国台湾地区的历史教科书，尚在这样做。20世纪八九十年代台湾中学《历史》课本，仍坚持这种模式。只不过注释部分比以前少多了，其目的在减轻学生的学习负担。在台湾中学历史课本的编辑大意中声明：这些注释，“旨在供作参考，并提高学生学习兴趣，无意增加学生记诵的负担”。台湾历史教科书的注释，一般附在一节之后。以中学《历史》第二册为例，隋朝一节，只有两条注释；“大唐帝国的盛世”，也仅注释一条。可见历史教科书课文作大量注释的编排形式，目前在逐渐被淘汰。香港历史课本也正在改变注释过于烦琐的现象。如文达出版有限公司新版的历史教科书，就已不再有章节或课后列大量注释

① 《中国历史》(二)，香港教育图书公司1985年版，第19—20页。

② 《中国历史》(三)，香港现代教育研究社1991年版，第322页。

的编排方式，而是将必须要注的资料附在课的正文之边旁。比如，该公司最近出版的《中国历史》第四册（上），其《西周之封建》一章，只有一个注释，说明武王分封之前对付被征服者的三种不同意见。[①]《唐之盛世》那样内容丰富的大章，也仅六个注释，而且文字也很简练，有的只是说明课文的史料出处，有的介绍和课文说法不同的意见，不再有前些年一些课本注释的长篇大论。[②] 我国内地的几家出版社的历史教科书基本上不采用课后注释的编排方法。有些需要给学生阅读，但不要求考核的史实，一般用楷体字的编排方法和正文编在一起。少量的地名、帝王年号或专有名词解释则简注在课文的页下。这样编排的最主要的原因就是为了不增加学生知识量的负担。

香港一些历史教科书通过补充大量资料注释增加历史知识量的编排做法，有利亦有弊。其利是可以补充资料注释的形式，给学生尽可能多的课文涉及但不可能一一细讲的历史知识。这可以补充正文的不足，并给学生较完整的史实或概念。例如，香港教育图书公司《中国历史》（二）课文中提到“隋文帝在位，提倡节俭”，但在正文仅此几字，因为篇幅所限，不能详谈，便在注释里列举了他的后宫“不用粉化妆”、本人和皇后多穿布衣等具体内容。[③] 再如，香港现代教育研究社《中国历史》（二）中课文有“宋太宗时曾三次伐辽”，具体经过省略未写，在注释里才补充了 979 年高梁河、980 年瓦桥关、986 年岐沟关三次宋辽大

① 《中国历史》（四）上，香港文达出版有限公司 1997 年版，第 15 页。

② 《中国历史》（四）下，香港文达出版有限公司 1997 年版，第 140—149 页。

③ 《中国历史》（二），香港教育图书公司 1985 年版，第 5、9 页。

战，都以辽胜宋败而告终。[①] 这个补充很为重要，不然就不会出现1005年北宋甘愿给辽“岁币”的澶渊之盟。从这一角度说，教科书中编排一些资料性的注释，是必要的。但是，其弊也是明显的。中学（尤其是中学低年级）历史教科书毕竟篇幅所限，而且一般每章每节或每课都有字数限制，课程时数是固定的，因此历史内容不可能过分学科系统化，只能是对“历史大事的转变”，“有一基本的认识”。正如钱穆先生所讲，教科书唯有“语有分寸”，“教者易于讲授，学者易于启悟”，方为良好的教科书。有的历史教科书在注释隋唐之际的历史事件时，连一般在教学中很难提到的杨玄感起兵、梁师都被唐朝平定，都列在注释里，就显得过分芜杂琐碎了。如果都列为学生的参考阅读内容，那么无疑会冲淡更重要的主题。关于历史教科书的注释编排，究竟应当繁简到怎样的程度，还有待海内外的方家学者共同探讨。我这些浅陋之见，仅供参考。

图画、地图编排的长处与不足

香港的历史教科书，一直以图文并茂见长，自20世纪80年代起，就有意识编进许多精美的文物、遗迹和其他反映历史面貌的插图。香港历史教科书的编者同行，一直将图表、图画作为教科书的重要内容，“插图和表解在历史教学中有重要的作用，因此本书在这方面特别着重，精选了数百精美的文物图片和表解，为学生提供了充实、确切的鲜明形

① 《中国历史》（二），香港现代教育研究社1991年版，第43、47页。

象和知识资料，借以提高学习兴趣和教学效果”。[①] 试以香港现代教育研究社出版的《中国历史》第一册为例，书中先秦、秦汉两部分课文共约100页，图画及地图占到89幅。这些图，有占全幅页面的，也有占1/2页面的。香港教育图书公司《中国历史》第二册，唐和五代史部分，课文26页，图画及地图更占到35幅，平均每页有图1.4幅。这相当于人民教育出版社出版的历史教科书隋唐史部分图画和地图的比例（人教社1996年版九年义务教育初中《中国历史》第二册隋唐史部分共66页，配有图94幅，比例亦约每页有图1.4幅）。相比之下，近年来我国台湾地区的历史教科书在配图方面就逊色多了。

香港历史教科书里的图画，绝大部分为全彩图，以图类来分，有历史文物图、历史遗址图、古建筑或古文物复原图、书法绘画拓片照片，还有少量的想象图（香港教科书称之为“意想图”）。一般来说，若非近现代人物照片，香港教科书一律不上历代历史人物画像，连传说为吴道子画的孔子像和《历代帝王像》中的隋炀帝像、唐太宗像都一概不收。以香港现代教育研究社《中国历史》第一册为例，属于历史文物图的有商代的甲骨、白陶、青铜器、商代玉器、货币，西周、东周的毛公鼎、编钟，秦朝铜方升、铜权、始皇陵兵马俑、铜车马，两汉的五铢钱、马踏匈奴石刻、王莽铜方斗、东汉骑马俑，魏晋南北朝时期魏晋墓壁画和龙门石窟北魏帝王出御图等。属于历史遗址和古建筑图则有安阳殷墟、古烽火台、灵渠、万里长城、秦始皇陵、高昌故城、古赤壁、古隆中等。古建筑和文物复原图数量较少，有商代盘龙城宫殿和汉代铜机

① 《新编中国史》(一)，香港龄记出版有限公司1990年版，编辑说明。

弩的复原图等。书法、拓片类如毛公鼎的铭文拓片，李斯的峄山碑拓片，钟繇、王羲之、张旭书法照片等。香港历史教科书中的“意想图”，各版主张不一，有的采用较多的现代人根据当时史实绘制的想象图，有的则采用甚严，只在不得已的情况下用之。如前述现代教育研究社版《中国历史》，只在乙部课程叙述北京猿人的生活时，不得不用几张《北京人用火图》《北京人采集图》和《北京人打猎图》等，但都在括号里注明“意想图”三字。对图画的编排处理，香港历史教科书一般都是严肃的。

统观香港各家历史教科书用图，有几个值得借鉴的优点。第一，在每册课本的封面或封二、封三，用文物图或历史遗迹图，集中编排，以概括本册所要讲的历史内容。例如，现代教育研究社出版的《中国历史》第二册封面，用丝绸之路的大幅图片和小幅的唐朝骆驼胡人俑、宋代花鸟画、元代的杂剧俑、明代皇后凤冠，分别代表所要讲的唐、宋、元、明各代历史。从学生一开始看到教科书，就饶有兴趣地渴望知道这些内容。龄记出版有限公司出版的《中国历史》第一册，在封三上用彩陶、商代青铜器、战国战车、东汉铜灯和南北朝瓷器，分别概括这一册的历史内容，也同样起到吸引学生学习本册历史的作用。

第二，在讲述具体每一朝的历史或某一具体历史事件、具体内容时，集中采用一批典型文物或遗址，以及有关人物和近代企业原照。如香港现代教育研究社《中国历史》第一册，讲述秦始皇“划一制度”时，用了整整 4 页 10 版文物和遗址图，印证秦朝统一文字、统一货币、统一度量衡和修建长城的丰功伟绩。香港龄记出版有限公司《新编中国史》(一)，用整整两版各组成“商代建筑、货币和文字”和“商代手工艺品”专题，前版内容包括商代甲骨文上有关蚕桑的记载、商代骨贝、铜贝、真贝以及商中期黄陂盘龙城宫殿遗址，后版包括商代玉器、陶器、石器、象牙器等文物彩图。在其汉朝时期的课文中，则编排整整一版两汉青铜器实物彩色图片，包含甘肃武威的铜车马、博山炉、马踏飞燕铜奔马、南越王玺、鎏金铜牛、铜壶等。香港现代教育研究社《中国历史》第一册中，对近年来秦始皇陵兵马俑的重大考古发现，亦有整整两版的彩色插图，包括发掘现场和现展厅、一号坑兵俑、车舆和御官俑、铜车马出土情况和复原图。属于历史专题集中用历史图片整版编排的，最典型例子是晚清洋务运动的若干照片集锦。在香港现代教育研究社《中国历史》第三册中，用了整整两版，集中编排了李鸿章、张之洞、恭亲王像，以及江南机器制造局炮厂、首批留美学生、湖北兵工厂、汉阳铁厂、唐山胥各庄铁路通车、上海轮船招商局所造轮船和兰州制呢厂厂房等图片，这些历史照片，基本上反映了洋务运动的全貌。

第三，香港历史教科书中，还有一类从历史的纵的发展脉络来反映古人某种社会经济或社会生活的系列彩图或黑白文物照片。这类整版图一般编排在乙部课程内容中。比如，香港教育图书公司《中国历史》（一）在叙述我国古代交通发展史时，用了一整版各朝车马文物图片。这些图片，包含安阳发现的商朝马车遗迹、东汉铜轺车、东汉独轮车墓砖画、唐代三彩牛车、明代陶象辂直到我国近代独轮车。这一系列图片给学生一个完整的我国古代近代车马史的发展全貌，有利于学生形象地了解我国古代交通史。香港现代教育研究社《中国历史》第五册乙部课程中，则用三大幅色调鲜明的唐代舞马纹银壶、西安慈恩寺大雁塔、唐代胡服妇女图来反映唐朝和波斯、天竺、大食等的文化交流。

第四，香港有的历史教科书还有一种值得注意的图画编排，即在每一章前都配备一幅具有那一王朝或那一时代典型特征的文物或历史场景作为本时代的标志，给学生一种特别醒目的感觉。如香港现代教育研究社《中国历史》第一册《传疑时代之中华民族》一章，配一幅奔腾的山西壶口大瀑布图片，作为黄河流域是中华民族发祥地的说明。《商代——信史之开端》一章，用殷墟出土的龟甲画面，用龟甲上的文字说明“信史”由此而始。《秦之一统》一章用一页气势磅礴的始皇陵兵马俑坑东端全景图。其第五册《现代》一章，用的是全页的孙中山全身铜像。孙中山为我国近现代伟人之一，完全可作我国近现代一段历史的代表。

香港历史教科书中的历史地图，采用量大体和内地相当。以《中国历史》第二册五代辽宋夏金部分为例，香港现代教育研究社版为 13 幅，香港教育图书公司版为 9 幅，人民教育出版社版为 11 幅，台湾《中国历史》第二册则仅 4 幅。香港和内地历史教科书所选历史地图的标准也大体相同，包括《五代形势图》《辽宋夏形势图》《金南宋对峙图》等。所不同的是人民教育出版社版《中国历史》比较重视我国各民族发展的历史，专绘有和辽、宋同时存在的在今我国新疆一带的西州回鹘和黑汗王朝地图。而香港的历史教科书更为重视历代王朝的地方区制，因而香港现代教育研究社《中国历史》第二册，在宋则有《北宋分路图》，在明则有《诸王封国图》。这只是在叙述重点和选材标准上的相异，各有特色。从地图的编排技巧看，香港教科书大都用全彩，自然看起来区域和路线都十分显明。缺点是有部分历史教科书在绘制历史地图时，不够严谨，到 20 世纪 90 年代的教科书尚没有在元朝疆域内画上我国宝岛台湾，在唐帝国疆域里也未将我国东北广大地区和西北一部分地区划归帝国的管辖范围之内。这不能不说是较大的失误。我们相信，香港历史教科书的编纂者们，是会将这些问题妥善解决的。

众多的历史图表特色

香港的历史教科书一向重视历史图表。几乎每种历史教科书每册的书末都照例附有历代帝系表和历史大事年表。此外还有值得注意的几种表解：(1) 有些教科书每朝历史讲完后都附有该朝世系表。如香港教育图书公司《中国历史》第二册分别有《唐世系图》《五代世系图》《北宋南宋辽西夏金世系图》《元世系图》《明世系图》等。学生可用来对照那朝皇帝时代所发生的历史事实以及生活在当时的历史人物。这样，使学生可知重大历史事件发生和重要历史人物生活的较为确切的年代。(2) 有些图表是表解性的，使复杂的官制或田制一目了然。如上述教科书有一个《明朝中央集权官制图》，图解了明朝前后期中书省和内阁制的详细官职分工。该书还有一组隋朝和北魏、北齐、北周均田制的比较表，可以明显看出几朝均田制的发展和异同。(3) 另一类图表是综合型的，如香港朗文发展有限公司《中国历史》第一册乙部课程中附录二有一组《中国历代科技与发明简表》，极为简单明了地将我国古代天文历法、农业、水利建筑、冶金化学、数学、物理、医药学等诸项科技成就罗列在表中，一览无余。香港现代教育研究社《中国历史》第三册所列《洋务运动推行的主要设施表》，也起有异曲同工的作用。其他如香港教育图书公司《中国历史》所列《魏晋南北朝分合图表》《中国历史发展略图》，都用图表的编排形式将复杂的历史现象简略化，使学生易于掌握。

有些图表，明显是为预习和总复习用的。试举香港龄记出版有限公司《新编中国史》(一) 的两组表解的编排样式如下。

传疑时代大事表		
三皇时代	有巢氏 燧人氏 伏羲氏 神农氏	构木为巢 钻木取火 教民畜牧 教民耕作
五帝时代	公元前 2700 年　黄帝 公元前 2400 年　尧 公元前 2300 年　舜 公元前 2205 年　禹	炎黄蚩尤大战 勤政爱民 勤政爱民 平洪水
夏朝		

商代大事表	
公元前 1766 年	商朝建立
公元前 1748 年	伊尹放太甲
公元前 1401 年	盘庚迁殷
公元前 1291 年	武丁攻鬼方
公元前 1182 年	姬昌任周首领
公元前 1122 年	武王伐纣

应当声明的是，我对上表略作了简化。现在先不去管两表中的具体年代是否科学，只从编排形式上看，我觉得很有可取之处。这种表解式可以极大地方便学生记忆历史时代和历史事件的先后，帮助初学历史的

初中一年级学生归纳和排列知识。这种形式，在今后无论哪一种历史教科书里，都可以多加采用。

最后，还想谈谈教学与考试结合的问题。我们常常苦恼于平时历史教学与历史会考、高考内容合不上辙的现象。当然这有许多主客观的原因，需要教育行政部门、教学研究部门和负责考试的专门机构有机地配合，几方在内容上互补互相促进。但是在编写历史教材时，在考虑教科书的编排时，尤其在高中即将面临高考的年级历史教科书中，适当地配合一些会考和高考有关信息，我觉得是可行和有益的。香港历史教科书四、五年级课本明确提出这是“会考本”，在编排时就加进了带有会考、高考的特色。在不妨碍正常的教学秩序下，在课堂习题中对照历年会考题的考核情况，我以为未尝不是一种有效的既提高学业水平而又加强他们应考能力的好办法。香港文达出版有限公司在中四、中五的历史教科书的每章习题后，都对照着历年的会考题并作出比较。如该公司出版《中国历史》（四）上《商之社会与文化》一章有三道习题，各为回答商代宗教信仰、农商、工艺美术及文字情况。随后即附上 1989 年的会考题“试述商代的文字、信仰、商业及工艺制作四方面的概况”。[①] 两方面的题内容正相吻合，不仅提示了教科书的编写者关心会考的情况，编制与此内容相切合的练习题，同时教给学生如何提高应试能力，把课堂所学和会考要求结合起来。该教科书这样的编排有若干例证。比如，《汉武帝的政治措施》一章，曾在 1996 年出过一道“分析汉武帝朝士人政府得以形成的原因”的会考题，该章的习题便有这样两个内容：汉武

---

①《中国历史》（四）上，香港文达出版有限公司 1997 年版，第 11 页。

帝实施了哪些巩固政权的措施？士人政府的形成与汉武帝尊儒措施有怎样的关系？课本习题和会考题密切相关。① 又如，该公司《中国历史》第五册第三篇第五章内容为明清两代传教士的东来。章后的会考题及习题各为“试述明末西方传教士来华在介绍天文、地理、哲学和数学四方面的贡献”和“利玛窦对中西文化交流作出了哪些重大的贡献?”当然课文习题的知识覆盖要远远超过历代的会考、高考题。就像上面这章，除利玛窦的贡献外，习题中还有另外两题“明末清初传教士东来，是在什么背景下实现的?”“传教士东来对中国文化发展有哪些深远的影响?”③ 这样的编排是否好？能否起到提高学生学习能力的作用？会不会产生应试心理的副作用？我想，对历史教学界的同行们，都只能是一种有益的试验。对今后我们编写历史教科书是否会有借鉴作用？仁者见仁，智者见智，实践出真知。

上文从五个方面浅谈了香港历史教科书的编排特色，以及对我们的启示。我个人的能力有限，又不可能见到所有已出版的香港历史教科书。这篇文章，只能算是一篇阅读散记，综合地说出对目前香港历史教科书的浅薄意见，仅供学界同仁参考。

---

①《中国历史》(四) 上，香港文达出版有限公司 1997 年版，第 65 页。

③《中国历史》(五)，香港文达出版有限公司 1997 年版，第 155 页。

我国香港、台湾地区中学中国历史教科书中民族关系和文化史部分的评价*

近年来，由于工作关系，我们查阅了十几种我国香港和台湾的中学历史教科书。对这些教科书作些剖析，不仅可以增加我们对香港、台湾地区历史教学内容的了解，于我们的历史教学和研究工作也不无裨益。现就钱穆校订、孙国栋编著香港中学适用《中国历史》(1977 年，以下简称“港孙本”)、黄福奎编香港中英文中学适用《中国历史》(1971—1977 年，以下简称“港黄本”)、香港五年制中文中学教科书《历史》(1975 年，以下简称“港五年制本”)、台湾国民中学《历史》(1977 年，以下简称“台国民本”)、台湾师范专科学校教科书《历史》(1968 年，以下简称“台师范本”) 等五种教科书为主，对它们的古代、近代部分的中国历史的民族关系和文化史部分作简单评介。

* 载《中国史研究动态》1979 年第 10 期。本文为《香港台湾中学中国历史课本评介》的一部分。该文 1979 年 10 月由苏寿桐主持，苏寿桐、陈光中和臧嵘合写，臧嵘负责写民族关系和文化史评介部分。此后港台课本已有许多变化，本文从保留资料角度，维持原评不变。

历史上的民族关系

在民族关系的问题上，我国港台历史教科书一般都承认中华民族的历史是各族人民共同的历史，祖国各民族都是中华民族这个整体不可分割的一部分。港五年制本写道："在清帝国广大的疆土上，生活着汉人、满人、回人、藏人、维吾尔人、苗人、彝人、僮人、仲家人、朝鲜人，共有数十种民族，这些民族虽然文化发展的程度不同，但是都有长久的历史。中国是一个由多民族结合成的拥有广大人口的国家。"台师范本也写道："我中华民族，实由汉、满、蒙、回、藏、苗诸大宗族，融合而成。"该教科书认为中国历史上有六度大融合时期，依次为：春秋时代，魏晋时代，唐代，辽宋金元，明代，清代。"经此六度融合，我中华民族已凝为一体，永不可分。"

港台教科书在谈到不同历史时期蒙古地区、新疆、西藏和西南边疆的开发，以及汉族与其他民族的关系，都加以具体叙述。台湾教科书有关台湾是我国自古以来的神圣领土的部分，叙述得尤为详细。如台师范本，用了2000多字以"开发台湾"作为专题，叙述自古以来我国人民开发台湾的史实，指出自隋以来，台湾与大陆即有不可分割的关系，并用大量事实证明，台湾是由中华民族各族人民垦辟出来的，"(明）天启四年（一六二四年)，荷兰遂据其地，役使华人，为彼开垦"，郑成功收复台湾后，"招致闽、粤人来台开垦"，清嘉庆年间，"东南各省人民，陆续迁来，披荆斩棘，将全岛次第开发起来"。台国民本也特别强调我国各族人民开发、经营台湾的经过："孙权还派兵渡海取得夷洲，这是中国经营台湾的开始”；“郑成功入台以后，便招徕移民，从事垦殖，台湾因此渐渐繁荣起来……他的儿子郑经，兴建孔庙，创办学校，修订法制，增辟土地……”

港台课本对于我国少数民族入主中原的皇帝，也是能持较为公允的论点，最突出的如港孙本评康熙和雍正：“圣祖康熙对于满汉民族虽存歧见，但终不失为一个恭俭勤政之主，政事必推求利弊而后施行。六次南巡，审问风俗，减免租税，治理河道，兴起文教，在位六十一年，清代的国基就在此时奠定。到了晚年，以省事为政，不免失之于宽慢。其后，世宗（雍正）继位，执政极严……颇矫圣祖晚年宽慢之病。世宗对政事最勤，察下最严，朝臣小有过失，无不立知，所以臣下多畏服，不敢为非。而于财政整理，尤特别注意，所以国库一时称丰裕。”这些评价，值得我们参考。

但是，港台课本大都承袭了封建正统的大汉族主义的陈腐观点，它们常常把我国境内的少数民族，轻蔑地称作“蛮”“夷”“戎”“狄”或“胡人”，以区别于正统的“华夏”族。它们把少数民族当作“异族”，把他们统治中原说成灾难、“悲剧”，认为唯有汉族才有资格当中原主人、“华夏”代表，而将汉族推翻少数民族王朝的行为称为“光复华夏”“中夏重光”等，是典型的汉族中心的偏见。

另一方面，在谈民族交融的过程时，则尽量夸大汉族的作用。在这些课本中，各民族之间的互相交融，往往被歪曲为少数民族“同化”于汉族之中。

与汉族中心论相关联的是对历史上一些汉族对少数民族战争中的将领，不管是正义或非正义战争，一概加以肯定。如不仅肯定东晋时祖逖、桓温的北伐，南宋岳飞、文天祥的抗金、抗元，史可法的抗清，连东汉中后期对羌人的战争，年羹尧、岳钟琪的平定青海，傅恒、岳钟琪的镇压苗民起义，大小金川之战，也都采取肯定的态度。应当指出，上述第一类的历史人物，我们也是肯定的，但我们是从战争的正义和非正义性来衡量，港台教科书一般来说却是出于汉族正统论的标准，两者的出发点是不同的。

还应当特别提到港台某些教科书对郑成功的评价，有的不是把重点放在郑成功抗击荷兰殖民者的英雄事迹方面，而是用较多篇幅去渲染他的“反清复明”。台国民本就是如此，说什么郑成功“攻取被荷兰人占据的台湾，作为反清复明的基地”。在谈到他的儿子郑经时，特别强调他“拒绝清朝几次的招抚，很能继承父志”等，其政治用心为目前台湾当局孤悬处境服务，是昭然若揭的。

文化史部分

港台历史教科书普遍重视文化史的内容，对历朝的文化思想，多用专门章节加以叙述，而且讲得都较细较全。以港孙本叙述汉代文化为例，所涉及的范围包括学术思想的演变，今古文经之争，郑玄的经学思想，阴阳谶纬之学，王充和仲长统，史学（包括《史记》、《汉书》和荀悦《汉纪》），文学（包括汉赋作家、建安文学），科学家张衡，医学家淳于意、张仲景、华佗，数学家张苍、耿寿昌等。台国民本的宋代文化一节，也是包罗万象，内容十分丰富。思想史部分介绍了北宋理学五大家、南宋朱陆二派，文学史部分介绍了唐宋八大家，词家晏、欧、苏、辛，教育史部分介绍了书院讲学制度，科学史部分谈到了三大发明（其中印刷术是专节叙述的）。有的教科书谈两宋的文化，对具体的教育制度，都作了介绍。

台师范本谈清朝文化，甚至对当时的风尚礼俗，也详为叙述：“清采宋、明礼仪，加以损益，制定大清通礼……满人皆舍其旧俗，改从华风，其好礼多仪，有时过于汉人。满人马褂、旗袍，风行全国，至今未替。”

但是要注意到港台教科书中一个普遍的错误倾向，就是只讲继承，不加批判，尤其对封建文化的糟粕部分，甚至大肆渲染。大部分港台教科书都对儒家思想抬得太高，对作为封建社会统治思想的孔子学说过分美化。这一点在台湾一些教科书中最明显，如台师范本在“总叙”中就有这样一段话：“说到孔子的学说，也就是儒家思想，是一套代表中国人的人本主义思想。人本主义思想最基本的要求是人格的完美，因此特别讲究修身功夫，一个人的人格能达到完全无缺，小可以修身齐家，大可以治国平天下。”

在港孙本中，也常常可以看到过分美化儒家的论述。如谈到董仲舒：“大儒董仲舒建议改崇儒术，提倡礼乐教化，来建立一个有理想、有秩序的新社会。这一建议被年轻有为的汉武帝接纳了。从此汉代政治遂兴起了一次极大的变革。”在谈到东汉政治时，也说由于儒学的兴盛，“一时宗室、外戚、功臣子弟以及地方群吏，莫不崇尚学业，砥砺节行，蔚成风气”。

本着这一基调，港台教科书的文化史部分，在叙述儒学时常常分量偏重，如台国民本在汉代文化中专讲了经学，宋代文化中几乎用二分之一文字谈理学，对明代王阳明也花了较大篇幅。相反，港台教科书对于历史上著名的唯物主义思想家，如王充、范缜以及有叛道精神的李贽，却有的只字不提，有的写得很少，说明偏见是十分鲜明的。

港台教科书还有一个应当提及的特色，是它们特别推崇知识阶层的观点。在港孙本谈到西汉政治时，标题为《士人政府的出现》，内容有："自从设立博士弟子员以后，读书入仕，成为青年人出身的正途，优秀的青年，大多由此途上达。读书人入仕的人数不断增加，到昭帝、宣帝以后，政府中几乎全是读书人。由一个军人宗室的政府一转而为一个读书人的政府，这不能不说是一项极大的演进。"

台国民本的《宋代的文治精神》一节，也认为北宋因为"重文轻武"，成立了"文人政府"，而"成就了北宋一百多年清明政治"，还认为宋代教育之普及，学术上有辉煌成就，全靠"文治"的"赐予"。

这些教科书推崇尊士的观点是值得注意的，但是它们把国家的兴衰，社会的光明与黑暗，文化的昌盛与否，完全归于一种思想（儒家思想）或一些高贵的人（士人或士大夫）的作用，显然是错误的。

最后还有一点应当特别提出的是，港台教科书对于历史上吸取外来文化的做法，一般采取肯定和赞许的态度。如对于明清之际耶稣会传教士来华传播西方科学，港台教科书都非常重视，台国民本、台师范本、港孙本、港黄本、港五年制本都以较多篇幅专节叙述，而以香港一本"根据教育司中学会考课程编纂"的《中国历史精要》(1977 年）介绍得最为系统完备，该书以"西学东传之经过及贡献"为题，分门别类从武器、天文历法、算学、地理学、物理学、哲学、美术、建筑、音乐等十个方面肯定耶稣会士对我国文化的贡献。作者指出，自此以后，"西方之天文学遂传入中国”，“促进中国人研究西洋数学之趋势”，“国人才知有世界五大洲”，“西方之图画及写真术，因而传入中国”，“此为西方音乐传入我国之开端”，等等。

港孙本评论这些传教士：“这些传教士大多有深湛的学养和丰富知识。他们到中国后，便学习华语、华文，研究中国的古籍，穿戴中国的衣冠，奉行中国的礼俗，与中国士大夫交游”，“此辈传教士不但把西方文化传入，同时也把中国文化介绍给西方。”提到利玛窦曾把中国的“四书”译成西文，寄回本国。到清初时，耶稣会传教士所译中国书，送呈罗马教皇的有 400 多部。这些著作使 17、18 世纪欧洲思想家、文学家受到中国文化的影响。

港台课本对近代史上来华传教士李提摩太和林乐知等也持肯定的看法，如港五年制本评论说：“传教士中以英人李提摩太和美人林乐知为最著名。他们在 1875 年合办《万国公报》，登载世界重要消息。到 1888 年他们在上海成立广学会，翻译了很多社会科学书籍，像西洋史、文学、历史、政治、经济、教育等社会科学的书籍。到 1900 年为止，广学会已出书 140 种，杂志 3 种。”该教科书还提到 19 世纪下半期，传教士在中国设立的若干大、中学校，如圣约翰、燕京、齐鲁、东吴等大学，“都传入一些欧西的科学知识”。作者指出，当时传教士还和中国科学家如李善兰、华蘅芳、徐寿、徐建寅一起，翻译了大量西方科学书籍，有一百五六十种，“当时学习自然科学可谓盛极一时”。这些科学知识，造就了洪仁玕、薛福成、马建忠、郑观应、容闳等一批“卓越思想家”。

以上是我们对港台中学中国历史教科书的简单评介。由于我们搜集到的港台历史教科书并不完全，上述评介难免有失之片面或不正确的地方。但是通过这些评介，可以了解到港台中学历史教科书的编辑情况，也可以看出港台历史学界某些人的立场观点和政治倾向。挂一漏万，仅供参考。

中国历史教科书中的日本

——访问日本的一次学术交流会发言稿*

我国学者夏应元说过："中日两国间的文化交流，其年代之长，影响方面之广，影响之深刻程度，这在世界各国的文化交流史上也是罕见的。"关于相互间文化方面的广泛影响，日本学者和中国学者的著作里，都有许多鲜明的例证。日本著名史家木宫泰彦说："（日本）奈良朝的文化几乎无一不是受唐朝文化的影响而发展起来的。"中国著名学者、我的老师周一良先生则用"全盘唐化"来形容唐朝时日本列岛所受到我国文化的影响。周先生还同时提到在近代，追求进步的中国人，转过来从日本学习先进政治、科技的盛况：在中国新式"学堂"中，"多延聘日本教师，最多时有五六百人。中国人纷纷赴日本留学，男女老少，父子夫妻同时东渡者不乏其人。我国近代历史上一大批先进人物，如李大钊、周恩来、鲁迅、郭沫若等，都曾负笈东瀛受教育"。周先生还专门提到，中国最早的一批中小学教科书，就是在商务印书馆延聘的日本学

---

* 载《历史教材纵横谈》，人民教育出版社 1999 年版。

者的主持编辑下完成的。可见，中日两国间的教科书事业的合作和交流，由来已久，可以追溯到百年以前。我们现在所做的是继承和发展先辈的工作。下面文章的重点是谈一谈中国历史教科书中所写的日本。

一

中国历史教科书，分为初中和高中两部分。初中《中国历史》在初中一年级、二年级两年四学期使用，共有四册。高中分《中国近代现代史》和《中国古代史》两种，《中国近代现代史》分上、下两册，供高中一年级使用，《中国古代史》全一册，由高三文科学生选修。上述这些中国历史教科书中，广泛涉及日本的内容，几乎每册都谈到中日文化、政治、军事、外交关系。

下面从古代、近代、现代史三个阶段，分别介绍中国历史教科书中关于日本的内容。

漫长的古代史上，中日经济政治文化交流可以说是源远流长。从地理上说，两国“一衣带水”，仅有一海之隔；从文化上说，早在原始人类时期，双方就有接触。秦汉时期，双方的友好往来已经有确切的史料记载。徐福东渡虽然至今仍为历史之谜，但日本弥生金石并用时期（公元前300年—公元300年），已经有一批中国人通过朝鲜半岛东渡日本，是史有可稽的。徐福可能就是这批“渡来人”的代表。今天尚存的日本和歌山县新宫市徐福宫和徐福墓，就是后人对这些“渡来人”的追念。中国的九年义务教育初中《中国历史》第一册，明确地提到了徐福的传说：“传说，秦始皇曾派徐福率数千童男女去海上求仙药，到了日本。

至今在日本还有徐福墓的遗址。”在中国正史里，《汉书》《后汉书》《三国志》都明确记载了日本早期人民的情况。在《中国历史》第一册里，根据这些史料记载和考古发现文物，叙述了两汉时期中日经济文化的早期交流。教科书里说到了东汉光武帝曾赠给当时日本倭奴国王一枚金印，还谈到了在日本发现的汉朝的铜镜，并将这两件十分珍贵的历史文物，作为课本插图编排在教科书中。

隋唐时期，是中日政治经济文化交流方面发展的辉煌时期。这是周一良先生所戏称的日本“全盘唐化”的时代，服饰如“衣冠唐制度”，至今日本和服尚保留唐人服装的面影，“日本人至今席地而坐”，“日本式筵席上每人各有托盘”，都是唐朝时候遗留下来的古制。日本的茶道也是从唐朝时在日本发展起来的。日本著名的嵯峨天皇弘仁年间，把中国传到日本的饮茶文化发展到“黄金时代”，被日本学术界称“弘仁茶风”。① 中国的汉文诗也在嵯峨天皇和淳和天皇（都在 9 世纪上半叶）时期在日本文化界得到普遍推广，日本第一批法律文书和史学著作都在这一时期涌现。学术界认为，这一时期“日本文化各领域无不渲染着唐文化的风采”。② 对唐代大诗人李白的研究，在日本是热门话题。有学者统计，从 20 世纪 50 年代到 80 年代，日本关于李白的专著在十数种以上。③ 中国的初中历史教科书中，对这一中日文化交流的辉煌时期，有较多内容的介绍。九年义务教育初中《中国历史》第二册中，有 1000 多字的篇幅介绍隋唐时期中日经济政治文化的全面交流情况。书

① 滕军：《日本茶道文化概论》，东方出版社 1992 年版，第 13 页。

② 王家骅：《儒家思想与日本文化》，浙江人民出版社 1990 年版，第 47 页。

③ 马鞍山市李白研究会编：《中日李白研究论文集》，中国展望出版社 1989 年版，第 255 页。

中叙述了隋、唐时期日本来华的遣隋使、遣唐使，唐朝遣往日本的使者和学问僧，并专题介绍中日文化交流的两位杰出使者阿倍仲麻吕和鉴真；还介绍当时中日经济贸易繁盛的情况，双方在都城建筑、饮食风俗文化方面广泛交流等。该书还附有鉴真像、日本奈良平城京平面图和日本发现的唐朝开元通宝及中国出土的日本“和同开珎”钱文物图、日本奈良唐招提寺彩图等。在教科书的这一目，题为“唐风洋溢奈良城”，取自中国当代著名诗人、学者郭沫若的一首诗：“鉴真盲目航东海，一片精诚照太清。舍己为人传道艺，唐风洋溢奈良城。”书中竖体字也把这首诗全文录上。同时在页注里还引用了唐朝大诗人李白哀悼日本学者晁衡（即阿倍仲麻吕）的诗：“日本晁卿辞帝都，征帆一片绕蓬壶。明月不归沉碧海，白云愁色满苍梧。”这些图、诗和课文，都热烈歌颂了隋唐时期中日两国人民悠久而深挚的友谊。高级中学课本《中国古代史》（选修）则在“唐和日本的往来”一目中，重点叙述了唐时中日交往的情况和唐文化对日本的重大影响，着重在政治经济制度方面叙述。

我国学者对世界近代史和中国近代史有两种划分标准：从世界总的形势看，近代史应从 1640 年的英国资产阶级革命开始，从此世界史进入新的资本主义时代；从中国历史发展看，近代史则从 1840 年鸦片战争我国开始沦为半殖民地半封建社会算起。在近代，中国同日本虽处于一条起跑线上，都同时遭受到西方殖民者的欺凌，但各自走上自己独特的道路。中国学者王晓秋有一段很精辟的分析：“世界上恐怕也很难找到两个国家能像中国与日本那样，在近代历史发展的进程上，起步时的处境是这样相似，结局却又是如此不同。19 世纪中叶，在西方资本主义势力冲击下，闭关的中国、锁国的日本都被敲开大门，被迫签订一系列不平等条约，面临沦为半殖民地的危险……然而，鸦片战争之后不到30年，日本就不失时机地、成功地进行了明治维新；中国却迟至19世纪末才进行以失败告终的戊戌变法。历史无情地宣告，日本已经一跃成为亚洲唯一的资本主义强国，而中国却仍然在半殖民地深渊中苦苦挣扎，甚至面临被瓜分的危机。”王晓秋还提到：“在古代，中日两国长期以来基本上是和睦相处的邻邦，留下了许多友好往来的动人佳话。然而到了近代，尤其从甲午战争开始，日本军国主义却充当了侵略中国的重要角色，发动了一次次侵华战争，给中国人民造成了巨大的灾难，也给日本人民带来了痛苦。而就在两国关系恶化的年代，日本的进步人士也在维护中日友谊，支持中国革命。”① 近代中日两国关系崎岖而险恶的道路，在中国历史教科书中，有实事求是的态度鲜明的表述。在九年义务教育初中《世界历史》第一册课本中，我国教科书编纂者科学公正地评价了日本明治维新的历史背景和成功的原因，并对这次社会革新给予很高的评价。但同时也指出，这次维新给日本走向军事帝国主义歧路，向外侵略，铺垫了道路。高级中学《中国近代现代史》明确指出，因为“国内市场狭小”，日本“保留着浓厚的封建残余势力”，日本统治集团“急需从对外侵略扩张中寻求出路，为此制定了以侵略中国为中心的‘大陆政策’”。中日甲午战争是日本军国主义侵略政策的最重要的一步。中国的高中和初中的历史教科书，对中日甲午战争中日本军国主义分子的侵华罪行进行了无情的揭露。高中《中国近代现代史》和初中《中国历史》第三册都在显明处配置了日军在旅顺屠杀中国人民的图画，

① 王晓秋：《近代中日启示录》，北京出版社1987年版，第1—2页。

以及日军挑起事端，猖狂向辽东、威海等中国神圣领土发动进攻的事实。高中《中国近代现代史》还以相当的篇幅愤怒揭露日本侵略军侵占我国宝岛台湾和屠杀台湾人民的罪恶行径。在描写上述日军暴行的史实中，以日本侵略军丧心病狂屠杀中国旅顺人民一段最为触目惊心："日本侵略军在旅顺疯狂屠杀我国同胞，死难者达 18000 余人。日本侵略军为了掩盖他们的罪行，将被害者的尸体集中火化，把骨灰装进棺材里埋葬。"初中、高中的中国历史教科书中，对日本强迫当时清政府签订丧权辱国的《马关条约》，割让台湾和赔巨款达白银 2 亿两，都充分给予了揭露和表示了愤慨。

进入 20 世纪以后，日本军国主义政府对中国的政治、经济、军事侵略变本加厉。日本政府派军参加了侵略中国的八国联军，民国初年支持皖系、奉系军阀在中国打内战，第一次世界大战期间出兵中国山东，强占胶济铁路和青岛，1915 年更向袁世凯提出灭亡中国的"二十一条"，其野心是一步一步将中国变成日本完全的殖民地。这些内容在初中、高中的中国历史教科书中，也都全部如实反映。

20 世纪 30 年代，日本侵略中国的规模迅速扩大，手段更加肆无忌惮，发动了大规模的对华军事进攻。1931 年"九一八"事变后占领东北三省，随后又吞并热河、察哈尔、绥远，1937 年向卢沟桥进行攻击，发动了蓄谋已久的全面侵华战争。在 1931—1945 年的侵华战争中，日本军国主义分子制造了若干人类历史上惨无人道的惨案，给中国人民造成巨大灾难。在初中、高中的中国历史教科书中，用了较多幅叙述日本军国主义分子用罪恶之手为日本历史写下的最不光彩的一页。日本侵略军在中国大地上所犯下的罪行罄竹难书，在我国初中《中国历史》第四册中，以大量事实充分揭露日本法西斯的罪行：1937 年 12 月的令人发指的世界史上最为残暴的南京大屠杀，六周内惨杀我国无辜同胞 30 万人以上。课中在这一部分，用三幅反映当时法西斯军队屠杀中国人民的画面，令后人永志不忘这笔深仇大恨。接着，日本侵略者在中国沦陷区和抗日根据地，进行血腥的统治、野蛮的掠夺和野蛮的烧光、杀光、抢光“三光政策”，再次虐杀和掠夺中国人民。课文充分揭露了日本石井部队在中国东北地区所进行的灭绝人性的以活人作实体的细菌战实验、强征华北 600 万劳工到日本等地做沉重苦役、1941 年在河北省东部“扫荡”中所犯下毁灭全村的震惊中外的“潘家峪惨案”等罪行。我国历史教科书里讲述这些内容，其目的正如在我国高中《中国近代现代史》下册教学参考书中所指出的：“通过讲述‘七七’事变以来，日本帝国主义对中国的野蛮侵略行径，特别是南京大屠杀，激发学生仇恨法西斯侵略者的情感，并树立为人类和平、进步事业而献身的精神。”

1972 年以来，我国先后同日本、美国恢复了中断了二十几年的邦交。中日邦交正常化，是两国自第二次世界大战以来关系史上的大事。我国著名学者、诗人、世界和平事业活动家赵朴初在欢迎田中首相的宴会上曾作《相见欢》首庆贺道：“廿年填海深功，忆群朋，赢得今朝欢宴一堂同。兄与弟，千秋意，万年红。待赏春光华雨又和风。”[①] 我国的历史教科书里，把中日邦交正常化这一史实，郑重地写进了课文，作为中日两国人民友好新篇章的开始。

---

① 杨知秋编注：《历代中日友谊诗选》，书目文献出版社 1986 年版，第 186—187 页。

二

我们在中国历史教科书中写进上述关于日本历史和中日关系的种种内容，其目的在于培养爱国主义情感，增进和世界各国包括日本人民的友谊，树立为世界的持久和平和发展而献身的精神。江泽民说："中国人民愿意同世界各国人民一道，为促进和平和发展的崇高事业，为开创人类更加美好的未来，作出不懈的努力。"在中国历史教科书里，写进日本和中日关系史的内容，还有三点更为特殊的意义。

第一，为了中日两国人民世世代代友好下去。因为这是两国先辈约二十多个世纪近六七十代人辛勤得出的成果，得来很不容易。正如中国杰出文豪郭沫若诗中所说的那样："情比肺肝，形同唇齿，文化交流有耿光。堪回想，两千年友谊，不等寻常。"① 两国人民友好有着坚固雄厚的基础。中国著名学者周一良曾四次在日本居住，在他的《中日文化关系史论》一书中，他根据在日本长期仔细的观察，认为两国文化有许多共通之处，遍及日常生活各个方面。比如，周先生提出日本人民所信仰的佛教，实际上是汉化佛教，许多佛教仪式习俗都和中国一致，在丧礼送葬由僧人"十念"，即十声念佛，就是唐朝以来两国民间共同遵守的礼仪，在敦煌书仪中即留下记载。周先生在日本镰仓亲眼看到的八幡宫按照日本神道规矩举行的婚礼上，新娘和新郎有所谓"三三九度"交杯饮酒礼，也是在唐代传下来的中日两国共有的俗礼。他还看到在日本

① 郭沫若：《祝中日恢复邦交》。选自杨知秋编注：《历代中日友谊诗选》，书目文献出版社 1986 年版，第 171 页。

水户著名幕府将军德川家的墓地，竟然有特例地安葬着在明末渡日的中国著名思想家朱舜水的茔地，以表示德川家对恩师的礼遇。在祭祀德川家康的“东照宫”神社，不少雕刻和彩绘作品展现的竟是中国古代圣贤大舜、许由、巢父和竹林七贤等人物。① 我这里仅仅举了周先生一本书里的例证，其他不遑细说，已经深刻反映了两国文化互相渗透历史之悠久，更不用说两千年来两国文人诗友之间的深厚情谊了。有人把若干年来互相赠答的有关诗歌，仅“选”集就达到 366 页厚厚的一本。② 我国学者严绍璗指出：“中日两大民族之间具有的渊源流长的文化关系，曾经把两国置于一个共同的文化圈内，从而对两国的文化及超越文化的方方面面给予了深刻的影响。这是亚洲及世界文明史上一个独特而又伟大的存在，它的影响波及于今天。”③

既有如此深厚的基础，两国人民世世代代友好下去是中日两国人民的美好愿望。两国有识人士若干年来也从多方面维护和发展这种友谊。中国人民敬爱的政治家周恩来早在 1972 年就提出“中日两国人民应该世世代代友好下去”的口号，他在欢迎日本首相田中角荣的宴会祝酒词中说：“中国和日本都是伟大的民族。中国人民和日本人民都是勤劳勇敢的人民。中日两国人民应该世世代代友好下去。”④ 中国改革开放的伟大旗手邓小平也说：“‘中日两国人民世世代代友好下去’的口号，代表了我们大家的理想。”他还说：“就中国人民的心情来说，是希望同日

---

① 周一良：《中日文化关系史论》，江西人民出版社 1990 年版，第 176、178、180 页。

② 参阅杨知秋编注：《历代中日友谊诗选》，书目文献出版社 1986 年版。

③ 王勇：《中日关系史考》，中央编译出版社 1995 年版，严绍璗序。

④《周恩来选集》下卷，人民出版社 1983 年版，第 478 页。

本人民友好的，日本百分之九十几的人也是愿意中日友好的”，应该“加深我们之间的友谊，加深我们之间的了解，加深我们之间的感情。”① 尤其现在我们已经面临新的21世纪，亚洲两个大国更应该面向未来，共同友好，对新世纪作出更多的贡献。胡耀邦曾说：“使二十一世纪成为中日更加友好的世纪，这一口号本身就具有重要意义，要用这一口号向广大人民特别是向青少年进行中日友好教育，做到深入人心，并努力实现这一崇高目标。”我想，在中日两国历史教科书中，将历史上两国曾经为双方经济文化交流和加深彼此间的友谊作出过多么巨大的努力，向下一代进行教育，应当是两国教育工作者义不容辞的责任。

第二，“前事不忘，后事之师”。但是，历史留给人类的灾难和心灵上的巨大创伤，也不应当忘记。受后人尊重的周恩来在20多年前，对中日两国的历史关系，作出过全面的评价：“在我们两国的历史上，有着两千年的友好来往和文化交流，两国人民结成了深厚友谊，值得我们珍视。但是，自从一八九四年以来的半个世纪中，由于日本军国主义者侵略中国，使得中国人民遭受重大灾难，日本人民也深受其害。前事不忘，后事之师，这样的经验教训，我们应该牢牢记住。”② 我国初中的《中国历史》(三)(四)和高中《中国近代现代史》上、下册都如实地记载了这些由日本军国主义分子所造成的历史灾难，这些战争灾难给中国的绝大部分家庭留下的巨大心灵创伤，至今还没有完全抚平。我们在高中《中国近代现代史》下册中记述了日本侵华战争带给中国人民的伤亡为3500万人，财产的巨大损失为5000亿美元。这些死难者中有一些

---

①《邓小平文选》第三卷，人民出版社1993年版，第230—231页。

②《周恩来选集》下卷，人民出版社1983年版，第477页。

是被日本侵略军用极为残酷的手段屠杀的，有的还死于国际上早已禁用的细菌战。还有部分在日军细菌战中的中国受害者家属状告日本政府，要求索赔由于侵略战争所受的损失。① 我们认为，像这样的沉重灾难和日本侵略军在华所犯下的深重罪孽，是不应被历史忘记的。记住这些灾难的目的是防止今后再发生这样的罪恶战争，让中日两国人民世世代代都不忘这一教训。这就是“前事不忘，后事之师”的本意。

然而，在日本却不断出现当年军国主义势力复活的倾向。1982 年有日本文部省审定教科书时将日本的侵略改成“进入”的事件，某些官员竟然说什么日本侵华战争“应该留待后世的历史学家做判断”。②1997 年，又发生日本官房长官公然威胁中国主权，扬言要把我国神圣领土台湾划在日美两国的防卫合作范围之内。不断发生日本政府要员包括首相参拜靖国神社、向侵华战犯致悼的活动。这些迹象说明，在日本，尚有一股军国主义复活势力在不断地活动。这股黑暗势力不仅对中国而且对整个亚洲人民带来威胁和不安。我国的政治家和学者不断指责这一危险倾向。邓小平在 1987 年鲜明指出：“警惕日本极少数人复活军国主义。”1982 年，中国教育学会历史教学专业委员会理事长苏寿桐针对日本文部省篡改历史的行径也指出：“教科书是教育下一代的重要工具”，“对于一切篡改、歪曲历史事实的教科书，我们是历来反对的。”日本军国主义复活势力也一直受到日本正直人士的严厉批判。日本历史教科书专家家永三郎为反对日本文部省对历史教科书的篡改，进行了长达 30 年的诉讼斗争。直至 1997 年夏天，他终于获得了胜诉。我们钦佩

---

①《民间赴日大索赔》，《南方周末》1997 年 8 月 15 日。

② 苏寿桐：《日本历史学家对侵华战争早有定论》，《人民日报》1982 年 8 月 13 日。

这位为正义为真理为世界和平事业而斗争终身的勇士。日本其他一些历史教育工作者、历史教科书编纂家也一直和日本军国主义势力作不懈的斗争。日本历史教学协议会副理事长佐藤伸雄，在中国召开的历史教学研究会上，几次表示要对日本政府审定教科书的错误行为进行批判。日本一些有识的政府官员也表示要“牢记历史教训”，“日中不再战”，“要谦虚地反省历史”，“不让战争再次发生，实现持久的和平，是日本义不容辞的职责”。对这种态度，我们表示欢迎。

第三，我们一贯主张，日本发动罪恶的侵华战争的罪责，应当由一小撮日本军国主义分子来负，广大日本人民同样是侵略战争的受害者。周恩来总理曾经说：“中国人民遵照毛泽东主席的教导，严格区分极少数军国主义分子和广大的日本人民。”我们在中国历史教科书里揭露和批判的，主要也是发动罪恶的侵略战争的那些少数掌权的军国主义分子。我们从来没有忘记在我国辛亥革命时期和抗日战争时期那些帮助过中国革命的日本朋友，和中国人民一起在抗日战场流血的日本反法西斯战士。有一位在中国的抗日战场上英勇牺牲的日本反战义士伊田助男，把一辆载满子弹的汽车开进松林里，给抗日游击队写遗信说：“我把十万发子弹赠送贵军。请你们去瞄准日本法西斯，打倒共同的敌人。”我们的高中《中国近代现代史》教科书，写到了辛亥革命时期日本友人积极赞助孙中山进行革命活动的高尚行为。宫崎寅藏从 1897 年在横滨初识孙中山，矢志追随，把一生献给了中国革命事业。他对孙中山的评价甚高，曾称赞说：“思想何其高尚，识见何其卓越，抱负何其远大……是诚东亚之珍宝也。”孙中山在日本有许多知心战友，连“中山”这个名字，最初都是日本友人给起的。

我们在中学《中国历史》教科书里，重视写日本的内容，还为了寄希望于未来中日两国人民友谊的继续发展。目前，中日两国学术界和历史教学界的文化学术交流已进行多年。日本历史教师的专业民间学术组织历史教学协议会和比较史、比较历史教学研究会和中国历史教师的专业组织中国历史教学研究会的定期学术交往已逾 15 个年头，双方有十分友好的关系，每年都有学者互访，经常有资料、刊物交流。自 1972 年中日邦交正常化以来，两国间的互访人员由不足 1 万人次扩展到 1996 年的 100 多万人次。双方的经济往来密切，贸易额逐年扩大，从 1972 年的 11 亿美元增加到 1996 年的 600 亿美元。我们期盼着中日两国人民在经济文化的交流方面，获得更大发展。正如同中日友好协会副会长林林诗中所描述的："悠悠大地意相连，春晓笔开新面。"

三

可喜的是，我们的历史教学和历史教科书界的日本同行，现在越来越多地同我们一样，认识到日本军国主义复活的危险性。他们为此已经进行了多年的斗争，前面说到的家永三郎先生就是一个很好的例子。目前，日本历史教学界还有许多正直的教师，勇于向学生讲明日本侵华真相。20 世纪 80 年代初，日本上越教育大学教授二谷贞夫先生在我国的一次历史教学研究会年会上，介绍了日本著名中学历史教师安井俊夫在日本初中二年级所讲的一堂关于 1931—1945 年侵华战争的课程教案。安井俊夫老师站在正义的立场上，充分揭露了日本侵略狂人发动战争的罪责，用大量图片和电化教育效果向学生演示当年日军残酷屠杀中国无辜老百姓的罪行，包括惨绝人寰的南京大屠杀、平顶山事件等。最后让学生自己得出答案，这场侵华战争“狠毒，没法说”，“日本兵很难想象是人类”，“除了是疯子，很难想象”。

目前在日本有众多的历史教科书向学生揭示当年日本军国主义发动战争的真相和屠杀中国人民的罪行。销路不错的日本帝国书院 1993 年版《图说世界史》明确地提到日本侵略中国，日本军国主义者一手炮制了伪满洲国和发动卢沟桥战争，并在《日本侵略中国大陆进军路线》图上明确写上“1937 年南京大屠杀”字样。日本教育出版社同年出版的《中学社会〈历史〉》，也在课本中揭示了中日甲午战争的起因、经过和日本强迫清政府签订《马关条约》、赔款 2 亿两白银和割让台湾岛的史实。同时谴责日本关东军侵占中国东北的“九一八”事变，以及在南京大屠杀过程中日军对中国无辜百姓生命和财产的“破坏”，大量杀害中国人、奸污妇女、劫夺财富的严重罪行。日本三省堂出版的《高校日本史》和《高校世界史》也都如实地叙述了 1931 年以来日本侵占中国的事实和日军在南京屠杀中国无辜人民的暴行。在三省堂《高校世界史》中，具体写进了在南京大屠杀中，日军屠杀中国人民数十万的数字。并在所附地图上明显注出了“南京大屠杀”的标记。此外，实教出版社 1984 年版《高校世界史》等教科书也都承认日军侵略中国和在南京制造大屠杀的罪行。

在上述这些日本初中、高中（日本称为“高校”）历史教科书里，和我国历史教科书一样，也用较多的篇幅叙述了悠久的中日两国间密切的经济文化交流。实教出版的《高校世界史》说到了隋唐时代日本的“遣唐使”，和日本古都奈良所受唐朝规制的影响。上述《图说世界史》

则更多地谈到了日本大化改新所受唐朝律令制的影响以及我国魏晋南北朝时期骈体文和《昭明文选》对日本文学的深远影响。三省堂本铃木智夫等编《高校世界史》，在讲述隋唐帝国时，还专选配了一幅日本唐招提寺所藏日本遣唐使海上行驶图。日本历史学家门胁祯二等编三省堂《高校日本史》则较多地谈到中国佛教对日本文化的影响，用了整整四页篇幅较详介绍日本高僧最澄和空海将中国文化传到日本，形成“唐风文化新开展”的局面。

从上述日本教科书所述可以看出，中日两国历史教育工作者都十分珍视两国间长期形成的文化渊源关系和两国人民自古以来的友好交往。这种历史渊源使两国人民有着世世代代友好下去的深厚基础，在未来，两国人民和学者的友好合作，将会对世界和平发展事业作出更大贡献。1877 年，我国近代爱国主义诗人黄遵宪曾有一首诗，希望中日两国平等相待，友好相处，各求富强。诗里这样写道：“同在亚细亚，自昔邻封辑。譬若辅车依，譬若掎角立。所恃各富强，乃能相辅弼。同类争奋兴，外侮自潜匿。解甲歌太平，传之千万亿。”

最后，还应当特别提出的是，近年来日本进步史学家陆续出版了一批分析日本侵华战争性质的专著，如鬼头明成的《第二次世界大战》、佐藤伸雄的《历史教育和战争责任》，以及铃木亮、二谷贞夫、鬼头明成合著的《中国》，等等。在这些专著里，作者以更多的事实和图片，揭露在日本侵华战争中的滔天罪行。如《第二次世界大战》一书，用了众多参加或目睹屠杀场面当事人的回忆材料，用整整七页的篇幅，描写了“南京大屠杀”一目，使人们如闻如见当时惨景。在《中国》一书中，除了用许多美好语言赞扬中国文化之悠久、中日两国人民密切的经济文化交往而外，还用较多篇幅来揭露日本军国主义者在中国犯下的侵略罪行，在书中选用了一幅《南京大屠杀现场略图》地图，极有说服力地显示这场屠杀的准确地点。此外，书中还揭示了人们所知不多的东北抚顺平顶山惨案的较详内容。这些历史书籍，进一步向日本乃至世界人民揭露当年日本军国主义分子的侵略真相，同时也进一步增进了中日两国学者的互相理解和友情。

我国当代杰出学者、日本人民的老朋友郭沫若有诗云“赤县扶桑，一衣带水，一苇可航”，另一首诗云“黄河之水通江户，珠穆峰连富士山”。愿我们两国人民世世代代友好下去，“唐史续编千万代，友情突破九重天”！

渤海国史的归属问题

——评中韩两国历史教科书对渤海国的不同表述*

近几年，由于参加了几次中韩两国历史教科书的学术讨论会，根据韩国学者提供的资料，有幸读到了下列几种韩国历史教科书：1993 年版韩国初中《国史》、1993 年版韩国高中《国史》、1993 年版韩国高中《世界史》和 1993 年版韩国小学《社会》有关历史的部分。说实在的，阅读韩国历史，常常感到贴近和亲切。在古代，中韩两国都属于东方文化，儒家思想曾对我们两国历史产生巨大的影响；我们两国古代历史上经济文化交往密切，著名的新罗诗人崔致远曾和中国诗人结下深厚友谊，18 世纪“严、洪生死之交”成为世界文坛史上的佳话。上述内容，在韩国历史教科书中，得到了较多的反映。例如，韩国初中《国史》中，谈到“三国从中国吸收儒教、佛教，为学问和艺术的发展，提供了条件”；又提到“（新罗）频繁进行同唐朝的文化交流，在唐朝出现了新罗人的村落——新罗坊”；等等。

---

* 载《历史教材纵横谈》，人民教育出版社 1999 年版。

但是，由于历史观和价值观的不同，中韩两国学者在观察和分析某些历史问题时，也必然有相异的看法，而这些看法，就形成教科书中的不同表述，这是很自然的现象。我们现在所做的，正是为了通过相互间的讨论探索，求同存异，把各自的教科书编写得更加科学和完善。下面，拟就双方教科书中对8—10世纪渤海史的不同表述，谈谈我们的意见。

一

在中国人民教育出版社《中国历史》教科书中，渤海历史是作为中国边疆各族的历史，写在统称为“和同为一家”的课文中，是和中国唐朝时其他边疆民族突厥、回纥、南诏等一并叙述的。表述时强调三层意思：（1）渤海是中国松花江、黑龙江一带居住的粟末靺鞨族建立的地方民族政权。显而易见，渤海史是中国历史的一部分。所以在叙述中，课文明确指出渤海是中国“边疆少数民族”的政权，渤海都城上京是唐朝“当时我国东北最大、最繁华的城市”。在课文中还引用了唐朝著名诗人温庭筠咏颂唐和渤海关系的一首诗“疆理虽重海，车书本一家”，意为渤海“是和唐车同轨、书同文的一家人”。（2）渤海与唐朝关系至为密切，曾接受唐朝封号，文化上受到唐朝的影响。课文中提到“唐玄宗授大祚荣为渤海郡王，从此，粟末靺鞨政权以渤海为号。渤海经济发达，和内地贸易往来频繁。都城上京仿长安城建造”，渤海政权“多次派贵族子弟入长安学习……大力传播中原文化”，等等。（3）渤海是唐朝时中国少数民族中文化程度较高的一部分，课文中提到“渤海文化较高，史称‘海东盛国’”。

韩国的初中、高中《国史》教科书都叙述了渤海史的内容。无论高中和初中的《国史》教科书，都重点在下述三方面进行了表述：（1）强调渤海为高句丽的遗民所建，甚至认为是一次高句丽人的“复国”运动。比如，初中《国史》中叙述道：“高句丽灭亡之后，其遗王以大祚荣为中心，在满洲地方（指中国东北一带）展开复国运动，建立了渤海”，“高句丽灭亡后……留在满洲一带的遗民，不断地进行高句丽复国运动”。又说：“渤海以高句丽遗民的复兴运动而建国，统治阶级为高句丽遗民……”高中《国史》表述为：“渤海是高句丽后裔建立的国家，其统治阶级系大氏为首，包括高氏的高句丽人。”（2）强调中国东北是高丽人的统治地区和活动舞台。初中《国史》这样表述：“新罗的统治圈限定在韩半岛，但是渤海统治着满洲，因此满洲继续成为我们民族的活动舞台”，“渤海是我们民族统治满洲的最后一个王朝。”韩国的高中《国史》课本则说：“高句丽的大将军大祚荣率领辽东地区的高句丽遗民，往东迁移……建立了渤海国。这样韩半岛中形成了南方新罗与北方渤海并存的南北朝局势。”“渤海建国以后，随着自己体制的确立和国力的增强，掌握了满洲大部分地区和沿海州一带的广大地区，尤其是，到了 8 世纪初，与唐对抗中扩张了领土。”（3）强调渤海文化的高句丽属性。如初中《国史》提到：“渤海明显地表现出继承高句丽的意识”，“渤海继承高句丽的传统，完备了政治制度，在高句丽文化的基础上，接受唐朝文化影响，独自形成自己的文化”，“渤海文化以高句丽文化传统为基础”。高中《国史》也说：“渤海文化是以高句丽传统文化为基础……表现出很强的高句丽文化的因素。”在韩国的高中《国史》的有关部分，也有类似的表述，在《韩国历史的发展》一节中，除谈到“高句丽统治（朝鲜半岛）北部和南满洲，打退了隋、唐的侵略”外，也说到“高句丽灭亡后，一部分遗民联合靺鞨族在满洲建立了渤海”。

对上述两国教科书的不同表述，需要我们作出科学和客观的解释，究竟如何叙述，才符合事实和较为合理。这里有几个明显的分歧要求解决：（1）渤海国或渤海政权究竟是哪一个古代民族建立的政权？渤海的统治民族和主体民族究竟是谁？（2）渤海文化的归属应该怎样评价？和唐文化有怎样的关系？（3）从历史渊源上和最后归属上，渤海人应归入哪一民族系统？他们最后又大部融入何族？下面我们用历史文字资料和考古材料来分析这几个问题。

二

（1）渤海的族属。关于这一问题，中国、韩国、日本的专家各有一些相异的见解，由此，在中韩的历史教科书中，也便反映出分歧。这一点，除了前引韩国几种《国史》教科书的表述，常见的韩国和朝鲜民主主义人民共和国学者的专著中，也有类似的叙述。如著名的韩国历史学家李基白教授的名著《韩国史新论》，便明确提到“渤海是朝鲜人在政治和文化上统治满洲的最后一个国家”。① 1977 年平壤出版的《朝鲜历史概要》中文版也指出渤海是“高句丽游民”和“高句丽将军大祚荣”在辽东地区建立的国家（该书第 43 页）。1956 年由朝鲜民主主义人民

---

①［韩］李基白著、厉帆译：《韩国史新论》，国际文化出版公司 1994 年版，第 94、97 页。

共和国科学院历史研究所主编的《朝鲜通史》，也提到“震国”（渤海的前称）“是由原高句丽人领导，包括粟末靺鞨等靺鞨各部和其他部落，并继承高句丽传统文化的高句丽国的继承者”。[①] 这些看法，和目前中国学者的意见相去甚远。中国学者普遍的意见是，渤海是由中国东北的少数民族粟末靺鞨为主体的渤海族建立的地方政权。[②] 学者们产生不同的意见，自然有诸多方面的原因，但其中最重要之点，却在于对原始史料的引用取舍和不同理解。

渤海国存亡于698年至926年，基本上相当于中国唐朝和稍后的后梁、后唐时期。这一历史时期研究中国各族史的最主要史料依据，应当是《旧唐书》和《新唐书》。《旧唐书》为五代时后晋刘昫主修，成书于945年，即离渤海亡国仅19年，保存了许多关于当时中国东北地区的史料。《新唐书》为北宋名家欧阳修等人所著，约成书于11世纪中期，虽离渤海亡国一百多年，但北宋时期众史家辛勤搜集整理了大量史籍，一般认为《新唐书》比《旧唐书》有胜过之处。[③] 所以，一般认为，新旧唐书，是这一时期最权威的史籍，治唐史者常常作为依据。新旧唐书的说法，一般是最可靠的说法。关于渤海的建立者，新旧唐书怎样说呢？

《旧唐书》卷199（下）《北狄传》，记曰：“渤海靺鞨大祚荣者，本

---

① 《朝鲜通史》1964年中文版第一卷第一分册，第216页。

② 渤海族，形成于唐代中期，由以粟末靺鞨为主，加上高句丽、夫余等民族交融而成。请参考江应梁主编：《中国民族史》（中），民族出版社1990年版，第275页；翁独健主编：《中国民族关系史纲要》，中国社会科学出版社1990年版，第382—383页；孙进己：《东北民族源流》，黑龙江人民出版社1989年版，第155、158、165页；干志耿等：《黑龙江古代民族史纲》，黑龙江人民出版社1987年版，第247、249页等。

③ 参阅柴德赓：《史籍举要》，北京出版社1982年版，第102、108页。

高丽别种也……祚荣骁勇善用兵，靺鞨之众及高丽余烬，稍稍归之。圣历中，自立为振国[①]王。"《新唐书》卷219《北狄传》，载为"渤海，本粟末靺鞨附高丽者，姓大氏"，比《旧唐书》多一部分大祚荣父亲乞乞仲象为武则天封为震国公的内容，然后记载大祚荣建国，自称震国王，"尽得扶余、沃沮、弁韩、朝鲜海北诸国"。这两段记载值得注意的有如下数点：(1) 皆明确记载渤海的建国者大祚荣是"渤海靺鞨"或"粟末靺鞨"，族属是十分清楚的。(2) 新旧唐书皆把渤海置于《北狄传》内，有别于将高丽、百济、新罗和日本，皆置《东夷传》的归类，可见唐人和稍后的编史者都认为渤海和高丽应为两个民族。(3) 关于渤海的建国者，也即统治王族为"大氏"。这个"大氏"，原为"高丽别种"或"附高丽者"。就是说，是有别于高丽的，附属于高丽的，他们本身不是一个源流。中国学者曾就"别种"的说法，列举了史书的许多实例，如"铁勒，本匈奴别类也"等，说明既称别种，就不是"本种或正胤"也。[②] 从以上三点来看，渤海族属的主体应是靺鞨而非高丽，应当是十分清楚的。

在渤海国内，靺鞨族占着绝大多数，是主体民族。撰写于892年的日本古书《类聚国史》，曾记载渤海国犹盛时的情况，"其国延袤二千里，无州县馆驿，处处有村里，皆靺鞨部落，其百姓者靺鞨多，土人少"。这里姑不讨论"土人"的居民性质，其国靺鞨族占绝大多数，应是肯定的。有的韩国学者虽承认此点，却又提出"尽管靺鞨部落人在渤海王国的人口中居多数，但统治阶层却由高句丽人组成"。这一说法也

① 振国，一称震国。
② 朱国忱等：《渤海史稿》，黑龙江省文物出版编辑室1984年版，第28页。

缺乏根据。我们知道，就渤海王族说，自大祚荣始称震国王，直到末代大諲譔失国，始终是大氏掌权，这一统治中心阶层一直未变，都是粟末靺鞨或渤海靺鞨主体。甚至一直到 934 年，渤海“世子”大光显还能凭着他的余荫率领数万渤海遗民投奔高丽。这说明大氏自始至终是渤海的统治主体，这一点是无疑的。韩国学者还说，渤海的外交使臣们大都出自原高丽族的高氏。这也是误解。中国学者曾作过一个“渤海同唐遣使往来简表”，其中渤海遣使至唐共有 150 次，使臣有姓名留下的共 70 余人。我们作了初步统计，其中以大氏王族作为使节 30 余人，王族外的他姓约 33 人，其中高氏仅见 3 次。渤海与日本交聘共 35 次，见姓名者 36 人，其中高氏也仅见 6 次，和王氏几乎次数相当。可见以为高氏为渤海外交望族证据并不充足。

我们再看一看与渤海同时的新罗、高丽人是如何看待渤海的。在新罗时期的《三国史记》，把渤海称为“狄国人”，并不视为同源同种。9 世纪末，新罗大臣、著名诗人崔致远在《谢不许北国居上表》中，竟蔑称说：“渤海之源流、句丽未灭之时，本为疣赘部落，靺鞨之属，实繁有徒，是名粟末小蕃。”这段史料，可以明显得出如下结论：（1）新罗人并不把渤海人看作同族而是看作异族，称为“狄国”，称为“靺鞨之属”，都说绝非他们“东国”之人。（2）从新罗对渤海的蔑称“疣赘部落”“粟末小蕃”来看，他们是不屑与之为伍的。这段材料从侧面反映了渤海族属本为靺鞨而非高丽的事实。正因如此，我们前面提到的渤海遗民首领大光显于 934 年投奔王氏所建高丽王朝时，高丽王才会视之为“远人来服”，给其封、土，授以爵位，让他们得以“奉其本国祖先之禋祀”。若本来就是高句丽远宗，就不会称之为“远人来服”了。

从上面几点分析，我们认为渤海的主体民族和统治民族均是靺鞨，其王族粟末靺鞨，是有可靠的史实根据的；而认为其主体，其统治民族为高句丽族，则是没有说服力的。

但是，我们同意，在渤海国统治的范围内，居有一部分高句丽遗民，这也是事实。根据中国学者的研究，在渤海族最早的那一部分组成成分中，最主要的当为乞乞仲象、大祚荣的粟末靺鞨部；其次为曾与大祚荣粟末部共同东迁的乞四比羽率领的白山靺鞨部；最后才是原高句丽的遗民。至于这一部分高丽遗民为数多少呢？虽然史无明确记载，但不会太多。据史料记载，原高句丽灭亡后，唐朝高宗时已将其主体迁徙到“江、淮以南及山南、并、凉以西诸州空闲处安置”，以后这些高句丽人当和汉族交融。其余，“散投新罗、靺鞨旧国，土尽入于靺鞨”，“自是高丽旧户在安东者渐寡少”。所以在《旧唐书》《新唐书》谈到渤海史事，涉及这一部分高丽遗民时，才以“高丽余烬”“高丽逋残”称之。当然，这部分高丽族，肯定是渤海国民的一个组成成分，他们对渤海国的发展对渤海文化的昌盛作出过自己的贡献。渤海的历史也应当包括这部分高丽居民的历史。

（2）关于渤海文化的范畴问题。这里要谈到的关键，是渤海文化究竟更相近于唐文化，还是更近于高丽文化。

对于这一问题，韩国历史教科书里写得很肯定。初中《国史》写道“渤海继承高句丽的传统”，“以高句丽文化传统为基础”，高中《国史》则说“表现了很强的高句丽文化的因素”。现在我们试从文献和考古两个方面来谈谈这一问题。恰恰相反，大量的古代文献资料所证明的是，渤海文化和中国唐朝中原文化有着极为密切的渊源关系，而且有许多方面，渤海文化简直就是唐文化的脱胎。比如，在历法方面，渤海从9世纪中，就使用着822年由唐朝天文学家改进的先进历法《宣明历》，而且在852年，这种新历法还由渤海访日大使乌孝慎传带到日本，使日本用此历直到德川幕府时代，前后共历800余年之久。从城市和宫殿建筑方面，渤海受唐朝建筑影响极深。比如，渤海的五京十五府六十二州的中央和地方建置，就全面仿效了唐朝。尤其是渤海都城上京，连韩国著名史家李基白先生也说“是仿照唐朝长安的形式修建的”。如今，在今中国黑龙江省宁安县渤海镇的渤海上京龙泉府的第一号主体宫殿遗址，已在1981年至1982年间由中国的考古学家挖掘清理。极为有意义的是，考古学家们发现，这座渤海古城有一条宽80多米的大街，犹如唐代长安城之朱雀大街，大街把外城分为东市和西市。此外，渤海上京第一宫殿殿址的建筑结构和样式，几乎与唐朝长安主体宫殿完全相近，连殿址平面的础石排列情况，都和唐朝大明宫麟德殿排列毫无二致。这绝不是偶然的巧合，而是说明渤海的建筑文化和唐朝文化关系是何等的密切！此外，如地处今中国吉林省敦化县的渤海前期都城敖东城，位于今珲春境内的渤海东京古城，其城址布局也都仿效隋唐长安城。这些都说明了唐文化和渤海文化的密切关系。渤海的宗教建筑，也和中原唐朝宗教建筑风格相似。现存渤海上京遗址一座佛教寺庙（兴隆寺）的渤海“千佛”，无论从体态、神情、服饰，甚至塑像雕刻技法上，都和中国大同云冈石窟、洛阳龙门石窟“一脉相承，惟妙惟肖”。渤海上京遗址出土的佛教舍利函，从结构造型，到图案装饰，也都和唐朝同期出土的中原舍利函风格相似。另据专家考证，立于渤海龙泉府（今黑龙江宁安遗址）一寺院内的石灯，也与内地佛寺中石灯的形制相同。

从文学艺术和思想教育体系看，渤海文化和唐文化就更加明显属于同一范畴和同一系统。温庭筠所留下的诗歌名句“疆理虽重海，车书本一家。盛勋归故国，佳句在中华”，一方面说明了唐朝和渤海“本为一家”的亲密关系，另一方面写出了唐朝著名诗词大家温庭筠和渤海王子的深厚友谊以及这位渤海王子对唐文化掌握的精湛程度：他虽然荣归故里，他的佳美的诗句却留在了中原大地。晚唐还有一位名叫徐夤的福建诗人，他的佳句获得渤海学界的欣赏，竟然争相刻在每家室内的屏风上揣摩、学习。这使徐夤十分感动。这些都说明了渤海和唐文化的密切渊源关系。

最具说服力的是渤海的中央和地方官制。《新唐书》载，“初，其王数遣诸生诣京师太学，习识古今制度，至是遂为海东盛国”。古今制度应该包括官制。其国家机构有三省六部以及太常寺等，也明显反映出渤海文化与中原文化的一致性。《新唐书》卷 219《北狄传》，对渤海官制有详细的记载。其中央官吏有省、相、平章事、侍中、常侍、内史、郎中、员外、令、监、卿等称呼，武将则有大将军、将军等，几乎与唐朝一致，史称这是渤海“大抵宪象中国制度如此”的结果。以此官制和同书卷 220《东夷传》所记高丽官制相比，则差别甚大。高丽官制曰：“官凡十二级，曰大对卢，或曰吐捽；曰郁折，主图簿者；曰太大使者；曰帛衣头大兄……”和渤海官制相比，称谓和管辖范围皆有极大不同。

从以上各方面看，我们认为把渤海文化归为“以高句丽文化传统为基础”是不恰当的。渤海文化应当和唐文化是同一个大的文化范畴。我们同意学者们这样的结论，“以粟末靺鞨为主体，吸收和容纳其他靺鞨以及其他部族，逐渐形成自身文化特点的渤海人，其文化传统和族体血统主要是靺鞨的，他们和其他靺鞨同源，不同的是在其发展过程中更多地吸收外族成分和文化，补充与丰富了自身文化内容。尤其特殊的是他们基本上已经汉化。可以说，渤海人主要是汉化了的靺鞨族”。这一点，我们还可以在若干中外史书的记载中得到进一步证明。《全唐文》保留了不少唐朝天子敕降渤海国王的书、制，其中有一篇张九龄代书《敕渤海王大武艺书》说“卿地虽海曲，常习华风”；还有一份元稹代书给渤海王侄大公则的制，也说“洲东之国，知义之道，与华夏同风者，尔辈是也”。这些可贵的史料记载，可以认为是温庭筠那句名诗“车书本一家”的翔实注脚，说明渤海文化与唐文化的亲密关系。

（3）渤海国遗民的最后流向问题。这一问题之所以重要，是因为这会有助于说明渤海国历史的归属。中国学者认为，渤海历史是中国历史的一部分，是从渤海的主体族属和遗民两个方面来分析的。

根据中国学者的统计、研究，渤海国遗民的流向，绝大部分迁徙到了中国东北的契丹、女真、汉族等地区，并于金元时期和各族一起融合于汉族。据学者们的研究，渤海国于926年亡于契丹时，总人口为十余万户，约七十万人。经过辽太祖耶律阿保机和太宗耶律德光等的历次迁徙，渤海人共迁中国辽东、辽西和东蒙地区达十万户以上，占渤海遗民“十余万户”的绝大部分。这一数字是学者们根据《辽史》的《兵卫志》《地理志》逐县的户数统计的，较为可靠。这些渤海人迁徙当地后，和契丹、女真尤其是汉族杂居，到金朝时候就完全同于汉人，“渤海同汉人”。而到元朝时，根据陶宗仪的说法，渤海人已被列为“汉人八种”之一（《辍耕录》卷1）。由此我们说，渤海灭亡后遗民的主要流向是中国东北各族尤其是汉族，是不会有错的。渤海族遗民的第二流向，是高丽，总数不超过三万户。这部分渤海遗民后来加入朝鲜族部分。这个数字是中国学者根据《东国史鉴》《高丽史》等朝鲜史籍逐年统计的，也应该是较为可靠的数字。渤海遗民的第三流向是满族，大约不到一万户。

通过上述三个方面的分析，我们可以得出如下结论：渤海的主体族属是中国东北的靺鞨民族；渤海文化和唐文化同源，关系极为密切，故称为“车书本一家”；渤海遗民绝大部分流向在中国的东北辽东、辽西和东蒙地区，经辽金两代逐渐和汉族交融，是组成中华民族大家庭的一个重要部分。综上所述，再归结为下面数点，便是：历史上 698 年至 926 年的渤海国，是中国东北少数民族建立的一度臣服于唐王朝的地方政权；渤海史是中国历史的一个重要组成部分；历史上渤海王朝和唐王朝的关系是中国国内地方王国同中央王朝的从属关系；汉族和渤海族是中国国内民族之间的关系。上述，是中国目前史学界一致的观点，也是中国历史教科书所持的观点。

三

上述是我对教科书中有关渤海史写法的几点主要分析，此外，本着实事求是的精神，我们还想对韩国教科书中的一些其他提法，再提出以下几点意见。

在韩国的高中《国史》教科书中，提到了渤海 8 世纪初，“国力强大，扩张领土，使唐不安，唐利用黑水部的势力来牵制渤海”。这一说法便和史实不尽相符。据《新唐书》卷 219 的记载，其时，渤海已经接受了唐朝的封号，承认所属为唐朝的一个州（忽汗州），唐玄宗因此向渤海王大武艺赐予典册。届时，正好黑水靺鞨部向唐朝贡，唐在其地建黑水州。唐和黑水的关系引起大武艺的怀疑和不满，才派遣了王弟大门艺向黑水进攻。十年后，大武艺又遣兵攻唐朝的登州（今山东蓬莱）。这件事由于主要责任在大武艺背盟出兵，不仅遭到唐朝反对，而且受到渤海一部分王族的不满，受遣的王弟大门艺就拒绝执行命令，认为这是“背唐”的行为。所以，这一事件根本不是“唐朝利用黑水部的势力来牵制渤海”的行为，实际应负背约责任的是渤海的大武艺。

韩国高中《国史》中写道“渤海的统治阶层多数为高句丽人，大部分国民是靺鞨人”。应当说后半句是正确的，前半句却值得商榷。前面我们已说过，渤海王族大氏一姓，其族属为靺鞨而非高句丽人，这是渤海最主体的统治阶层。渤海统治阶级还有哪一些呢？据宋人洪皓《松漠纪闻》的记载，渤海大氏王族外，其右姓还有高、张、杨、窦、乌、李诸姓。除了高姓可能与高句丽有族属关系外，其他诸姓都没有史料证明他们俱为高句丽的遗族。对此中国史学家态度十分慎重，说：“古代文献留给我们的有关渤海族中阶级构成的记载寥若晨星。”如今在韩国国史教科书中这样的书写和表述，不知有何确凿的依据。

韩国初中《国史》的渤海史部分，还提到贞孝公主墓，这样谈道：“在渤海古都附近，有很多继承高句丽形式的古坟，其中最近发现的贞孝公主墓最为著名。”关于贞孝公主墓，中国历史学家和考古学家有过系统的研究，渤海史专家王承礼对贞惠公主和贞孝公主两座古墓作过专门的比较，认为贞孝公主墓从墓室修于地下、青砖砌筑，到由墓道、前室、南道、主室组成，再到墓平面呈长方形、青砖修塔式联体建筑于墓顶，都是唐朝墓室的典型结构，所以指出“这种墓室结构和唐代中原的中小型墓十分接近”，尤其贞孝公主墓的壁画“宛如唐代永泰公主墓、懿德太子墓壁画人物的再现，从服饰、画风上看都是唐代八世纪的风格”。①

通过上述三例的分析，我们认为在韩国历史教科书的古史部分，还未能做到如实地、客观地、公正地反映历史原貌。造成上述问题的原因，可能是对史料的认识角度不同，也有可能未能全面地分析历史和考古材料。我们希望通过这些有益的研讨，有助于双方在教科书中对上述问题有更为科学的表述。

① 王承礼：《唐代渤海〈贞惠公主墓志〉和〈贞孝公主墓志〉的比较研究》，《社会科学战线》1982年第1期。